Rinderbrust
am Knochen
Benjamin
trifft
Apfel
Jörg
Martin
Maximilian
Lars
Mitja
Stephan
Melone
Andreas
Knoblauch
Matthias
Reis
Joghurt
Frank
Mokka
Shrimps
Philipp
Tim
Sebastian
Arne
Linsen
Heilbutt
Aromen
Kaisergranat
Milchlammschulter

ars vivendi

Hand in Hand

SPITZENKÖCHE UND FLÜCHTLINGE
GEMEINSAM AM HERD

TIMO WENTZEL (Hrsg.) · **LUTZ JÄKEL** (Texte & Fotos) · **ADRIAN EHRBAR** (Food- & Porträtfotografie)

Originalausgabe

1. Auflage Januar 2017

www.arsvivendi.com

Lektorat: Simone Gerlach
Umschlaggestaltung: Jessica Schwenke, Blackrabbit Design
Personenporträts: Adrian Ehrbar und Lutz Jäkel
Foodfotografie: Adrian Ehrbar
Länderfotografien: Lutz Jäkel u. a., siehe Fotonachweis S. 424
Illustrationen: Sebastian Czerwonka
Innengestaltung & Satz: Jessica Schwenke, Blackrabbit Design
Druck: Westermann Druck GmbH, Zwickau
Printed in Germany

ISBN 978-3-86913-717-9

Inhalt

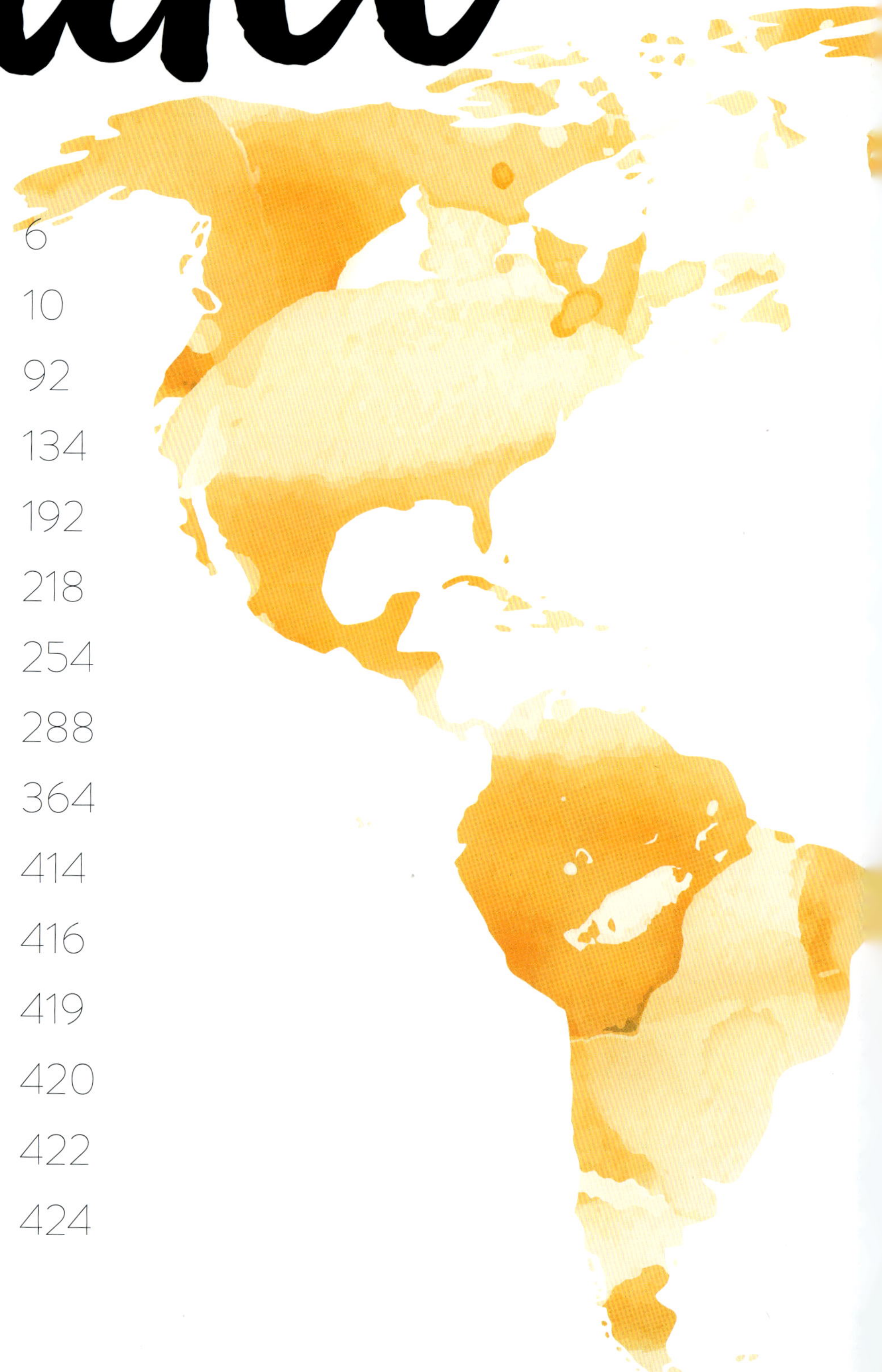

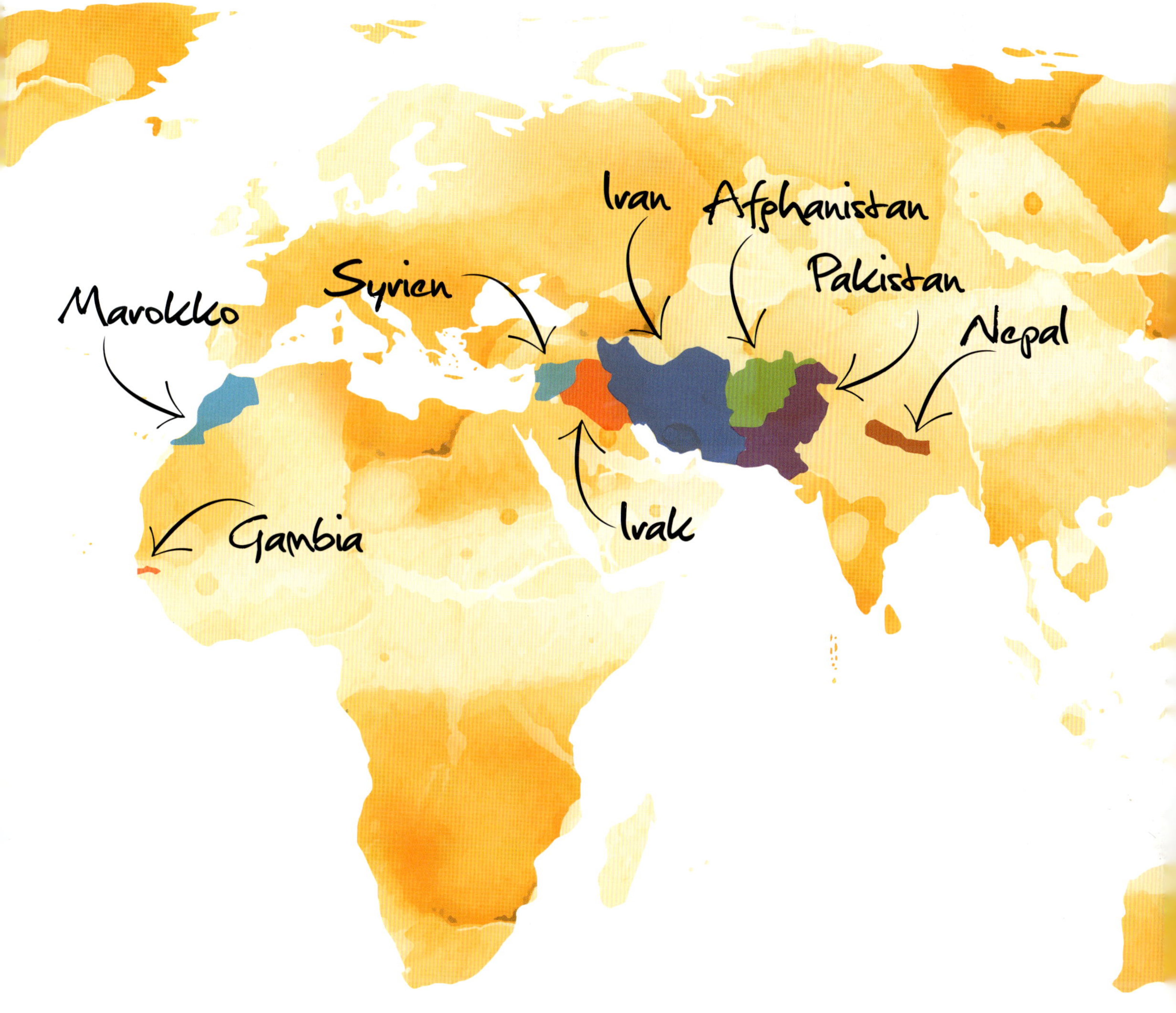
Iran
Afghanistan
Syrien
Pakistan
Marokko
Nepal
Gambia
Irak

Vorwort

Als die Gründer der studentischen Initiative »Jobs for your future« mir von ihrer Idee erzählten, Genuss, kulturellen Austausch und soziales Engagement in Form eines Kochbuches zu vereinen, war ich sofort begeistert. Entstanden ist ein außergewöhnliches Buch, für das Spitzenköche und Flüchtlinge »Hand in Hand« auf kulinarische Entdeckungsreise gegangen sind, um die Originalrezepte ihrer Heimat neu und kreativ zu interpretieren. Den Gedanken, die Herkunftsländer über ihre Koch- und Esskultur vorzustellen und auf diesem Wege Brücken zu schlagen, finde ich nicht nur überzeugend, sondern notwendig und sinnstiftend. Mit Schulungsangeboten für junge Flüchtlinge im Bereich Gastronomie reagiert »Jobs for your future« klug und gezielt auf die aktuelle Flüchtlingssituation und zeigt, dass die Küche eine ideale erste Anlaufstelle ist, um fernab von Sprache und kulturellem Hintergrund Gemeinsames entstehen zu lassen.

Jede Kultur genießt gutes Essen, und beim Kochen gilt eine universelle Sprache. So wie Bilder im Film wecken Geschmack und gutes Essen rund um den Erdball Emotionen. Kochen verbindet – genauso wie der Film – Menschen verschiedener Nationalitäten. Dass Völkerverständigung durch den Magen sehr gut funktioniert, hat vermutlich jeder schon einmal selbst erfahren. Die Vielfalt unbekannter Speisen und ihre unbeschreiblichen Aromen bleiben ewig in Erinnerung.

»Jobs for your future« fördert nicht nur die Integration, das Projekt verdeutlicht auch, dass jeder einen Beitrag dazu leisten kann. Ob mit eigenem sozialen Engagement, kreativen Geschäftsideen oder einem Spendenbeitrag, zum Beispiel durch den Kauf dieses Kochbuches – um Schutzsuchenden die Integration in unserem Land zu erleichtern, müssen nicht unbedingt Heldentaten geleistet werden. Wichtig ist, nicht zu vergessen, dass Helfen ein Gebot der Menschlichkeit ist und jeder Einzelne eine Willkommenskultur mitgestalten kann.

Die Herzlichkeit und Aufgeschlossenheit, die wir vielerorts in Deutschland gegenüber fremden Kulturen erleben, zeigt, dass die Menschen hier offen für neue Impulse, Einflüsse und Kulturen sind. Im Ausland erfahre ich häufig, wie positiv diese Toleranz und auch der politische Kurs von Angela Merkel wahrgenommen werden. Ich bin stolz darauf, dass Deutschland nach dem Zweiten Weltkrieg mittlerweile in Europa für Toleranz, Humanismus und Weltoffenheit steht. Projekte wie »Jobs for your future« tragen dazu bei, dass sich diese Haltung verfestigt und eine Gemeinschaft entsteht, in der sich Menschen mit Respekt begegnen und gegenseitig bereichern.

Hand in Hand vereint faszinierende Beispiele, wie Sterneköche aus Deutschland und der Schweiz kulinarische Einflüsse aus Nahost und Nordafrika kreativ in neue Rezepte übersetzen und uns fremde Welten vieler Flüchtlinge näherbringen.

Ich wünsche Ihnen viel Vergnügen beim Entdecken neuer (Ess-)Kulturen!

Nico Hofmann
Produzent, Regisseur, Co-CEO der *UFA* und Schirmherr von *Hand in Hand*

Marokko Nepal

Afghanistan Pakistan

Syrien Iran Gambia

Irak

Eine Herzens-angelegenheit

Das Kochbuchprojekt *Hand in Hand* wurde von uns, vier Studenten der Hotelfachschule Heidelberg, ins Leben gerufen. Wir, das sind: Timo Wentzel, Mareike Boppert, Niclas Dommer und Paul Aker.

Im Rahmen einer Projektarbeit mit dem Thema »Jobs for your future« hatten wir uns zu einer Arbeitsgruppe zusammengeschlossen. Es ging darum, jungen Geflüchteten im Rahmen von Schulungen im Küchen- und Servicebereich den Weg in die Gastronomie und damit oftmals auch einen ersten Schritt in das Berufsleben zu ermöglichen. Durch die Zusammenarbeit und den Austausch mit den Flüchtlingen ist die Idee zu einem Kochbuch entstanden.

Zu Beginn war das Kochbuchprojekt *Hand in Hand* nicht in diesem Umfang geplant, aber wir sind stolz und begeistert, wie sich dieses Projekt über sechs Monate hinweg entwickelt hat. Offenbar hatten wir einen Nerv getroffen und erfuhren somit tolle und professionelle Unterstützung von sehr vielen Seiten, ohne die dieses Buch nicht möglich gewesen wäre. Das Ergebnis halten Sie gerade in den Händen: unser Herzensprojekt.

Für jeden Beteiligten, ob Koch, Flüchtling, Fotograf oder Autor, ist unser Buch ein Wohltätigkeitsprojekt, es fließen keine Honorare, sämtliche Tantiemen gehen als Spenden an Hilfsorganisationen, die Projekte in der Flüchtlingshilfe finanzieren.

Selbst unser Fotograf Adrian Ehrbar aus der Schweiz ist mit uns mehrmals durch ganz Deutschland und die Schweiz gefahren, um die Rezepte und Spitzenköche gekonnt in Szene zu setzen. Mehr als 18.000 Kilometer sind für diesen guten Zweck zusammengekommen.

Mit Lutz Jäkel konnten wir einen erfahrenen Autor gewinnen, der die verschiedenen Länder, aus denen die Flüchtlinge stammen und die er teilweise aus eigenen Aufenthalten kennt, porträtierte und zusammen mit dem Projektteam die oftmals sehr leidvollen und berührenden Schicksale der Flüchtlinge dokumentierte. Außerdem fotografierte er die Kochsessions und warf als Autor und Fotograf zahlreicher Bücher zum Thema »Kulinarik« in arabischen Ländern ein kritisches Auge auf die Rezepte.

Besonders freuen wir uns darüber, dass der bekannte Regisseur und Filmproduzent Nico Hofmann die Schirmherrschaft des Projekts übernommen hat. Nico Hofman ist nicht nur von der Idee begeistert, sondern setzt sich engagiert für das Projekt ein, schließlich, so schreibt Hofmann in seinem Vorwort, verbinde Kochen, genauso wie der Film, Menschen verschiedener Nationalitäten. Völkerverständigung durch den Magen funktioniere außerdem sehr gut. Davon sind auch wir überzeugt.

Durch Anja Käumle, Pressechefin der UFA, sowie Gina Ahrend ist das Kochbuch stets medial perfekt in Szene gesetzt.

Wir wollen mit diesem Buch einen neuen Schritt wagen, wir möchten Kulturen näher zusammenbringen, zum einen durch die Begegnungen der Spitzenköche mit den Flüchtlingen und deren Geschichten, aber auch durch deren kulinarische Vorlieben. Das Buch soll den Leser anregen, sich mit den Ländern und Menschen in spannender Weise auseinanderzusetzen und sich dieser Welt kulinarisch – und damit auch kulturell – zu öffnen.

Wir haben die Lieblingsgerichte einiger in Heidelberg lebender Flüchtlinge dokumentiert, anschließend haben sich Spitzenköche aus Deutschland und der Schweiz dieser Rezepte angenommen und sie mit ihrer eigenen Handschrift interpretiert. Einige der Köche haben ganz persönliche Geschichten, die sie mit dem Thema »Flüchtlinge« verbinden. Sei es durch einen Flüchtling über das Projekt »Jobs for your future«, bei der Arbeit oder im privaten Leben – gemeinsam, Hand in Hand, haben sie ein Rezept entwickelt, das sie hier präsentieren.

Die Hauptpersonen des Projekts sind junge Flüchtlinge aus verschiedenen Ländern, die meisten von ihnen leben nun ohne Familie in Deutschland. Viele hatten eine schöne Kindheit und haben tolle Erinnerungen an zu Hause, an ihre Heimat. Ihre heile und glückliche Welt jedoch wurde durch Kriege, Bürgerkriege, Terroristen, Entführungen oder Folter auf brutale Weise zerstört. Ihre Porträts in diesem Buch spiegeln diese Schicksale wider, an einigen Stellen in den Texten, das werden Sie als Leser oder Leserin feststellen, gibt es Brüche, würde man mehr erfahren wollen. Aber an diesen Stellen zu erzählen, war für einige unserer Flüchtlinge zu schmerzhaft. Dies ist auch der Grund, warum sie hier nur mit Vornamen stehen, nicht alle wollten mit ihrem ganzen Namen genannt sein.

Die Flüchtlinge in diesem Buch stehen stellvertretend für so viele weitere aus ihren Heimatländern geflüchteten Menschen. Sie alle sind auf der Suche nach einem normalen Leben in Sicherheit, Geborgenheit und in Frieden. Wir möchten ihnen dabei helfen, nicht nur finanziell, sondern ihnen vor allem auch eine Stimme geben.

Wir hoffen, für »unsere«, aber auch für andere Flüchtlinge mit diesem karitativen Projekt etwas bewegen zu können. Die geflüchteten Menschen haben es verdient.

Mareike, Niclas, Paul und Timo

Syr

Taboulé
Mahshi
Mulukhiyah
Lammhaxe
Schaumgefrorenes vom Arak
Couscous
Beef Tatar
Pauillac Lamm & Zunge
Malfuf
Mahshi
Ziegen
Rotbarschfilet
Kibbeh
Baharat

ien

Schlorzifladen
grische Kohlrouladen
Aubergine Sesam
Syrien
Mokka
Des Sultans Freude
Halawet el-Jibn
Yalangi

Syrien

KREUZUNGSPUNKT DER VÖLKER

Syrien ist historisch und kulturell eines der ältesten und reichsten Länder der Erde. Durch dieses Land, mitten im Vorderen Orient und im Fruchtbaren Halbmond gelegen, zogen alle Hochkulturen dieser Weltgeschichte: Sumerer, Assyrer, Babylonier, Phönizier, Aramäer, Perser, Griechen, Römer, Byzantiner, Araber und Türken, und damit sind noch nicht einmal alle genannt. Während der Mandatszeit zu Beginn des vergangenen Jahrhunderts kamen auch Franzosen und Briten. Sie alle brachten ihre Kochtraditionen mit, die sich zu wunderbar neuen Kreationen vermischten. Manche Speise ist sogar in Europa so selbstverständlich geworden, dass sie gar nicht mit der arabischen Welt in Verbindung gebracht wird. So vertreten einige Historiker die Ansicht, dass römische Soldaten aus der »Provincia Syria« das Fladenbrot Pita mit nach Italien brachten, woraus zunächst die Focaccia und schließlich über ein paar Umwege die Pizza entstanden ist. Ähnliches widerfuhr der Pasta. Für Beduinen sind lang haltbare Lebensmittel unverzichtbar. Aus dieser Notwendigkeit heraus ist einst die Nudel entstanden, von der ebenfalls so mancher behauptet, sie stamme aus Arabien. Oder aus China. Aber eben nicht aus Italien.

Das Syrien des Alten Orients und der Antike, also der Raum, der die heutigen Länder Syrien, Libanon, Jordanien und Israel/Palästina umfasst, war immer ein Scharnier zwischen Orient und Okzident, ein Durchgangsland für den Fernhandel, der die Region und die Städte reich machte; Rezepte und Gerichte konnten sich dadurch am schnellsten verbreiten. In Damaskus und Aleppo, den ältesten dauerhaft besiedelten Städten der Welt, kamen die Weihrauchstraße und die Seidenstraße zusammen. Eine der Hauptrouten der Weihrauchstraße führte vom Oman über den Jemen zur nabatäischen Handelsstadt Petra und von dort über Damaskus weiter bis nach Indien. Mit dem Weihrauch aus dem Jemen kam auch der Kaffee (der sich von dort aus nach Europa verbreitete); im Austausch lieferte man vor allem Elfenbein, Edelmetalle, Stoffe und Sklaven. In die andere Richtung wurden über den Tigris Waren von Basra im Persisch-Arabischen Golf nach Bagdad und von dort über die Wüste nach Syrien und Ägypten weitergehandelt. Mit dem Austausch weit voneinander entfernter Kulturen wurden ganz neue Nutzpflanzen bekannt: Reis, Zuckerrohr, Wassermelonen, Auberginen und Zitronen, aber auch Kurkuma, Sternanis und andere Gewürze, die man über Persien aus Indien und China holte und in die Mittelmeerregion einführte. Weil die Araber im großen Stil Orangen nach Portugal exportierten, heißen sie bis heute »Burtuqal«. Aus dem anderen arabischen Wort »Naranj« wurde verballhornt die Orange. Von China übernahmen die Araber übrigens auch ein eisgekühltes Fruchtsirup, das sie »Sharbat« nannten. Über das Türkische »Şerbet« kam das Wort bei den Europäern als Sorbet an.

Überhaupt haben die Türken, genauer: die Osmanen, die mit ihrem riesigen Reich auch die Region des Vorderen Orients 400 Jahre lang regierten, in ganz besonderem Maße die syrische Küche beeinflusst; darauf weisen noch einige Namen hin wie etwa *Yalanji* (Lügner) für gefüllte Zucchini oder Auberginen, die deswegen so heißen, weil man sie mit Reis anstatt mit Fleisch füllt. Alle erdenklichen Arten von Gemüse zu füllen, ist das kulinarische Haupterbe der Osmanen. Die Aubergine ist dabei der König, die Zucchini der Emir, mit der Paprikaschote folgt der Wesir. Außerdem liebt man den *Kabab*, also alles gegrillte Fleisch. Und natürlich die Backwaren, die manchmal in Honig zu ertrinken drohen. Dann allerdings sind sie sehr türkisch, denn die Syrer sind bis heute Meister des mannigfaltigen Gebäcks, bei dem Honig und Zucker eher sparsam, Nüsse – vor allem Pistazien – hingegen üppig verwendet werden. Dabei gilt: Je grüner die Pistazien und je mehr sich von ihnen in einem Blätterteiggebäck tummeln dürfen, desto besser ist die Qualität. Ebenfalls in Syrien, in Damaskus, wurde einst aus Sesammus und Zucker das *Halawe* (türk. *Halva*) kreiert. Auch das Wort »Mazza«, Vorspeisen, die so typisch sind für die syrische Küche, ist türkischen Ursprungs (»Meze«) und heißt »kleiner Imbiss«. Nicht zu vergessen die christlichen Armenier aus Aleppo, die insbesondere mit der scharfen *Muhammara*-Creme und dem Rinderschinken *Basturma* ihre kulinarischen Spuren

Syrien

hinterlassen haben. Aus Aleppo kommen außerdem die besten Fleischgerichte; der aleppiner *Kabab* in all seinen Facetten ist konkurrenzlos. Weder Türken noch Damaszener, weder Griechen noch Libanesen, die auch Liebhaber der gegrillten Fleischspieße sind, können da mithalten. Das liegt wahrscheinlich daran, dass in dieser alten Handelsstadt vorwiegend griechische, römische, türkische und armenische Kochtraditionen verschmolzen, die sich alle besonders gut auf die Zubereitung von Fleisch verstehen.

Außerdem sind nicht nur die Syrer, sondern generell die Araber des Vorderen Orients große Freunde von *Laban* (Joghurt) und *Labneh* (Quark), sodass hier von der »weißen Küche« gesprochen wird, im Unterschied zur »gelben« (Marokko) und »roten Küche« (Tunesien).

EINHEIT AUS VIELFALT

Die gesamte Region des Vorderen Orients ist die Wiege der drei großen monotheistischen Religionen, des Judentums, Christentums und des Islam; ihre Gläubigen gehören einem Kulturraum an. Araber zu sein, bedeutet daher nicht zwangsläufig, Muslim zu sein, auch wenn das für die Mehrheit der Araber zutrifft. Bis in die Neuzeit hinein, bis zur Gründung des Staates Israel 1948, gab es eine größere Zahl Juden in Syrien. Sie waren jüdische Araber oder Arabisch sprechende Juden, die sich als Syrer verstanden. Ebenso wie bei den Christen gibt es keine sprachlichen oder ethnischen Unterschiede gegenüber den Arabisch sprechenden Syrern anderer Religionen. Juden wie Christen sprachen einst Syrisch oder Griechisch und wurden erst mit dem Aufkommen des Islam langsam sprachlich arabisiert. Bis heute werden die verschiedenen Traditionen der Religionen im Alltag gelebt. Oftmals feiern Christen und Muslime ihre Feste gemeinsam. So besuchen muslimische Familien an Weihnachten ihre christlichen Nachbarn, um Segenswünsche auszusprechen, Christen wiederum bereiten mit Muslimen gemeinsam Mahlzeiten während des Fastenmonats Ramadan zu.

Syrien ist ein buntes Mosaik, historisch und religiös, aus dem sich eine kulturelle Einheit herausgebildet hat, der eine von Toleranz geprägte Grundhaltung eigen ist. Eine Einheit durch Vielfalt. Diese Vielfalt ist seit Ausbruch des Bürgerkrieges im Jahr 2011 in Gefahr und wird durch unterschiedlichste politische Strömungen, national wie international, attackiert. Es ist den Syrern von ganzem Herzen zu wünschen, dass sie Widerstand leisten können und ihren wertvollen kulturellen Schatz nicht verlieren, auf dass sie eines Tages wieder das friedvolle Mit- und Nebeneinander genießen können.

Ammar

Mein Name ist AMMAR, ich bin 26 Jahre alt und lebe mittlerweile seit fast zwei Jahren in Deutschland. Ich komme aus Syrien, aus der Stadt Al-Hasaka ganz im Osten des Landes, unweit der irakischen Grenze, jenseits des Euphrats. Dieses Gebiet zwischen Euphrat und Tigris ist Mesopotamien, das berühmte Zweistromland. Im Arabischen sagen wir »Al-Dschazira«, die Insel, zu diesem Gebiet.

Al-Hasaka liegt aber leider auch in einem Gebiet, das vom sogenannten Islamischen Staat kontrolliert wird. Meine Heimatstadt wird immer wieder von IS-Sympathisanten eingenommen.

Dadurch wurde für mich das Leben in Al-Hasaka unerträglich, und als ich zum Militär eingezogen werden sollte, war für mich klar, dass ich Syrien verlassen muss. Ich begann meine Flucht zu Fuß. Ich lief knapp acht Tage lang in Richtung Türkei, hier wurde ich vom Osten der Türkei mit dem Bus nach Istanbul gebracht. Anders als viele Syrer habe ich hier nur einen Tag verbracht, dann ging es per Auto direkt weiter nach Griechenland. Anschließend brachte uns ein Boot von Griechenland nach Italien. Von dort fuhren wir in Richtung Österreich und dann nach Deutschland.

Insgesamt hat meine Flucht vier Monate gedauert, und ich musste 18.000 Euro an die Schlepper zahlen. Da ich die Flucht allein begonnen hatte und es in Griechenland relativ kriminell zuging, wurden mir während meines kurzen Aufenthaltes in Athen von einem syrischen Landsmann knapp 6.000 Euro gestohlen. Ich konnte mich nicht wehren, und ich musste mich geschlagen geben. Interessiert hat das leider niemanden! Allerdings hätte ich es auch nicht der Polizei melden können, da ich zu diesem Zeitpunkt keine Papiere hatte. Überhaupt wurden wir in der Türkei und in Griechenland von der Polizei oft nicht gut behandelt, Schläge wurden oft angedroht und auch eingesetzt, ich blieb davon allerdings verschont.

Auf der Flucht und selbstverständlich auch hier in Deutschland denke ich immer wieder an die schöne Zeit in Syrien zurück, als es noch keinen Krieg gab. Zu Hause durfte ich auf Lehramt studieren, mein Fachbereich war die Mathematik. Nebenbei half ich meiner Familie in unserem Restaurant, das es heute leider nicht mehr gibt, es wurde von Bomben völlig zerstört.

Mein Traum war es immer, Lehrer zu werden und jungen Menschen eine bessere Zukunft zu ermöglichen. Durch den schrecklichen Bürgerkrieg in unserem Land ist das leider nicht mehr möglich. Jetzt ist es mein größter Wunsch, hier in Deutschland als Lehrer arbeiten zu dürfen. Deswegen besuche ich einen Deutschintensivkurs und mache nebenbei ein Praktikum in einem Kindergarten. Viel Unterstützung bekomme ich auch von einer tollen deutschen Familie, sie helfen nicht nur mir, sondern auch meiner Freundin aus dem Irak.

Dadurch, dass meine Familie ein Restaurant hatte, koche ich sehr gerne, mittlerweile sogar europäische Gerichte wie Spaghetti Bolognese. Mein Leibgericht hier in Deutschland ist Pizza, allerdings selbst gemacht. Meine Mama macht die besten *Mahshi* der Welt, sie waren auch eine der Spezialitäten in unserem Restaurant, also allerlei Gefülltes wie Zucchini oder Auberginen. Die vermisse ich sehr. Und meine Mama natürlich auch. Ich bin übrigens Muslim, meine Oma aber ist Christin. Das Nebeneinander verschiedener Religionen ist in Syrien eigentlich ganz normal. Oder muss man sagen: war normal?

Mahshi

Den Reis abbrausen und mindestens 15 Minuten in kaltem Wasser einweichen. Anschließend in einem Sieb gut abtropfen lassen. Knoblauch und Zwiebel schälen und in feine Würfel schneiden. Die Minzeblätter abzupfen und fein hacken.

Den Reis mit Hackfleisch, Knoblauch, Zwiebel, Minze und Butter vermengen und mit Salz, Pfeffer, Paprika und Kreuzkümmel würzen. Bis zur Weiterverarbeitung kalt stellen.

Auberginen und Zucchini waschen, am Stielansatz abschneiden und aushöhlen (z. B. mit einem Apfelausstecher). Das ausgekratzte Fruchtfleisch anderweitig verarbeiten. Das hohle Gemüse mit der Fleischmasse befüllen und nebeneinander in einen breiten Topf oder Bräter geben. Mit den passierten Tomaten und etwas Wasser bedecken. Mit einem kleineren Topf oder Teller beschweren. Das Gemüse einmal aufkochen, dann auf niedriger Temperatur ca. 30 Minuten garen.

Die Zucchini und Auberginen herausnehmen und die Sauce mit Salz und den weiteren Gewürzen abschmecken.

Für 4 Personen

350 g Reis
2 Knoblauchzehen
1 Zwiebel
1 Stängel Minze
250 g Rinderhack
100 g Butter
Salz und Pfeffer
Paprikapulver
gemahlener Kreuzkümmel (Cumin)
10 kleine Auberginen
10 kleine Zucchini
250 g passierte Tomaten

Mahshi Waraq

Für 6 Personen

350 g eingelegte Weinblätter
600 g Reis
5 Knoblauchzehen
300 g Rinderhack
150 g weiche Butter
Salz und Pfeffer
Paprikapulver

Die Weinblätter in ein Sieb geben, abtropfen lassen und auf ein sauberes Küchentuch legen.

Den Reis 20 Minuten in Wasser einweichen, anschließend ebenfalls in einem Sieb abtropfen lassen.

Den Knoblauch schälen und hacken.

Den aufgeweichten Reis mit Hackfleisch, Knoblauch und Butter gut vermengen. Mit Salz, Pfeffer und Paprikapulver würzen.

Je nach Größe der Blätter 2–3 EL der Masse auf einem Streifen quer zu den Blattadern in die Mitte des Weinblattes geben. Das Blatt auf beiden Seiten einschlagen und vom Stiel aus hin zur Spitze fest zusammenrollen.

Die Röllchen in einen Topf legen und mit Wasser bedecken. Mit einem Teller oder einem kleineren Topf beschweren, um ein Aufrollen der Blätter zu verhindern. Das Wasser einmal aufkochen, dann ca. 1 Stunde bei schwacher Hitze garen.

Benjamin

BENJAMIN PEIFER, 2002 als Bäckerlehrling gestartet, war von 2012 bis Mitte 2016 Küchenchef im ***Restaurant Urgestein*** (1 Michelin-Stern) in Neustadt an der Weinstraße. Er kocht ohne klassisches Schubladendenken, weitestgehend aber mit regionalen Produkten, und holt sich Inspirationen aus aller Welt, am liebsten jedoch aus der fernöstlichen. Im Frühjahr 2017 eröffnet er sein eigenes Restaurant ***Intense***.

GIBT ES ZUTATEN AUS DEN FLÜCHTLINGSLÄNDERN, DIE SIE HÄUFIGER BENUTZEN?

Ja, beispielsweise Couscous und Olivenöl, aber auch getrocknete Limetten und die verschiedensten Gewürze, wie beispielsweise Ras el Hanout.

WAS HAT SIE DAZU BEWEGT, BEI DIESEM PROJEKT MITZUWIRKEN?

Das Interesse daran, etwas zurückzugeben. In der Gourmetgastronomie geht es zum Teil sehr dekadent zu und daher finde ich es nur richtig und selbstverständlich, an so einem großartigen Projekt teilzuhaben.

HABEN SIE EIN LEBENSMOTTO ODER SPRICHWORT, DAS SIE BESONDERS BEGLEITET?

Beruflich gesehen gibt es einen Satz, der mich für immer begleiten wird, da er für all das steht, was wir in unserem Berufsfeld machen: Wir in der Spitzengastronomie kochen auch nur mit Wasser, aber wir schmecken das Wasser vorher ab.

Kaisergranat

AUS NORWEGEN – KALT UND WARM – INSPIRIERT VON DEN SYRISCHEN MAZZA

BENJAMIN PEIFER

Kaisergranat

AUS NORWEGEN – KALT UND WARM – INSPIRIERT VON DEN SYRISCHEN MAZZA

Für den Rosenessig Sushi Su, Rote Bete und Rosenblüten vakuumieren oder in Weckgläser füllen und 10 Minuten bei 60 °C dämpfen. 2 Wochen ziehen lassen. Dann passieren und nach Belieben mit Curry- und Kräuteröl zu einer Vinaigrette vermengen.

Für den Joghurt alle Zutaten miteinander verrühren, in ein sauberes Küchentuch geben und im Kühlschrank etwa 2 Stunden über einer Schüssel abhängen, um eine cremige Konsistenz zu erhalten.

Für das Tomatenkompott Zwiebel und Schalotte schälen und klein würfeln, den Knoblauch schälen und fein reiben, dann zusammen mit den Gewürzen und der Currypaste in etwas Olivenöl anschwitzen. Das Tomatenmark zugeben und kurz mitrösten. Die Tomaten angießen und auf kleiner Flamme 2–3 Stunden einkochen. Die Limette waschen, abtrocknen und die Schale fein abreiben. Dann die Frucht halbieren und den Saft auspressen. Das Kompott mit Limettensaft und -abrieb sowie etwas Olivenöl abschmecken.

Für das Auberginenkompott Schalotte und Aubergine putzen und beides fein würfeln. Die Schalotte in etwas Olivenöl anrösten, die Aubergine zugeben, salzen und zuckern. Alles etwa 2 Stunden lang zu Kompott einkochen und mit Sumach abschmecken.

Die Kaisergranaten aufbrechen und entdarmen. Die 4 schönsten bis zum Braten im Kühlschrank aufbewahren. Die restlichen Granaten erst in Frischhalte-, dann in Alufolie zu einer Rolle drehen und mindestens 2 Stunden anfrieren.

Für das Taboulé die Kräuter fein hacken, die Salzzitrone würfeln und alles mit den restlichen Zutaten vermengen. Dann abschmecken und mindestens 20 Minuten quellen lassen.

Für den Couscous den Langostinenfond aufkochen, den Couscous zugeben, abdecken und ohne Hitzezufuhr 5 Minuten quellen lassen. Die Limette waschen, abtrocknen und die Schale fein abreiben. Dann die Frucht halbieren und den Saft auspressen. Den Couscous mit den restlichen Zutaten abschmecken.

Zum Servieren den Couscous mit einem Servierring in der Tellermitte platzieren. Die aufgerollten Granaten in Medaillons schneiden, mit Salz und syrischem Olivenöl würzen und auf den Couscous legen. Darauf jeweils eine Nocke Tomatenkompott, Taboulé und Auberginenkompott setzen. Nach Belieben mit Zucchinirosen und Artischockenchips garnieren. Die restlichen Granaten in Olivenöl etwa 1 Minute sehr glasig garen. Etwas Gewürzjoghurt und Rosenessig angießen und servieren.

Für 4 Personen

FÜR DEN ROSENESSIG:
200 ml Sushi Su (Würzessig für Sushireis)
10 g Rote Bete
frische Blüten von 10 Duftrosen
Curry- und Kräuteröl (nach Belieben)

FÜR DEN GEWÜRZJOGHURT:
150 g Sahnejoghurt (10 % Fett)
1 TL Baharat (orientalische Gewürzmischung, s. S. 46)
1 Spritzer Sushi Su (Würzessig für Sushireis)

FÜR DAS TOMATENKOMPOTT:
1 Zwiebel
1 Schalotte
1 Knoblauchzehe
1 Zimtstange
1 Lorbeerblatt
⅓ Vanilleschote
Salz und Zucker
1 TL thailändische rote Currypaste
Olivenöl
1 TL Tomatenmark
450 g geschälte und gewürfelte Tomaten (aus der Dose)
1 Bio-Limette

FÜR DAS AUBERGINENKOMPOTT:
1 Schalotte
1 Aubergine
Olivenöl
Salz und Zucker
Sumach

FÜR DEN KAISERGRANAT:
8–12 norwegische Kaisergranaten
Salz
syrisches Olivenöl

FÜR DAS TABOULÉ »INTENSE«:
100 g Petersilie
20 g Minze
20 g Koriandergrün
10 g Salzzitrone
20 g Tomatenconcassé
10 ml Sushi Su (Würzessig für Sushireis)
5 g Bulgur
etwas Olivenöl
Salz und Zucker (nach Geschmack)

FÜR DEN COUSCOUS:
120 ml Langostinenfond
50 g Couscous
1 Bio-Limette
syrisches Olivenöl
Salz
Baharat (orientalische Gewürzmischung, s. S. 46)

ZUM SERVIEREN (NACH BELIEBEN):
in Scheiben geschnittene und zur Rose aufgerollte Zucchini
knusprig frittierte Artischockenchips

Steffen

STEFFEN LAURISCH

absolvierte seine Kochausbildung von 2010 bis 2012 im *Hotel Gran BelVeder* in Scharbeutz und arbeitete dort anschließend ein Jahr lang als Commis de Cuisine. Nach seiner Station als Chef de Partie im *Restaurant Vendôme* bei Joachim Wissler wechselte er im September 2015 zu *Otto Gourmet*. Als Souschef ist er für die Weiterentwicklung und Kreation von exquisiten Fleischgerichten mitverantwortlich.

WELCHEM LAND IST IHR GERICHT ZUZUORDNEN?

Das Gericht stammt aus keinem speziellen Land, sondern ist eine Mischung aus verschiedenen arabischen Kochstilen und Gerichten, die wir mit landestypischen Zutaten ergänzt haben. Wir sind bei der Entwicklung sehr kreativ geworden. Außerdem ist Tartar (*Kibbe Nayé*) eine sehr beliebte Vorspeise in Syrien.

HABEN SIE EINE BESONDERE VERBINDUNG ZU DER GEWÄHLTEN KÜCHE?

Als Koch bin ich immer auf der Suche nach neuen Aromen und Gerichten. Dafür bietet die arabische Küche viel Inspiration.

WAS HAT SIE DAZU BEWEGT, BEI DIESEM PROJEKT MITZUWIRKEN?

Nach der Anfrage bei uns waren wir sofort Feuer und Flamme für dieses Projekt. Ich muss zugeben, dass ich mich bisher nur wenig mit der Kulinarik aus diesen Ländern beschäftigt habe. Es ist immer wieder spannend, neue Kulturen und deren Küche kennenzulernen.

Irish Hereford Prime Beef Tatar

ZITRONENSCHALENCREME | CURRYBISKUIT | KICHERERBSEN

STEFFEN LAURISCH

Für 4 Personen

FÜR DIE ZITRONENSCHALENCREME:
40 g abgeriebene Schale von ca. 4 Bio-Zitronen
20 g Zucker
20 ml frisch gepresster Zitronensaft

FÜR DIE ORIENTALISCHE SALSA:
1 kleine Schalotte
1 Knoblauchzehe
½ kleine Chilischote
10 g Petersilie
15 g Koriandergrün
5 g Minze
40 ml Olivenöl
1 Prise grobes Meersalz
schwarzer Pfeffer

FÜR DEN CURRYBISKUIT:
50 g Bio-Eiweiß
50 g Currycreme
30 g Bio-Eigelb
30 g Isomalt (Zuckeraustauschstoff) oder Zucker
10 g Weizenmehl

FÜR DAS TATAR:
500 g Irish Hereford Prime (aus der Hüfte)
Salz und Zucker
Olivenöl

FÜR DIE KICHERERBSEN:
1 Bio-Zitrone
100 g gekochte Kichererbsen
Olivenöl
Zimtblüten

Irish Hereford Prime Beef Tatar

ZITRONENSCHALENCREME | CURRYBISKUIT | KICHERERBSEN

Für die Creme den Zitronenabrieb mit 1 TL kaltem Wasser aufsetzen und aufkochen. Dann alle Zutaten fein mixen und passieren.

Für die Salsa Schalotte und Knoblauch schälen und fein würfeln. Die Chili waschen, entkernen und klein schneiden. Die Kräuter bei Bedarf waschen und trocken schütteln, dann klein schneiden und mit den restlichen Zutaten vermengen.

Für den Biskuit alle Zutaten vermengen, mit einem iSi- oder Sahnespender in eine Souffléform füllen und in der Mikrowelle 50 Sekunden bei 800 Watt garen.

Für das Tatar die Hüfte von grobem Fett und Sehnen befreien. Die Teilstücke erst in Scheiben, dann in Streifen und anschließend in feine Würfel schneiden. Das Tatar mit Salz und Zucker (5:1) würzen, kurz einwirken lassen, dann mit Olivenöl abschmecken.

Für die Kichererbsen die Zitrone waschen, abtrocknen und die Schale fein abreiben. Die Frucht halbieren und den Saft auspressen. Die Kichererbsen mit Olivenöl, Zimtblüten, Zitronensaft und -abrieb abschmecken.

Das Tatar locker in kleinen Einheiten mit der Zitronencreme, der orientalischen Salsa, dem Biskuit und den Kichererbsen dekorativ anrichten.

Ghalia
Shahnaz

SHAHNAZ & GHALIA:

Es ist jetzt ein Jahr her, seit ich mit meinem Ehemann, unserer vierzehnjährigen Tochter Ghalia und unserem zwölfjährigen Sohn nach Deutschland geflohen bin. Es war eine Flucht vor dem Krieg mit der Hoffnung auf eine gute Ausbildung für unsere Kinder. Wir haben in Damaskus gelebt, der Hauptstadt Syriens. Mein Mann und ich hatten dort beide gute Jobs, ich arbeitete als Filmbearbeiterin, mein Mann als Sozialarbeiter, und beide Kinder gingen zur Schule. Doch dann kam der Krieg, wir beide verloren unsere Jobs, die Schulen wurden geschlossen, unsere Familie wurde bedroht – eine sichere Zukunft und überhaupt ein sicheres Leben waren unmöglich.

Wir machten uns gemeinsam als Familie auf den Weg, ganz nach dem Motto »Gemeinsam sind wir stark!«. Die Flucht war nicht einfach, sie dauerte insgesamt einen Monat und kostete 7.500 Euro. Das Geld wurde nicht auf einmal gezahlt, sondern ging an Schlepper in verschiedenen Ländern, jeder erhielt einen Teil des Geldes. Wir nahmen nicht den klassischen Fluchtweg direkt in die Türkei, denn der Norden Syriens ist stark umkämpft. Von Syrien ging es daher zunächst mit dem Auto in den Süden, nach Jordanien. Von dort aus flogen wir dann in die Türkei. Dicht gedrängt auf einem Schnellboot wurden wir mit vielen weiteren Flüchtlingen nach Griechenland gebracht.

Von dort ging der Weg für uns weiter nach Mazedonien, Serbien, Ungarn und Österreich und schließlich nach Deutschland. In Passau wurden wir zunächst von der Polizei aufgenommen. Doch diese Stadt sollte nicht unsere Endstation sein, weiter ging der Weg nach München, Karlsruhe, Heidelberg, Baden-Baden, Ravensburg und wieder zurück nach Heidelberg – unserer jetzigen Heimat. Dann hieß es warten, warten auf eine Aufenthaltsgenehmigung für die ganze Familie, die wir glücklicherweise nach zehn Monaten bekamen. Seither geht es für uns bergauf. Mittlerweile leben wir sogar in einer eigenen Wohnung zusammen mit dem Sohn einer Bekannten, sie starb leider in Syrien.

Seit einem Monat gehen unsere Kinder zur Schule, um Deutsch zu lernen. Mein Mann und ich warten noch auf die Zusage für einen Deutschkurs, lernen aber bereits fleißig mithilfe von *YouTube*-Videos. Wir hoffen natürlich, dass wir irgendwann wieder in unseren Berufen arbeiten können. Jetzt aber habe ich vor allem den Traum, dass meine Kinder hier in Frieden leben können und keine Angst vor dem Krieg haben müssen. Sie sollen einfach zur Schule gehen und Spaß im Leben haben, so wie andere Kinder auch. Und dann hoffentlich ihre Traumberufe erreichen können. Ghalia möchte Ärztin werden und mein Sohn Ingenieur – und das hier in Deutschland. Ich bin sicher, dass meine Kinder hier eine perfekte Ausbildung bekommen werden, und ich bin so froh, dass wir hier sein dürfen.

Zu Hause kochen wir fast alle – ich, mein Ehemann und auch schon meine Ghalia. Traditionell essen wir gerne *Kibbeh*, natürlich ohne Schweinefleisch. *Kibbeh* sind kleine Bällchen aus einem Teig aus Bulgur, also Hartweizengrütze, und Hackfleisch. Meistens füllen wir die *Kibbeh* mit Reis und gebratenen Zwiebeln und frittieren sie dann. *Kibbeh* sind im ganzen Nahen Osten beliebt, aber wir finden, dass die besten aus Syrien kommen. Ansonsten mögen wir die europäische Küche, vor allem Spaghetti Bolognese und Lasagne, die besonders die Kinder lieben.

Kibbeh

Für den Teig das Hackfleisch in einem Mixer zu einer feinen Masse verarbeiten. Den Bulgur in einer großen Schüssel mit Wasser bedecken und 20 Minuten quellen lassen. Sobald der Bulgur aufgeweicht ist, abgießen und mit der Fleischpaste gut vermengen. Mit Salz, Kreuzkümmel, Paprika und Zimt abschmecken. Den Teig bis zur Weiterverarbeitung kalt stellen.

Für die Füllung die Zwiebeln schälen und in feine Würfel schneiden, dann zusammen mit dem Hackfleisch in etwas Öl anbraten. Mit Salz, Pfeffer sowie Zimt abschmecken und abkühlen lassen. Aus dem Teig walnussgroße Kugeln formen. Mit einem Finger ein Loch in die Kugel drücken und eine dünne, kegelförmige Hülle aus dem Teig formen. Die Füllung hineingeben und das Ende zudrücken. In heißem Öl goldbraun ausbacken und auf Küchenkrepp abtropfen lassen.

Für 6 Personen

FÜR DEN TEIG:

500 g Rinderhack
500 g Bulgur
Salz
gemahlener Kreuzkümmel (Cumin)
Paprikapulver
gemahlener Zimt

FÜR DIE FÜLLUNG:

2 Zwiebeln
1 kg Rinderhack
Pflanzenöl
Salz und Pfeffer
gemahlener Zimt

Syrien

1729
DE CHAMPAGNE
Chef de

Lars

Kompromisslos kochen – das ist es, was LARS FUMIC immer wollte und bis heute tut. Nichts ist ihm zu viel, um das zu tun, was seine Leidenschaft ist: Kochen! Egal ob auf den Weltmeeren oder an Land im *Restaurant Nigrum* in Baden-Baden: Fumic steht für eine Küche, die ständig bestrebt ist, sich weiterzuentwickeln. Dies beschert ihm heute ein großes Repertoire aus den verschiedensten Küchen dieser Welt, das er gekonnt mit ehrlichem Handwerk kombiniert.

HABEN SIE EINE BESONDERE VERBINDUNG ZU DER GEWÄHLTEN KÜCHE?

In meiner Zeit auf See mit Kreuzfahrtschiffen waren wir oft im Nahen Osten. Die Gewürze und Märkte dort haben mich sehr inspiriert.

WAS HAT SIE DAZU BEWEGT, BEI DIESEM PROJEKT MITZUWIRKEN?

Ich finde es wichtig, einen Beitrag zu leisten, denn wir alle leben in einer Welt und sollten nicht wegschauen, wenn es anderen schlecht geht.

WAS HAT SIE ZU IHREM GERICHT INSPIRIERT?

Aus relativ günstigen Produkten ein Gourmetgericht zu zaubern ist eine große Herausforderung. Das Arbeiten mit bodenständigen Lebensmitteln reizt mich.

HABEN SIE EIN LEBENSMOTTO ODER SPRICHWORT, DAS SIE BESONDERS BEGLEITET?

Wer nie verliert, hat den Sieg nicht verdient.

LARS FUMIC

Lammhaxe

MIT HIRSE, SCHAFSMILCHJOGHURT, KAROTTEN-PÜREE UND ROTEN ZWIEBELN

Für 6 Personen

FÜR DAS LAMM:
2 frische Lammhinterhaxen am Knochen
Pfeffer
1 Knoblauchknolle
1 Karotte
1 Knollensellerie
150 g Hirse
20 ml Olivenöl
Salz
frisch geriebene Muskatnuss
Chilipulver
1 Bund Koriandergrün
1 Bund Minze
200 g Petersilie
4 rote Zwiebeln
etwas angerührte Maisstärke zum Binden
80 g Schafsmilchjoghurt
40 g Fetakäse zum Servieren

FÜR DAS KAROTTENPÜREE:
250 g Karotten
50 ml Olivenöl
Salz und Pfeffer
frisch geriebene Muskatnuss
Baharat (orientalische Gewürzmischung, s. S. 46)

Die Lammhaxen pfeffern, die Knoblauchknolle zerdrücken, dann entweder vakuumieren oder alles straff und mehrmals in Frischhaltefolie wickeln und über Nacht ca. 12 Stunden im Wasserbad (Sous-vide) bei 58 °C garen. Anschließend in Eiswasser abkühlen lassen, herausnehmen und das Fleisch vom Knochen lösen.
Karotte und Sellerie putzen, schälen und in kleine, feine Würfel schneiden. Aus den Gemüseabschnitten einen Gemüsefond kochen. Die Hirse waschen und im Gemüsefond ca. 10 Minuten weich garen. Anschließend abgießen, den Fond dabei auffangen.
Die Gemüsewürfel in der Hälfte des Olivenöls anbraten, die Hirse zugeben und mit den Gewürzen abschmecken. Die Kräuter zupfen und unterheben. Zur Seite stellen.
Den Backofen auf 130 °C (Umluft) vorheizen. Die Zwiebeln schälen und in grobe Stücke schneiden. Im restlichen Olivenöl anschwitzen und zugedeckt im Ofen schmoren, bis sie weich sind. Anschließend im Mixer fein pürieren und nach Belieben durch ein Sieb streichen. Mit Salz und Pfeffer abschmecken.
Das Lammfleisch scharf anbraten und gut würzen. Dann herausnehmen und ruhen lassen. Im Bratrückstand etwas aufgefangenen Gemüsefond angießen und die Sauce mit etwas angerührter Maisstärke leicht binden. Die Hirsemischung nochmals kurz erwärmen, zum Schluss den Schafsmilchjoghurt unterziehen.

Für das Püree die Karotten putzen, schälen und in grobe Stücke schneiden. Mit Olivenöl und den Gewürzen einreiben und bei 160 °C (Umluft) 40 Minuten im Ofen garen. Die Karotten anschließend in einem Topf mit 200 ml Wasser aufkochen und zu einem feinen Püree mixen.

Die Hirse in der Mitte des Tellers anrichten, das Zwiebelpüree seitlich drapieren und das Haxenfleisch darauflegen. Etwas Sauce angießen, den Fetakäse zerkrümeln und seitlich platzieren. Das Karottenpüree in eine Spritzflasche füllen und versetzt ein paar Punkte dressieren.

Hanna

ELIAS HANNA SALIBA

wurde 1950 in Latakia geboren. Nach dem Abitur in Syrien zog es ihn nach Hamburg. 1984 eröffnete er sein erstes Restaurant *Saliba*, das sich heute an den Alsterarkaden befindet. Es folgten sieben weitere Restaurants. Er ist stetig bemüht, die syrische Küche zu zelebrieren und zu präsentieren. 2016 startete er mit seiner syrischen Imbisskette ***Salibaba*** in der Hoffnung, dort syrischen Flüchtlingen eine Beschäftigung und Existenz bieten zu können.

GIBT ES ZUTATEN AUS DEN FLÜCHTLINGSLÄNDERN, DIE SIE HÄUFIGER BENUTZEN?
Ja, viele, vor allem Gewürze. Oder auch zum Beispiel bitteres Orangenblütenwasser oder Rosentee. Inzwischen ist vieles davon in Deutschland erhältlich.

HABEN SIE EINE BESONDERE VERBINDUNG ZU DER GEWÄHLTEN KÜCHE?
Ich bin in Syrien geboren und aufgewachsen, das letzte Mal war ich im Dezember 2011 dort.

WAS HAT SIE DAZU BEWEGT, BEI DIESEM PROJEKT MITZUWIRKEN?
Ich habe das Bedürfnis, meinen Landsleuten in dieser notleidenden Situation zu helfen.

HABEN SIE EIN LEBENSMOTTO ODER SPRICHWORT, DAS SIE BESONDERS BEGLEITET?
Was ich (als griechisch-orthodoxer Christ) servieren würde für eine Friedensdelegation, wenn sie sich treffen würden: ein Stück Brot. Und einen Schluck Wein. Nicht mehr, nicht weniger. Damit sie sich wieder auf das besinnen, was Christus in die Welt gebracht hat.

ELIAS HANNA SALIBA

Rotbarschfilet

AUF TAHINSAUCE MIT ORIENTALISCHEM SALAT

Den Knoblauch schälen und fein hacken. Alle Zutaten für die Marinade gut miteinander vermischen und die Rotbarschfilets damit bestreichen. Etwa 1 Stunde einwirken lassen.
Etwa 15 Minuten vor dem Servieren den Backofen auf 200 °C (Umluft) vorheizen. Die Rotbarschfilets in einer Saftpfanne oder flachen Form ca. 10 Minuten im Ofen garen.

Für die Sauce Zwiebeln schälen, Tomaten waschen und entstrunken, Paprika waschen und entkernen. Zwiebeln, Tomaten und Paprika grob würfeln. Den Knoblauch schälen und in feine Scheiben schneiden. Das Gemüse bei geringer Hitze in etwas Olivenöl anschwitzen. Mit 1 l Wasser ablöschen. Die Chilischote klein hacken, mit den Lorbeerblättern zugeben und ca. 40 Minuten kochen lassen. Dann alles in einen kleineren Topf passieren und auf ca. 300 ml reduzieren. Die Sauce mit Tahin und Zitronensaft mischen, kräftig aufschlagen und abschmecken.

Für den Salat das Gemüse waschen und putzen, bei Bedarf schälen. Die Tomaten halbieren, Salat und Frühlingszwiebeln klein schneiden. Gurken und Radieschen stifteln, die Minze grob hacken. Alle Zutaten miteinander vermischen und mit Salz und Pfeffer abschmecken.

Das Pitabrot in 2–3 cm große Stückchen schneiden. Das Olivenöl in einer Pfanne erhitzen und das Brot darin goldbraun frittieren. Auf Küchenpapier abtropfen lassen.

Zum Servieren die Fischfilets auf der Tahinsauce anrichten. Den Salat daneben drapieren und die Brotchips darüberstreuen. Das Gericht mit verschiedenen Kräutern ausgarnieren.

Für 4 Personen

FÜR FISCH UND MARINADE:

1 Knoblauchzehe
3 EL Olivenöl
je ½ TL Paprikapulver und gemahlener Kreuzkümmel (Cumin)
frisch gepresster Saft von ½ Zitrone
Salz und Pfeffer
4 Rotbarschfilets (à 180 g)

FÜR DIE TAHINSAUCE:

150 g Zwiebeln
120 g Tomaten
50 g grüne Paprikaschote
2 Knoblauchzehen
Olivenöl
1 getrocknete Chilischote
2 Lorbeerblätter
100 g Tahin (Sesampaste)
6 EL frisch gepresster Zitronensaft

FÜR DEN SALAT:

150 g Kirschtomaten
1 Romanasalat
1 Bund Frühlingszwiebeln
150 g Minigurken
8 Radieschen
10 Minzeblätter
1 Bund Rucola
6 EL Olivenöl
2 EL Granatapfelsirup
1 EL Granatapfelkerne
Salz und Pfeffer

FÜR DIE BROTCHIPS:

1 Pitabrot (dünnes Fladenbrot)
Olivenöl zum Frittieren

ZUM SERVIEREN:

verschiedene Kräuter, im Ganzen oder klein gehackt

Ibrahem

Ich bin IBRAHEM, 18 Jahre alt und komme aus Damaskus, der Hauptstadt Syriens. Vor meiner Haustür, in meinem Wohnviertel, war es relativ ruhig, wir blieben vom Krieg also zunächst verschont. Allerdings befindet sich die Universität, an die ich gehen wollte, mitten im Kriegsgebiet.

Ich bin noch ein Teenager und voller Energie und Tatendrang. In Damaskus hatte ich bereits mein Abitur gemacht, dann wollte ich eigentlich Medizin studieren. Wegen des Krieges war das aber leider nicht mehr möglich. Deswegen beschlossen mein Bruder und ich, nach Deutschland zu gehen, wir wollten uns eine sichere und bessere Zukunft aufbauen. Es war eher eine spontane Entscheidung, wir sind einfach eines Sonntagabends aufgebrochen. Meine Eltern fühlen sich noch immer sicher in Damaskus, sie wollten lieber bleiben. Für mich und meinen Bruder aber stand die Entscheidung fest, es war unser Traum. Und so trennten sich schweren Herzens unsere Wege. Ich habe guten Kontakt zu meinen Eltern, ich vermisse sie und wir telefonieren jeden Tag.

Mein Bruder und ich wählten die klassische Flüchtlingsroute. Von Syrien aus starteten wir in Richtung Libanon, von dort sind wir mit dem Schiff bis nach Izmir in der Türkei gefahren. Hier blieben wir zwölf Tage, es war ziemlich friedlich, und die Türken waren sehr nett zu uns. Mit dem Boot ging es dann weiter nach Griechenland, anschließend mit dem Bus über Mazedonien und Serbien bis nach Ungarn. Das ging alles relativ schnell, und da die Grenzen gerade wieder offen waren, konnten wir München erreichen. Die gesamte Flucht hat uns 3.500 Euro gekostet, und damit hatten wir noch Glück. Freunde von uns mussten wesentlich mehr bezahlen.

Wir leben jetzt in Heidelberg, dort teilen wir uns mit fünf weiteren Personen eine kleine Wohnung, wir wohnen also in einer Art WG, was lustig ist, denn wir kommen alle aus verschiedenen Ländern: Pakistan, Afghanistan, Albanien und Syrien. Ich darf eine Schule besuchen, dort lernen wir vor allem Deutsch, aber auch andere Fächer werden unterrichtet. Mein Traum ist es, hier in Deutschland Medizin zu studieren und als Arzt zu arbeiten. Ich helfe sehr gerne anderen Menschen, und darum haben wir jetzt mit acht weiteren Personen – Syrern, Libanesen, Irakern und Deutschen – einen eigenen Verein gegründet. Dieser Verein soll anderen Geflüchteten Halt im neuen Leben bieten und sie dabei unterstützen, genauso schnell Deutsch lernen zu können wie ich. Außerdem bieten wir weitere interessante Kurse an wie zum Beispiel Sport und Handwerken, aber auch zur deutschen Kultur und Geschichte. Dabei geht es auch um deutsche Verhaltensregeln wie beispielsweise das Verhalten gegenüber Frauen. Und noch etwas Besonderes bieten wir an: einen Arabischkurs, für alle, die es lernen möchten! Abends veranstalten wir mit unserem Verein häufig eine Kochsession, auch so kommen Menschen aus unterschiedlichen Kulturen zusammen, und tolle Gerichte entstehen dabei auch noch.

Ein großes Hobby von mir ist das Theaterspielen. Hier in Heidelberg gibt es eine tolle Theatergruppe, in der ich mich engagiere. Sie nennt sich »Traces«, und zusammen mit fünf weiteren Flüchtlingen spielen wir dann wahre Flüchtlingsgeschichten nach. Ich durfte schon häufiger vor Gruppen von bis zu 150 Personen auftreten. Auch das ermöglicht interkulturelle Begegnungen, was nicht nur für mich, sondern auch für die Zuschauer sehr spannend ist.

Wenn ich an meine Heimat denke, dann denke ich auch immer an mein Leibgericht *Kabsah bil Lahm*, meine Mama hat mir das immer gemacht, und ich habe es sehr oft gegessen. *Kabsah bil Lahm* ist eigentlich ein typisches Gericht aus Saudi-Arabien, aber auch in Syrien oder Jordanien wird es gerne zubereitet. Es ist eine Art Pfannengericht (eine große Pfanne!) mit Lammfleisch und viel Reis, Tomaten, Zwiebeln, Paprika, Knoblauch, Kurkuma, Kardamom und Cumin. Hier in Deutschland habe ich durch unsere gemeinsamen Kochabende selbst ein bisschen kochen gelernt. Aber am liebsten grille ich, und dann gibt es immer selbst gemachte *Cevapcici*!

Kabsah bil Lahm

Die Zwiebel schälen und in kleine Würfel schneiden, die Tomaten waschen, entstrunken, vom Kerngehäuse befreien und ebenfalls würfeln.

Das Fleisch grob schneiden und salzen. Zusammen mit der Zwiebel in einem Topf oder Bräter in Olivenöl braun anbraten. Die Peperoni waschen und putzen, dann zusammen mit Tomaten, Limetten und Gewürzen zum Fleisch geben und mit der Brühe bedecken. Anschließend den Reis kurz abbrausen und hinzufügen.

Alles einmal aufkochen, dann bei niedriger Temperatur ca. 30 Minuten köcheln lassen. Dabei gelegentlich umrühren, damit der Reis nicht anbrennt. Zum Schluss mit Salz, Pfeffer und einer Prise Baharat abschmecken.

Für 4 Personen

1 Zwiebel
500 g Tomaten
500 g Lammkeule ohne Knochen
Salz
Olivenöl
2 grüne Peperoni
2 getrocknete Limetten
1 Zimtstange
5 Kardamomhülsen
500 ml Fleischbrühe
200 g Reis
Pfeffer
Baharat (orientalische Gewürzmischung, s. u.)

Baharat

Orientalische Gewürzmischung

Gewürzmischungen sind in allen arabischen Ländern sehr beliebt, besonders für Fleischgerichte. Die wichtigste ist Baharat, auch Bhaar, Bahar oder Bharaat und in Marokko Ras el Hanout oder Ras al-Hanuut (»Spitze des Ladens«) genannt. Sie besteht nicht nur in jedem arabischen Land, sondern sogar in jedem Laden eines Suqs aus unterschiedlichen Zutaten mit variierendem Mengenverhältnis. Jede Hausfrau ist überzeugt, den Händler mit der besten Mischung zu kennen, und hütet ihr Geheimnis daher eisern. Natürlich kann man Baharat auch zu Hause mischen, zum Beispiel so: je 1 TL schwarzer und weißer Pfeffer, ½ TL roter Pfeffer (alternativ ¼ TL Chilipulver), 1 TL getrockneter und geriebener Ingwer, 1 TL Kreuzkümmel (Cumin), 1 TL gemahlener Zimt, 1 TL Koriandersamen, ¼ TL frisch geriebene Muskatnuss, Samen aus 4 Kardamomkapseln und 4 Gewürznelken. Alle Zutaten im Mörser zerstoßen und mischen – fertig (Gourmets geben noch 1 TL Sesamsamen und 1 TL zerriebene Rosenblätter dazu).

Syrien

Erik

ERIK SCHEFFLERs Weg begann 2002 mit einer eher holprigen Ausbildung zum Koch in seiner Heimatstadt Chemnitz. 2008 folgte der Sprung auf die Insel, wo er in 3-Sterne-Häusern in London arbeitete, bevor es ihn 2010 zurück nach Deutschland zog. Hier kochte er in zwei der besten Restaurants Deutschlands. Seit Anfang 2015 teilen sich Sonja Baumann und er das Küchenzepter im *Gut Lärchenhof*. Seine Art zu kochen ist strukturiert, natürlich und er weiß, mit einem ausgeprägten Säure-Aromenspiel zu überzeugen.

WAS HAT SIE DAZU BEWEGT, BEI DIESEM PROJEKT MITZUWIRKEN?

Wir waren im letzten Jahr (2015) kurz vor Weihnachten zum Pizzabacken in einem Flüchtlingsheim. Die Umstände, die wir dort antrafen, sowie die Erlebnisse an diesem Tag erweckten in mir den Wunsch zu helfen.

WAS HAT SIE ZU IHREM GERICHT INSPIRIERT?

Ich habe mich als Kind immer auf die Kohlrouladen meiner Oma gefreut. Die Idee, dass ich Omas Rezept mit syrischen Einflüssen verbinden könnte, reizte mich so sehr, dass ich dieses Gericht unbedingt realisieren wollte. Zusätzlich wollte ich es als vegetarische Version kreieren, die dem Originalgericht mit Fleisch in nichts nachsteht.

HABEN SIE EIN LEBENSMOTTO ODER SPRICHWORT, DAS SIE BESONDERS BEGLEITET?

You can't climb the ladder of success with your hands in your pocket.

Malfuf Mahshi

SYRISCHE KOHLROULADEN

ERIK SCHEFFLER

Malfuf Mahshi

SYRISCHE KOHLROULADEN

Für das Kimchi op Kölsch alle Zutaten mit Ausnahme des Wirsings zusammen aufkochen. Den Kohlkopf halbieren, die äußersten, unschönen Blätter beiseitelegen, dann den Wirsing in einen Vakuumbeutel geben und mit dem Sud übergießen. Vakuumieren und bei 70 °C ca. 90 Minuten im Wasserbad garen. Alternativ alles in einen Gefrierbeutel mit Zipverschluss geben, die Luft herausdrücken, verschließen und in einem Topf mit 70 °C heißem Wasser 90 Minuten garen. Anschließend auf Eis legen und mindestens 48 Stunden ziehen lassen.

Für den Risotto Schalotten, Sellerie und Karotten putzen, schälen und klein würfeln. Etwas Öl erhitzen und das Gemüse darin anschwitzen. Die Graupen zugeben und mitdünsten. Mit Weißwein ablöschen und einkochen lassen. Die Brühe angießen und die Graupen wie einen Risotto kochen. Zum Schluss mit Miso, Salz, Zucker und Estragonessig abschmecken.

Für die Chips den Kohlkopf bis auf das Herz herunterbrechen. Die äußersten, unschönen Blätter beiseitelegen. Dunkelgrüne Kohlblätter halbieren und grobe Blattstrünke entfernen. Etwa 2 Minuten in Salzwasser kochen, dann abschrecken, trocken tupfen und im Dörrautomat mindestens 8 Stunden trocknen. Alternativ kann auch im Backofen bei 50 °C (Umluft) über Nacht bei leicht geöffneter Ofentür getrocknet werden.
Den Backofen auf 180 °C (Umluft) vorheizen. Hellgrüne Kohlblätter ebenfalls halbieren und entstrunken. Auf eine Backmatte legen, mit geklärter Butter bestreichen und leicht salzen. Eine weitere Backmatte sowie ein zweites Backblech darauflegen, damit die Blätter gepresst und flach geröstet werden, und 5 Minuten im Ofen backen. Den Kohl auf Küchenpapier entfetten und zu den anderen Blättern in den Dörrautomat bzw. den Backofen geben.

Für den Schmorkohl das Herz des Wirsings entstrunken und in feine Streifen schneiden. In einer sehr heißen Pfanne mit Pflanzenöl und etwas Salz sehr schnell dunkelbraun rösten. Auf Küchenpapier entfetten.

Für das Aschepulver die beiseitegelegten unschönen äußeren Wirsingblätter der beiden verwendeten Kohlköpfe bei 200 °C (Umluft) in den Ofen schieben und 2 Stunden backen, bis sie komplett verbrannt sind. In einer Kaffeemühle oder einem Mixer mit etwas Kümmel fein mahlen, mit Rauchpaprika vermischen und in einen Streuer füllen.

Für den Sud Schalotten und Knoblauch schälen und zusammen mit den Strünken und Resten vom Kohl klein schneiden. Alles mit Kümmel und Senfkörnern in etwas Pflanzenöl anschwitzen. Paprikapulver darüberstäuben, kurz mitrösten und mit Estragonessig ablöschen. Sauerkrautsaft und Einlegesud zugeben, aufkochen, 20 Minuten köcheln lassen, dann passieren. Mit Xanthazoon binden und mit Salz, Zucker und Cayennepfeffer abschmecken. Die Petersilie grob schneiden, einrühren und 5 Minuten ziehen lassen, dann erneut passieren.

Zum Anrichten die eingelegten Kohlhälften in einzelne Blätter zerteilen und entstrunken. Abtropfen lassen, dann eine kleine Schöpfkelle damit auslegen. Das Graupenrisotto hineinfüllen und die Blätter einschlagen, sodass eine kleine runde Roulade entsteht. Diese auf einem Unterteller unter Folie in Wasserdampf (Dampfgarer oder Topf mit Dämpfeinsatz) temperieren. Den Schmorkohl in der Mitte einer Schüssel platzieren und eine Roulade daraufsetzen. Mit Aschepulver bestreuen und je einen hellen und dunklen Kohlchip um die Roulade herumstellen. Servieren und den Kohlsud erst direkt vor dem Gast angießen.

Für 8 Personen

FÜR DAS KIMCHI OP KÖLSCH:
750 ml Sauerkrautsaft
100 ml heller Balsamicoessig
25 ml Apfelessig
50 g Zucker
25 g Salz
10 g Senfpulver
10 g Senfkörner
4 g Kümmel
1 Lorbeerblatt
5 g weiße Pfefferkörner
10 Wacholderbeeren
2 EL Pflanzenöl
1 Wirsing

FÜR DEN GRAUPENRISOTTO:
250 g Schalotten
250 g Knollensellerie
250 g Karotten
Pflanzenöl
500 g Perlgraupen
400 ml Weißwein
ca. 750 ml Gemüsebrühe
70 g Gerstenmiso
Salz und Zucker
Estragonessig

FÜR ZWEIERLEI KOHLCHIPS & SCHMORKOHL:
1 Wirsing
Salz
geklärte Butter
2 EL Pflanzenöl

FÜR DAS ASCHEPULVER:
äußere Wirsingblätter (der geputzten Köpfe)
Kümmel
geräuchertes Paprikapulver

FÜR DEN KOHLSUD:
200 g Schalotten
½ Knoblauchzehe
250 g entfernte Strünke und Kohlreste (der obigen Wirsingköpfe)
5 g Kümmel
5 g Senfkörner
1 EL Pflanzenöl
5 g Rosenpaprikapulver
75 ml Estragonessig
500 ml Sauerkrautsaft
750 ml Einlegesud (des Kimchi op Kölsch)
2 g Xanthazoon (Verdickungsmittel)
Salz, Zucker und Cayennepfeffer
etwas Petersilie

P.Stradner
ARISCHES
REFFEN 2013

Paul

PAUL STRADNER, 1981 in Graz geboren, Küchenchef des *Brenners Park-Restaurant*, ist mit 34 Jahren in Deutschland einer der jüngsten Köche mit zwei Michelin-Sternen. Im Jahr 2016 wurde er im *Gault Millau* zum »Aufsteiger des Jahres« gekürt. In seinen Kreationen vereint sich ein Sinn für Klassisches mit einem guten Gespür für moderne Akzente und einer kompositorischen Pointiertheit. Sein Menü genießt der Gast mit Blick ins Grüne.

GIBT ES ZUTATEN AUS DEN FLÜCHTLINGS-LÄNDERN, DIE SIE HÄUFIGER BENUTZEN?
Grundsätzlich koche ich gerne mit Gewürzen aus dem Orient wie Baharat, Ras el Hanout und Kreuzkümmel, da ich die Aromen sehr mag, ich verwende aber auch häufig Zutaten wie Couscous.

ARBEITEN BEI IHNEN FLÜCHTLINGE IM BETRIEB?
In der Küche des *Brenners Park-Hotels* arbeiten zurzeit zwei Flüchtlinge aus Syrien und Gambia.

WAS HAT SIE DAZU BEWEGT, BEI DIESEM PROJEKT MITZUWIRKEN?
Da es ein sehr aktuelles und ernst zu nehmendes Thema ist, war mir sofort klar, dass ich dieses Projekt unterstützen möchte. Mir ist bewusst, wie schnell man mit gutem Essen Menschen zusammenführen und zwischenmenschliche Hindernisse überwinden kann.

HABEN SIE EIN LEBENSMOTTO ODER SPRICHWORT, DAS SIE BESONDERS BEGLEITET?
Denke nicht an das, was dir fehlt, sondern an das, was du hast, und baue darauf auf!

Jumbo-Wachtel

KICHERERBSENCREME | GEMÜSE | JOGHURT | KEULENRAGOUT | BAHARAT

PAUL STRADNER

Jumbo-Wachtel

KICHERERBSENCREME | GEMÜSE | JOGHURT | KEULENRAGOUT | BAHARAT

Für 10 Personen

FÜR DIE KICHERERBSENCREME:
70 g getrocknete Kichererbsen
20 g Butter
350 ml Geflügelfond
70 g Sahne
7 g alter Balsamicoessig
Salz
Cayennepfeffer

FÜR DAS ERBSENPÜREE:
120 g TK-Erbsen
50 g Sahne
Salz und Pfeffer

FÜR DAS KICHERERBSENEIS:
100 g Kichererbsencreme (s. o.)
50 g fettarmer Joghurt
1 g Guarzoon (Verdickungsmittel)
20 g Läuterzucker (wässrige Zuckerlösung)

FÜR DEN JOGHURTSCHAUM:
100 g Joghurt
6 g kaltes ProEspuma (Schäumhilfe für kalte Kreationen)
1 EL pfeffriges Olivenöl
Salz
Cayennepfeffer

FÜR DAS MARINIERTE GEMÜSE:
10 Fingermöhren
50 g feine Karottenwürfel
50 g feine Urkarottenwürfel (violette Karotten)
50 g feine Gurkenwürfel (ohne Kerngehäuse)
50 g gekochte Kichererbsen
40 g getrocknete Cranberrys
50 g geröstete Cashewkerne
2 EL Olivenöl
1 EL Honig
1 TL frisch gehackter Dill
frisch gepresster Saft von ½ Zitrone
Salz
Cayennepfeffer

FÜR DIE WACHTELBRÜSTE:
10 Jumbo-Wachteln
Salz und Pfeffer
80 g Geflügel- oder Kalbsfarce (beim Metzger bestellen)

FÜR DAS RAGOUT:
20 Wachtelkeulen (der ausgelösten Wachteln)
Salz
1 EL Olivenöl
50 ml trockener Rotwein
100 ml Geflügeljus
Baharat (orientalische Gewürzmischung, s. S. 46), plus mehr zum Servieren
Cayennepfeffer
30 g Butter

FÜR DAS KAROTTENPÜREE:
500 g Karotten
60 ml Olivenöl
Salz
500 ml Geflügel- oder Gemüsefond
50 ml Traubenkernöl
Cayennepfeffer

FÜR DIE GRANATAPFELJUS:
250 g Geflügeljus
30 ml süßlicher Granatapfelsaft
1 EL Pfeilwurzelstärke (aus dem gut sortierten Lebensmittelgeschäft)
Salz

ZUM SERVIEREN:
Erbsenkresse

Für die Creme die Kichererbsen über Nacht in kaltem Wasser einweichen. Am nächsten Tag abgießen und gut abtropfen lassen. Alle Zutaten mit Ausnahme des Balsamicos und der Gewürze in einen Topf geben, aufkochen und zugedeckt köcheln lassen, bis die Kichererbsen verkocht sind. Noch heiß in einen kräftigen Mixer geben und zu einer feinen Creme pürieren. Mit Balsamico, Salz und Cayennepfeffer abschmecken. Von dem fertigen Hummus 100 g für das Kichererbseneis beiseitelegen, den Rest zum Anrichten verwenden.

Die Erbsen in der Sahne aufkochen, mit einem Stabmixer fein pürieren und mit Salz und Pfeffer abschmecken. In einen Pacojet-Becher geben, einfrieren und anschließend viermal pacosieren, wobei das Püree zwischen den vier Vorgängen immer wieder tiefgekühlt werden muss. Das Püree ist nach dem vierten Vorgang verwendungsfertig. Alternativ zum Pacojet kann das Püree auch mit einem kräftigen Mixer hergestellt werden. Damit es sich jedoch gut mixen lässt, empfiehlt sich, die Rezeptur des Erbsenpürees mindestens zu verdreifachen.

Für das Kichererbseneis alle Zutaten miteinander verrühren und in einer Sauteuse oder einem Topf mit hohem Rand lauwarm erhitzen. Die Masse in einen Pacojet-Becher füllen, tiefkühlen und vor dem Verwenden mindestens zweimal pacosieren. Alternativ kann sie auch einfach gut gekühlt angerichtet werden.

Für den Schaum alle Zutaten mit einem kräftigen Stabmixer 2–3 Minuten lang gut mixen. Anschließend in einen Sahnesiphon füllen und mit einer N_2O-Kapsel versetzen. Gut schütteln und bis zur Verwendung kalt stellen.

Für das Gemüse die Fingermöhren schälen und zusammen mit den beiden gewürfelten Karottensorten bissfest blanchieren. Alle Zutaten gut miteinander vermengen und 1–2 Stunden marinieren lassen.

Die Keulen der Wachteln entfernen und für das Ragout beiseitelegen. Die Brüste auslösen und mit der Fleischseite nach oben nebeneinanderlegen. Mit Salz und Pfeffer würzen (für 1 kg Wachtelbrüste benötigt man ca. 12 g Salz und 1 g Pfeffer). Die Fleischseite hauchdünn mit der Farce bestreichen. Jeweils zwei Brüste mit der Fleischseite nach innen zusammenklappen, vakuumieren und 40 Minuten bei 60 °C im Wasserbad garen. Alternativ können die Wachtelbrüste sehr kompakt in Frischhaltefolie gewickelt und im Dampfgarer bei 60 °C gegart werden. Das Fleisch vor dem Servieren aus dem Beutel bzw. der Folie nehmen und die zusammengeklappten Wachtelbrüste von beiden Seiten scharf anbraten.

Für das Ragout die Wachtelkeulen von beiden Seiten salzen und in einer Pfanne in Olivenöl goldbraun anbraten. Mit Rotwein ablöschen, kurz reduzieren lassen und mit Geflügeljus auffüllen. Die Keulen zugedeckt weich schmoren. Anschließend aus der Jus nehmen und Haut, Knochen und Knorpel entfernen. Das Fleisch klein schneiden, wieder in die Jus geben und mit Baharat, Salz und Cayennepfeffer würzen. Die Butter einrühren und zu einem Ragout einkochen (wenig Sauce – viel Fleisch!).

Die Karotten schälen und in feine Scheiben schneiden. In einem Topf mit Olivenöl anschwitzen, salzen, den Fond angießen, sodass die Karotten bedeckt sind, und köcheln lassen, bis die Karotten weich sind. Alles passieren (den Kochfond dabei auffangen) und die Karotten in einem Mixer mit dem Traubenkernöl fein pürieren. Währenddessen den Kochfond langsam zugießen, bis das Püree fein sämig ist. Mit Salz und Cayennepfeffer abschmecken.
Achtung: Der Anteil des Kochfonds beim Mixen des Pürees kann variieren. Daher sollte er nach und nach zugegeben werden, damit das Püree nicht zu flüssig wird.

Die Geflügeljus gemeinsam mit dem Granatapfelsaft aufkochen, mit Pfeilwurzelstärke abbinden und mit Salz abschmecken.

Die Wachtelbrüste mit Kichererbsencreme, Erbsen- sowie Karottenpüree, Fingermöhren, Granatapfeljus und einem Drittel des marinierten Gemüses dekorativ auf Tellern anrichten. Mit Erbsenkresse ausgarnieren. Das restliche marinierte Gemüse auf Schälchen verteilen und 1 EL lauwarmes Keulenragout daraufgeben. Die Schälchen mit Joghurtschaum auffüllen, eine Nocke Kichererbseneis ausstechen und in den Schaum einsinken lassen. Mit etwas Baharat bestreuen und servieren.

Aouni

Ich bin AOUNI, 34 Jahre alt und komme aus Kafr Buhum, einer kleinen Stadt südlich von Hama, in der vor allem Christen leben. Hama ist eigentlich eine friedliche Stadt gewesen, seit Jahrtausenden kontinuierlich besiedelt. Berühmt war oder ist Hama wegen der jahrhundertealten Wasserräder am Fluss Orontes, dem einzigen Fluss in Syrien, der von Süden nach Norden fließt, alle anderen Flüsse fließen in die umgekehrte Richtung. Daher nennt man den Orontes in Syrien auch den »rebellischen Fluss«.

Ich hatte eine tolle Kindheit, bin behütet aufgewachsen, durfte zur Schule gehen und sogar in Damaskus Jura studieren. Zu dieser Zeit sind viele meiner Kommilitonen nach Frankreich ausgewandert, um dort zu promovieren. 2007 habe ich einige Deutsche in Damaskus kennengelernt, die geschäftlich in unserer Hauptstadt zu tun hatten. Sie alle haben mich ermutigt, zum Promovieren nach Deutschland zu kommen. Es gab und gibt nicht viele Syrer in Deutschland, die sich mit syrischem und islamischem Recht auskennen. Einer, der mich damals in dem Vorhaben bestärkt hat, war der Bürgermeister von Marburg, noch heute bin ich von ihm beeindruckt.

Deshalb würde ich mich nicht unbedingt als Flüchtling bezeichnen, da es mein eigener und freier Wille war, in das schöne Deutschland zu kommen. Zunächst erhielt ich ein Visum für drei Monate, anschließend ein unbefristetes Visum. Damit war es mir möglich, einen Deutschintensivkurs zu absolvieren.

Ich fühlte mich zu jener Zeit sehr wohl in Deutschland und war glücklich, hier zu sein. Meiner Familie, die noch in Syrien war, ging es ebenfalls sehr gut, bis im Jahr 2011 der Bürgerkrieg ausbrach. Ich hatte viel Kontakt mit ihnen per Telefon oder Skype, alle waren zunächst davon überzeugt, in Syrien bleiben zu wollen.

Eines Nachts, ich weiß es noch wie heute, es war im Februar 2013, klingelte mein Telefon, es hatte mich geweckt. Ich sah auf dem Display, dass es die Nummer meines Bruders aus Syrien war; am anderen Ende der Leitung aber war eine männliche Stimme, die ich nicht kannte. Sie sagte etwas zu mir, das ich nie vergessen werde: »Hier ist die Freie Syrische Armee, wir haben deinen Bruder entführt! Entweder ihr zahlt oder er muss sterben.« Ich hielt das zunächst für einen Witz, bis die Stimme des Mannes ernster wurde. Ich rief daraufhin sofort meine Familie in Syrien an und sie bestätigte mir die Entführung. Insgesamt dauerte es knapp vier Wochen, bis sie ihn wieder freiließen. Meine Eltern wollen über dieses Thema nicht mehr sprechen, ich weiß, dass ein Lösegeld gezahlt wurde, ich weiß allerdings nicht, wie viel.

Mir war klar, dass ich nach der Entführung und nachdem der IS große Teile Syriens kontrollierte und nicht nur brutal gegen andere Muslime, sondern vor allem gegen Nichtmuslime wie Christen und Jesiden vorging, meine Familie irgendwie nach Deutschland holen musste. Leider war das alleine nicht möglich. Meine deutschen Freunde wollten mir helfen und mich unterstützen. Es war großes Glück, dass ein Artikel über mich und meine Angst um meine Familie in der *Rhein-Neckar-Zeitung* erschien. Denn kurz danach rief mich ein Freund, der bei der Zeitung arbeitet, an und erzählte, dass die Landesministerin von Baden-Württemberg für Wissenschaft, Forschung und Kunst, Frau Theresia Bauer, den Kontakt zu mir suche und mir helfen wolle. Man erzählte mir, dass Frau Bauer sich häufig persönlich für die Bürger einsetzt.

Aouni

Nach ersten Gesprächen sagte Frau Bauer ihre Hilfe zu und versprach mir, alles zu versuchen, was sie könne, denn meine Geschichte hatte sie sehr berührt. Und tatsächlich hat es geklappt, seit Februar 2015 sind meine Familie und ich glücklich in Deutschland vereint. Frau Bauer und ihre Assistentin halfen uns bei den Gesprächen in der Deutschen Botschaft, um alle nötigen Ausreisepapiere zu besorgen. Anfang 2015 konnte ich dann endlich meine Eltern, meine beiden Schwestern und meinen Schwager in die Arme schließen. Und sogar meine beiden kleinen Nichten, die habe ich zum ersten Mal gesehen, wunderbar. Einer meiner Brüder konnte zunächst nicht mitkommen, es fehlten noch Papiere. Aber jetzt ist er auch da, endlich sind wir alle wieder zusammen und vor allem in Sicherheit.

Nun kann ich mich beruhigt um meine Doktorarbeit kümmern. In meiner Dissertation erforsche ich die Grundsätze der Scharia, des islamischen Rechtssystems, und ihren Einfluss auf die Gesetzgebung in den arabischen Staaten aus privatrechtlicher Sicht.

Nebenbei habe ich auch noch einen Lehrauftrag am Institut für Islamwissenschaft an der Universität in Heidelberg erhalten.

Ich koche gerne, doch seit meine Familie in Deutschland ist, kochen vor allem meine beiden Schwestern und meine Mutter. Aber manchmal darf ich auch ran. Häufig gibt es bei uns die in Syrien so beliebten *Mahshi Waraq Ainab*, das sind meist mit Hackfleisch gefüllte Weinblätter. Es gibt aber auch eine vegetarische Variante, die nennen wir dann *Yalanji*, das kommt aus dem Türkischen und heißt so viel wie »Lügner«, weil sie eben nicht mit Fleisch, sondern nur mit Reis gefüllt sind.

Sehr bekannt ist die Süßspeise *Halawet el-Jibn*, sie kommt aus meiner Heimatstadt Hama und wird in ganz Syrien sehr gern gegessen. Das sind kleine Teigröllchen aus Mozzarella und Grieß, die mit *Ashta*, einer Mischung aus Sahne, Milch und Rosenwasser gefüllt sind. Wir lecken uns danach immer die Finger ab!

Yalanji

Den Reis 10 Minuten in Wasser einweichen, dann in einem Sieb abtropfen lassen.

Die Kräuter hacken, Zwiebel und Knoblauch schälen und fein würfeln. Die Tomaten waschen und entstrunken, eine davon entkernen und in feine Würfel schneiden.

Den Reis mit Tomatenwürfeln, Kräutern, Zwiebel, Knoblauch, etwas Salz und Olivenöl vermengen.

Die Weinblätter in einem Sieb abtropfen lassen und trocken tupfen. Je nach Größe der Blätter 2–3 EL der Masse auf einem Streifen quer zu den Blattadern in die Mitte des Weinblattes geben. Das Blatt auf beiden Seiten einschlagen und vom Stiel aus hin zur Spitze fest zusammenrollen.

Die verbliebenen Tomaten in dünne Scheiben schneiden und mit einer den Boden eines Topfes bedecken. Die gefüllten Weinblätter hineinlegen, dann die restlichen Tomatenscheiben obenauf schichten. Mit Wasser bedecken und mit einem Teller oder einem kleineren Topf beschweren, um ein Aufrollen der Blätter zu verhindern.

Alles einmal aufkochen, dann ca. 35 Minuten bei schwacher Hitze garen. Vor dem Servieren mindestens 1 Stunde in der Flüssigkeit auskühlen lassen.

Für 4 Personen

200 g Reis
½ Bund Petersilie
¼ Bund Minze
1 Zwiebel
2 Knoblauchzehen
3 Tomaten
Salz
1 EL Olivenöl
350 g eingelegte Weinblätter

Sebastian & Moses

SEBASTIAN ZIER begann 1996 seine Hotelfachlehre in Hinterzarten. 2000 machte er eine Ausbildung zum Koch in seiner Heimat. Im Jahr 2010 eröffnete er das *A-Rosa-Hotel* und das *Restaurant La Mer* auf Sylt (2 Michelin-Sterne). Im selben Jahr wurde er als »Aufsteiger des Jahres« vom *Feinschmecker* und als »Entdeckung des Jahres« vom *Gault Millau* ausgezeichnet.

MOSES CEYLAN startete 1996 mit einer Kochlehre in seiner Heimat im Allgäu. 2000 absolvierte er zusätzlich eine Metzgerlehre. Von 2002 bis 2011 kochte er bei unterschiedlichen Top-Köchen in Deutschland, Österreich und Dänemark. Danach arbeitete er als Küchenchef im *Restaurant Amador* in Mannheim (3 Michelin-Sterne).

Anfang 2015 eröffneten beide das *Einstein Gourmet* (1 Michelin-Stern) im *Einstein St. Gallen*.

GIBT ES ZUTATEN AUS DEN FLÜCHTLINGSLÄNDERN, DIE SIE HÄUFIGER BENUTZEN?
Salzzitronen, Ras el Hanout, Baharat, Datteln, Feigen, Kardamom und Sumach.

HABEN SIE EINE BESONDERE VERBINDUNG ZU DER GEWÄHLTEN KÜCHE?
Moses: Ich habe aramäische Wurzeln und verbinde bei einigen Gerichten die eine oder andere Komponente (wie Salzzitronen, Sumach, Granatapfel und Fladenbrot) mit meiner Heimatküche.

Sebastian: Ich bediene mich sehr gerne an den vielfältigen Gewürzen und Spezialitäten aus dem Orient wie beispielsweise an Kreuzkümmel, Kardamom, Safran, Ingwer und Anis.

WAS HAT SIE DAZU BEWEGT, BEI DIESEM PROJEKT MITZUWIRKEN?
Moses: Einige meiner Verwandten mussten 2013 aus ihrer Heimat fliehen, deshalb bin ich an diesem Thema natürlich sehr interessiert.

Sebastian: Ich hatte persönlich noch keine Berührungspunkte mit Flüchtlingen, aber ich finde, jeder Mensch, dem es gut geht, sollte ein Stück weit etwas beisteuern an Bedürftige und Vertriebene.

WAS HAT SIE ZU IHREM GERICHT INSPIRIERT?
Die syrische Stadt Qamischli, die an der Grenze zur Türkei liegt und in der ein Teil von Moses Verwandtschaft lebt. Viele Zutaten unseres Gerichts sind dort beheimatet.

HABEN SIE EIN LEBENSMOTTO ODER SPRICHWORT, DAS SIE BESONDERS BEGLEITET?
Innovation durch Tradition.

Pauillac Lamm & Zunge

KRÄUTERGRAUPEN | PAPRIKA | AVOCADO

SEBASTIAN ZIER & MOSES CEYLAN

Pauillac Lamm & Zunge

KRÄUTERGRAUPEN | PAPRIKA | AVOCADO

Für 8 Personen

FÜR DIE PAPRIKACREME:
10 rote Paprikaschoten
20 g Salz
5 Zweige Thymian
3 Zweige Rosmarin
3 Knoblauchzehen
200 ml Olivenöl
6 g Agar-Agar

FÜR DIE AUBERGINENCREME:
3 Auberginen
2 Knoblauchzehen
5 Zweige Thymian
4 Zweige Rosmarin
150 ml Olivenöl
30 g Crème fraîche
15 g Salz

FÜR DIE KRÄUTERGRAUPEN IN PAPRIKA:
100 g Graupen
100 ml Olivenöl
30 ml Weißwein
500 ml Geflügelfond
100 g Petersilienmatte (Petersilienblätter blanchiert und püriert)
Tabasco
Salz und Pfeffer
frisch gepresster Saft von 1 Limette
je 4 rote und grüne Paprikaschoten

FÜR DIE AVOCADOCREME:
1 Avocado
25 g Petersilie
20 g Koriandergrün
1 Bio-Babygurke (ca. 50 g)
frisch gepresster Saft von 2 Limetten
10 g Blattspinat
10 ml Olivenöl
20 g Joghurt
Salz und Pfeffer
Chilipulver

FÜR DIE SOUFFLIERTE RÖSTZWIEBEL:
50 ml Zwiebelsaft
50 g Tapiokastärke
Frittierfett
Salz

FÜR DIE KRÄUTERJUS:
200 g Rinderwade
50 g Bio-Eiweiß
1 Lorbeerblatt
2 Wacholderbeeren
2 Pimentkörner
5 weiße Pfefferkörner
10 g Maldonsalz
500 ml kräftige Kalbsjus
Pfeilwurzelstärke oder Speisestärke
100 g Kräutermatte (Kerbel, Estragon und Petersilie blanchiert und püriert)

FÜR DAS LAMM:
1 Lammrücken (ca. 1,2 kg)
Salz und Pfeffer
Olivenöl
Butter
Thymian
Rosmarin
1 Knoblauchzehe
100 g Pankomehl (japanisches Paniermehl)
20 g Salzzitrone
20 g gutes Lammgewürz

FÜR DIE AVOCADOSPALTEN:
1 Avocado
Limetten-Olivenöl
Crutomat (getrocknete Tomatenflocken)
Salz

FÜR DIE LAMMZUNGE:
2 gepökelte Lammzungen
1 l Gemüsebrühe
Limetten-Olivenöl

ZUM SERVIEREN:
Schnittlauchspitzen
Sauerklee

runde Ausstechformen (3–5 cm Ø)
Bunsenbrenner

Für die Paprikacreme den Backofen auf 170 °C (Umluft) vorheizen. Die Schoten waschen, entkernen und von innen salzen. Auf ein Backblech setzen, Thymian, Rosmarin und angedrückten Knoblauch darüberstreuen, alles mit Olivenöl beträufeln und ca. 30–40 Minuten im Ofen garen. Anschließend die Haut der Paprika abziehen, diese im Mixer zerkleinern und beiseitestellen. Den Fond, der sich auf dem Backblech gebildet hat, mit den geschmorten Paprika im Mixer mit Agar-Agar abbinden.

Für die Auberginencreme die Ofentemperatur auf 180 °C (Umluft) erhöhen. Die Auberginen waschen, putzen, halbieren und das Fruchtfleisch leicht einschneiden. Den Knoblauch schälen und grob hacken. Thymian, Rosmarin und Knoblauch mit dem Olivenöl zu einem Kräuteröl mixen. Die eingeritzten Auberginen großzügig mit dem Öl bestreichen, die Hälften wieder aufeinanderlegen und die Auberginen in Alufolie einschlagen. Im Ofen 60–70 Minuten garen. Anschließend das Fruchtfleisch aus den Auberginen herauslösen und die Masse mit den restlichen Zutaten im Mixer pürieren.

Die Graupen in 50 ml Olivenöl anschwitzen und mit Weißwein ablöschen. Nach und nach den Fond angießen, bis die Graupen nur noch leicht Biss haben. Mit der Petersilienmatte vermengen und mit Tabasco, Salz, Pfeffer und Limettensaft abschmecken. Die Paprikaschoten waschen, mit dem Bunsenbrenner abflämmen, die Schale entfernen und die Paprika in große rechteckige Stücke schneiden. Diese in einer Grillpfanne angrillen und mit dem restlichen Olivenöl sowie Salz und Pfeffer würzen. Die heißen Graupen auf die Paprikastücke geben und diese zu Cannelloni rollen.

Für die Avocadocreme die Avocado halbieren, den Stein entfernen und das Fruchtfleisch aus der Schale lösen. Von Petersilie und Koriander die Blättchen abzupfen. Die Gurke waschen und grob zerkleinern. Alle Zutaten zusammen pürieren und durch ein Sieb streichen. Die Creme mit den Gewürzen abschmecken.

Zwiebelsaft und Tapiokastärke vermischen und auf eine Backmatte streichen. Die Masse kurz trocknen lassen (im Salamander oder Backofen bei 140 °C [Oberhitze]). Die entstandene Matte doppelt legen und mit runden Formen kleine Kreise ausstechen. Diese dann in 180 °C heißem Frittierfett ausbacken und leicht salzen.

Für die Jus die Rinderwade durch den Fleischwolf drehen (eventuell beim Einkauf den Metzger fragen, falls kein eigenes Gerät vorhanden ist) und mit Eiweiß und den Gewürzen vermengen. Mit der Kalbsjus in einen Topf geben. Alles gut verrühren, dann langsam erwärmen, bis sich ein Klärkuchen bildet. Nun bei kleiner Hitze ca. 25 Minuten köcheln lassen. Die Flüssigkeit anschließend vorsichtig durch ein Passiertuch seihen. Vor dem Servieren die Sauce nochmals erhitzen, mit Pfeilwurzelstärke abbinden und die Kräutermatte einrühren.

Für das Lamm den Backofen auf 140 °C (Umluft) regulieren. Den Lammrücken von allen Seiten gut mit Salz und Pfeffer würzen, dann in einer beschichteten Pfanne anbraten. Das Fleisch in den Ofen schieben, bis eine Kerntemperatur von 54 °C erreicht ist. Den Rücken bei 50 °C warm stellen und kurz ruhen lassen. Vor dem Servieren in einer Pfanne mit Olivenöl, Butter, Thymian, Rosmarin und geschältem Knoblauch nochmals nachbraten, dabei das Fleisch mehrmals mit der Kräuterbutter übergießen. Das Pankomehl in etwas Butter und Olivenöl anrösten. Die Schale der Salzzitrone klein schneiden. Pankomehl, Salzzitrone und Lammgewürz vermischen und als Kruste auf den Lammrücken streichen.

Die Avocado halbieren, entsteinen, das Fruchtfleisch aus der Schale lösen und in Spalten schneiden. Mit Limetten-Olivenöl marinieren. Kurz vor dem Servieren in Crutomat wälzen und leicht salzen.

Die Lammzungen in Gemüsebrühe weich kochen, dann in Scheiben schneiden und rund ausstechen. Die ausgestochenen Zungen mit Limetten-Olivenöl marinieren und warm stellen.

Zum Anrichten die gefüllten Paprikaröllchen auf warme Teller setzen und die marinierte Lammzunge anlegen. Die souffliertem Zwiebelbälle auf die Lammzunge setzen und die Avocadospalten drapieren. Von jedem Püree Punkte auf Röllchen und Lamm dressieren und Schnittlauch und Sauerklee hineinstecken. Den Lammrücken vorne und hinten sauber abschneiden und anrichten. Einen Löffel von der Kräuterjus auf den Teller geben und servieren.

Tobias, Serkan & Thomas

TOBIAS PFEIFFER, in Weißenfels geboren, absolvierte von 2006 bis 2010 eine Kochlehre im *Hotel-Restaurant Häckermühle* in Tiefenbronn/Pforzheim. Im Anschluss begann er zunächst als Chef de Partie im *Hotel-Restaurant Anne-Sophie*, wo er 2012 schließlich zum Souschef befördert wurde.

Zur Kurzbiografie von SERKAN GÜZELCOBAN siehe Seite 81.

THOMAS HEILAND absolviert seit 2014 eine Ausbildung zum Koch im *Hotel-Restaurant Anne-Sophie*. 2016 gewann er den begehrten Preis »Bocuse d'Or« als bester Commis de Cuisine des Tages.

ARBEITEN BEI IHNEN FLÜCHTLINGE IM BETRIEB?

Ja, wir haben Leute aus Afghanistan, dem Senegal und Pakistan in unserem Team.

WAS HAT SIE ZU IHREM GERICHT INSPIRIERT?

Da Serkan türkische Wurzeln hat, haben wir ein Gericht kreiert, das die syrische mit der türkischen Küche verbindet.

HABEN SIE EIN LEBENSMOTTO ODER SPRICHWORT, DAS SIE BESONDERS BEGLEITET?

Freundlichkeit ist eine Sprache, die Blinde sehen und Taube hören können.

Des Sultans Freude

REINSBERGER DAMHIRSCH | AUBERGINE | SESAM | ROQUE BLEU | SCHWARZWURZEL

TOBIAS PFEIFFER, SERKAN GÜZELCOBAN & THOMAS HEILAND

Des Sultans Freude

REINSBERGER DAMHIRSCH | AUBERGINE | SESAM | ROQUE BLEU | SCHWARZWURZEL

Die Damhirschschulter trocken tupfen und scharf anbraten. Mit der Jus in einem Beutel fest vakuumieren bzw. möglichst luftdicht verschließen und bei 62 °C im Wasserbad 48 Stunden garen. Alternativ im Backofen bei 120 °C (Ober-/Unterhitze) etwa 7 Stunden weich schmoren. Kurz vor dem Servieren herausnehmen und in vier gleich große Stücke zu je ca. 50 g portionieren.

Für das Mousse den Backofen auf 160 °C (Umluft) regulieren. Rosmarin- und Thymianzweige abspülen, trocken schütteln und auf ein Backblech legen. 4 Knoblauchzehen mit Schale andrücken und ebenfalls auf dem Backblech verteilen. Die Auberginen waschen, längs halbieren, die Schnittflächen einschneiden und mit ca. 2 EL Olivenöl bepinseln. Dann die Auberginen mit der Schnittfläche nach unten ebenfalls auf das Blech legen und alles ca. 20–30 Minuten im Ofen garen. Anschließend das weich gegarte Auberginenfruchtfleisch mit einem Löffel aus der Schale lösen. Schalotten und 1 Knoblauchzehe schälen, fein schneiden und in einem Topf mit 1 EL Olivenöl dünsten. Die Zitrone heiß waschen, abtrocknen, etwas Schale abreiben und den Saft auspressen. Das Auberginenfruchtfleisch zu den Schalotten geben und mit einem Stabmixer fein pürieren. Den Blauschimmelkäse fein würfeln und mit Tahin und Crème fraîche untermischen, dann mit Salz, Pfeffer und Kreuzkümmel abschmecken. Zuletzt mit etwas Zitronensaft und -abrieb verfeinern.

Für den Rücken das Fleisch trocken tupfen. Den Knoblauch schälen. In einem Beutel mit etwas Olivenöl, 1 Knoblauchzehe sowie je 2 Zweigen Rosmarin und Thymian fest vakuumieren. Alternativ in einen Gefrierbeutel mit Zipverschluss geben, die Luft herausdrücken bzw. -saugen und den Beutel verschließen. Im Wasserbad bei 54 °C ca. 25 Minuten garen. Dann herausnehmen und das Fleisch auf Küchenpapier abtropfen lassen. Im Anschluss in einer heißen Pfanne mit etwas Butter sowie dem restlichen Thymian, Rosmarin und Knoblauch nachbraten.

Für das Croustillant die Hälfte des Damhirschfleischs zu feinem Tatar schneiden und kühl stellen. Die restlichen 100 g mit der kalten Sahne in einem Mixer zu einer Farce verarbeiten. Danach durch ein Sieb streichen und das Eigelb unterheben. Das Tatar zum Schluss in die Farce mengen, mit Salz und Pfeffer abschmecken und aus der Masse kleine Pralinen formen. Den Frühlingsrollenteig in feine Julienne schneiden und die Pralinen damit umwickeln. Vor dem Servieren in 160 °C heißem Fett ausbacken.

Die Schwarzwurzeln waschen und schälen. Die Stangen dabei nach dem Schälen sofort in die Milch legen, damit sie nicht oxidieren. Danach in ca. 5–6 cm lange Stücke schneiden. Kurz abwaschen, dann mit Butter und Gemüsebrühe langsam weich köcheln. Die Brühe etwas einkochen, die Sahne aufgießen und nochmals reduzieren lassen. Die Petersilie fein schneiden und auf die geschmorten Schwarzwurzeln streuen.

Zum Anrichten die Auberginenmousse als Erstes mittig auf den Teller streichen, dann die verschiedenen Fleischstücke darauf oder darum platzieren und die restlichen Zutaten schön anlegen. Mit etwas Jus beträufeln, Erbsensprossen und Knoblauchblüten darüberstreuen und servieren.

Für 4 Personen

FÜR DIE DAMHIRSCHSCHULTER:
350 g Damhirschschulter
100 ml Wild- oder Kalbsjus

FÜR DAS AUBERGINEN-SESAM-MOUSSE:
1 Bund Rosmarin
1 Bund Thymian
5 Knoblauchzehen
4 Auberginen
3 EL Olivenöl
3 Schalotten
1 Bio-Zitrone
150 g Blauschimmelkäse, z. B. Roque Bleu
3 EL Tahin (Sesampaste)
2 EL Crème fraîche
Salz und Pfeffer
etwas gemahlener Kreuzkümmel (Cumin)

FÜR DEN DAMHIRSCHRÜCKEN:
800 g Damhirschrücken
2 Knoblauchzehen
Olivenöl
4 Zweige Rosmarin
4 Zweige Thymian
Butter

FÜR DAS CROUSTILLANT VOM DAMHIRSCH:
200 g Damhirschfleisch
70 g kalte Sahne (30 % Fett)
1 Bio-Eigelb
Salz und Pfeffer
2 Blätter Frühlingsrollenteig
Maiskeim- oder Pflanzenöl

FÜR DIE SCHWARZWURZELN:
4 Stangen Schwarzwurzel
1 l Milch
100 g Butter
500 ml Gemüsebrühe
500 g Sahne (30 % Fett)
Petersilie

ZUM SERVIEREN:
Erbsensprossen und Knoblauchblüten

Basem

Mein Name ist BASEM, ich bin 24 Jahre alt und komme aus Damaskus in Syrien. Ich bin zwar in Saudi-Arabien geboren, aber meine Eltern sind Syrer. Nach Ausbruch des Bürgerkrieges sollte ich in die Armee eingezogen werden, aber das konnte ich nicht. Ich kann mir nicht vorstellen, gegen meine Mitmenschen, meine Landsleute zu kämpfen und sie vielleicht sogar töten zu müssen. Deswegen beschloss ich kurz vor meiner Einberufung, Syrien zu verlassen, eine andere Möglichkeit gab es nicht. Meine Eltern, drei Brüder und eine Schwester musste ich zurücklassen, wir hatten nicht genug Geld, um allen die Flucht zu ermöglichen.

Ich bin nach Algerien geflogen, weil dort ein Onkel von mir lebte. Damals, Anfang 2014, konnte man Syrien noch relativ leicht mit dem Flugzeug verlassen, heute ist das so gut wie ausgeschlossen, vor allem, wenn man zur Armee muss.

In Algerien habe ich anderthalb Jahre gelebt. Ich habe dort in einem Restaurant als Kassierer gearbeitet, was sehr riskant war, weil ich keine Papiere hatte. Ich flüchtete schließlich weiter nach Marokko, von dort bin ich mit dem Schiff mit insgesamt 200 anderen Passagieren nach Spanien gefahren. Von hier aus nahm ich den Bus und fuhr über Frankreich nach Deutschland. Das klingt so einfach, und in der Tat war es sehr merkwürdig, denn ich wurde auf dieser ganzen Reise nie kontrolliert, niemand fragte nach meinen Papieren.

In Deutschland bin ich seit September 2015 und hatte hier fünf Stationen: Saarbrücken, Karlsruhe, Stuttgart, Mannheim und schließlich Leimen. Insgesamt war ich 19 Monate unterwegs und zahlte etwa 600 Euro, das hatte ich mir durch meine Arbeit in Algerien zusammengespart.

In Syrien studierte ich bereits Wirtschaftslehre an einem technischen Institut, gerne möchte ich im gleichen Bereich weiterstudieren. Doch dafür muss ich erst einmal Deutsch lernen, ab Oktober geht es endlich los. Meine Aufenthaltsgenehmigung habe ich bereits. Gerne würde ich auch meine Familie nach Deutschland holen, damit alle ein besseres Leben haben, aber das ist derzeit leider nicht möglich. Meine Familie stammt ursprünglich aus Palästina.

In Syrien haben Palästinenser aus politischen Gründen nicht die syrische Staatsbürgerschaft, sondern einen syrischen Pass mit Flüchtlingsstatus, selbst dann, wenn sie in Syrien geboren wurden. Das ist deswegen so, weil Syrien offiziell noch immer nicht Israel anerkennt und den Palästinensern die Heimkehr nach Palästina ermöglichen möchte. Diese Tatsache erschwert meiner Familie die Flucht. Ich hoffe natürlich, dass sich diese Situation bald ändert, damit auch meine Familie endlich in Sicherheit leben kann. Angst habe ich trotzdem nicht vor der Zukunft, ich hoffe nur, dass ich bald eine eigene Wohnung finden kann.

Mein Lieblingsgericht ist *Mulukhiyah*, eine Art Spinat (Muskraut), das man in vielen arabischen Ländern isst. Meistens wird es mit Reis und Hühnchen serviert. Hier in Deutschland habe ich das allerdings noch nie gegessen, ich vermisse es. In Deutschland esse ich gerne Apfel- und Käsekuchen.

Mulukhiyah mit Lamm

Für 4 Personen

3 Knoblauchzehen
50 ml Olivenöl
50 g getrocknete Mulukhiyah-Blätter (Muskraut)
3 EL gemahlener Koriander
5 Lorbeerblätter
1 l Fleisch- oder Gemüsebrühe
500 g Lammfleisch (z. B. Keule)
Salz und Pfeffer

Den Knoblauch schälen und fein hacken. Das Olivenöl in einem großen Topf erhitzen und die Mulukhiyah-Blätter kurz einrühren. Den Knoblauch sowie die Gewürze zugeben. Die Brühe angießen und einmal aufkochen. Anschließend ca. 4 Stunden bei schwacher Hitze köcheln lassen, dabei gelegentlich umrühren. Das Fleisch in walnussgroße Würfel schneiden, zugeben und 1 weitere Stunde garen. Gegen Ende regelmäßig umrühren, damit das Muskraut nicht anbrennt. Es sollte nun von dickflüssiger Konsistenz sein. Wenn sich das Olivenöl an der Oberfläche absetzt, ist das Gericht fertig. Zum Schluss noch mit Salz und Pfeffer abschmecken.

Halawet el-Jibn

Den Mozzarella abtropfen und grob zerteilen.

In einem Topf 500 ml der Milch aufkochen und 300 g Zucker unter Rühren darin auflösen. Erneut aufkochen und den Grieß einrühren. Anschließend den Mozzarella zugeben und schmelzen lassen.

Den noch warmen Teig aus dem Topf nehmen und mit einem Nudelholz ca. ½ cm dick ausrollen, dann abkühlen lassen und in etwa 5 × 4 cm große Rechtecke schneiden.

Nun weitere 100 ml der Milch mit dem übrigen Zucker und dem Rosenwasser vermischen und die Speisestärke einrühren. Die restliche Milch zusammen mit der Sahne aufkochen, die angerührte Stärke dazugeben und unter Rühren weiterkochen, bis die Masse andickt. Je 1 TL der Masse auf die Rechtecke geben und diese einrollen. Nach Belieben mit gehackten Pistazien bestreuen und servieren.

Für 4 Personen

500 g Mozzarella
850 ml Milch
350 g Zucker
300 g Weichweizengrieß
1 TL Rosenwasser
2 EL Speisestärke
200 g Sahne
gehackte Pistazien (nach Belieben)

San Güzelcob
Guide
MICHELIN
2015

Serkan

SERKAN GÜZELCOBAN

ist neben Ali Güngörmüs der zweite türkischstämmige Spitzenkoch Deutschlands. Nach Wanderjahren im In- und Ausland übernahm er 2009 die Küchenleitung im *Hotel-Restaurant Anne-Sophie* in Künzelsau, 2013 auch die des neu eröffneten *Restaurant handiɔap*. Beide verfolgen ein einzigartiges Konzept: Menschen mit und ohne Handicap arbeiten hier erfolgreich Hand in Hand. Das ***handiɔap.*** erhielt 2014 und 2015 als erstes inklusives Restaurant weltweit einen Stern im *Guide Michelin*. Im Dezember 2016 wagt er mit seiner Bistronomie *Schöner Hirte* den Schritt in die Selbstständigkeit.

HABEN SIE EINE BESONDERE VERBINDUNG ZU DER GEWÄHLTEN KÜCHE?

Ja, meine Familie stammt aus der Türkei. Da viele Ähnlichkeiten zur arabischen Küche bestehen, lag es nahe, beides hier zu verbinden.

WAS HAT SIE DAZU BEWEGT, BEI DIESEM PROJEKT MITZUWIRKEN?

Das Soziale und Menschliche. Wir arbeiten selbst mit benachteiligten Menschen (mit Handicap) und ich kann mich damit stark identifizieren.

WAS HAT SIE ZU IHREM GERICHT INSPIRIERT?

Die Verbindung zum Orient mit all seinen wundervollen Gewürzen. Orient trifft Okzident!

HABEN SIE EIN LEBENSMOTTO ODER SPRICHWORT, DAS SIE BESONDERS BEGLEITET?

Lass dich nicht von den äußeren Umständen beeinflussen, beeinflusse selbst die äußeren Umstände.

Schaumgefrorenes vom Arak

MOKKA | BLUTORANGEN

SERKAN GÜZELCOBAN

Schaumgefrorenes vom Arak

MOKKA | BLUTORANGEN

Für das Schaumgefrorene die Eigelbe in der Küchenmaschine schaumig schlagen. Zucker und 80 ml Wasser zum Kochen bringen und in die Eigelbmasse einlaufen lassen. Die Masse so lange rühren, bis sie abgekühlt ist. Dann 100 g der Kuvertüre im Wasserbad schmelzen und mit dem Arak zugießen. Die Sahne steif schlagen, unterheben und alles in Halbkugelformen einfüllen. Nach dem Gefrieren die Halbkugeln aufeinanderdrücken, sodass sie aneinander haften. Restliche Kuvertüre und Kakaobutter schmelzen, in eine Lackierpistole oder einen Wassersprüher füllen und die tiefgefrorenen Kugeln damit ummanteln. Darauf achten, dass beim Sprühen ca. 30 cm Abstand gehalten wird.

Für die Waffeln das Blutorangenpüree mit Xanthan mixen. Das Eiweiß steif schlagen und unter die Masse heben. Das Ganze auf eine Silikonmatte ca. 1 cm dick aufstreichen und im Dehydrator bei 55 °C über Nacht trocknen lassen. Alternativ auf einem mit Backpapier ausgelegten Backblech im Ofen bei 55 °C (Umluft) bei leicht geöffneter Ofentür trocknen. In Stücke brechen. Was nicht benötigt wird, kann trocken und luftdicht aufbewahrt werden.

Für das Ragout die Blutorangen filetieren, dabei den Saft auffangen. Den Rohrzucker in einer Sauteuse oder einem Topf mit hohem Rand hellbraun karamellisieren und mit Blutorangensaft ablöschen. Die Gewürze hinzugeben und ca. 5–8 Minuten leicht köcheln lassen. Mit etwas Xanthan abbinden und passieren. Die Blutorangenfilets in den warmen Sud einlegen und auskühlen lassen.

Mokka und 300 ml Wasser in einem Mokkakocher (Cezve), alternativ in einem kleinen Topf oder Milchkocher, verrühren. Unter ständigem Rühren aufkochen und 2 Minuten bei geringer Hitze ziehen lassen. Nach Belieben mit Zucker abschmecken und in Tassen füllen. Etwa 150 ml für die Cannelloni aufheben.

Für die Cannelloni den Mokka mit der Gelatine unter leichtem Rühren auf 100 °C erhitzen, in einem Mixer pürieren, auf ein vorgewärmtes Backblech gießen und auskühlen lassen. Anschließend in 2 × 10 cm große Stücke schneiden. Die Cannelloni auf drei Viertel einrollen und mit dem Kaymak befüllen.

Alle Komponenten nach Belieben auf Tellern anrichten, ein paar frische Früchte darüberstreuen und den Mokka dazu servieren.

Für 4 Personen

FÜR DAS SCHAUMGEFRORENE:
10 Bio-Eigelb
200 g Zucker
250 g weiße Kuvertüre
250 ml Arak
700 g Sahne
150 g Kakaobutter

FÜR DIE BLUTORANGENWAFFELN:
100 g Blutorangenpüree
1 g Xanthan (Geliermittel), alternativ Agar-Agar
20 g Bio-Eiweiß

FÜR DAS BLUTORANGENRAGOUT:
4 Blutorangen
50 g Rohrzucker
100 ml Blutorangensaft
2 Sternanise
1 Kardamomkapsel
4 weiße Pfefferkörner
½ Vanilleschote
Xanthan (Geliermittel), alternativ Agar-Agar

FÜR DEN MOKKA:
20 g türkisches Mokkapulver
Zucker

FÜR DIE MOKKA-CANNELLONI:
150 ml frisch aufgebrühter Mokka (s. o.)
10 g vegetarische Gelatine
50 g Kaymak (orientalisches Milchprodukt)

ZUM SERVIEREN:
frische Früchte

Halbkugelformen (4–5 cm Ø)

Sven

SVEN WASSMER absolvierte seine Kochlehre im ***Swissôtel Le Plaza*** in Basel, es folgten verschiedene Sterneküchen in der Schweiz und England. Seit Dezember 2014 ist er Küchenchef des ***7132 Silver Restaurant*** in Vals, wo er 2016 seinen zweiten Michelin-Stern erkochte. Täglich zieht der 30-Jährige zum Sammeln von Wildkräutern, Beeren und Pilzen durch Wald und Wiese. Gemäß dem Credo »Genuss kennt keine Grenzen« kombiniert Wassmer diese regionalen Köstlichkeiten mit ausgefallenen Spezialitäten aus aller Welt.

HABEN SIE EINE BESONDERE VERBINDUNG ZU DER GEWÄHLTEN KÜCHE?

Ich persönlich mag die orientalische Küche und die Food-Kultur. Denn man sitzt zusammen an einem Tisch und teilt das Essen. Zudem wurde in diesen Ländern schon immer »Nose to Tail« gekocht, es werden also alle Teile eines Tieres verarbeitet. Das ist etwas, woran wir uns verstärkt ein Beispiel nehmen sollten.

HATTEN SIE MAL EIN BESONDERS EINPRÄGSAMES ERLEBNIS MIT EINEM FLÜCHTLING?

In meinem Lehrbetrieb hatten wir einen Flüchtling aus Syrien. Ich war sehr erschüttert, als er mir seine Geschichte über den Krieg in seinem Land erzählte. Er hatte seine ganze Familie verloren ... Es stimmt mich sehr traurig, dass es so viel Unheil zwischen Menschen gibt.

WAS HAT SIE ZU IHREM GERICHT INSPIRIERT?

Für mich war es im Speziellen interessant, die Küche meiner Heimat mit der einer anderen Kultur zu vergleichen. So konnten gewisse Brücken geschlagen werden zwischen einheimischen Produkten und Gewürzen sowie Techniken von weit weg – und somit gemeinsam auf dem Teller landen.

Ziegenkäse-Schlorzifladen

SVEN WASSMER

Für 4 Personen

FÜR DAS DÖRRBIRNENGEL:
3 kg Dörrbirnen
200 g brauner Zucker
2 Zimtstangen
4 Sternanise
2 Gewürznelken
2 l Orangensaft

FÜR FLADEN UND SCHLORZIGUSS:
1 Pck. Blätterteig
1 Bio-Ei
1 Bio-Eigelb
15 g Zucker
1 Prise Salz
100 g Sahne
1 Handvoll gemahlene Haselnüsse
Dörrbirnengel (s. o.)
100 g Ziegenfrischkäse

FÜR DAS MILCHEIS:
1 l Milch
250 g Sahne
25 g Glukosepulver
125 g Zucker
55 g Milchpulver
5 g Stab 2000 (Stabilisator für Eis)
1 Blatt Gelatine

FÜR DIE MANDELSTREUSEL:
200 g Butter
200 g Zucker
200 g Mehl
200 g gemahlene Mandeln
Salz
abgeriebene Schale von 1 Bio-Zitrone
gemahlener Zimt

ZUM SERVIEREN:
Tapenade aus schwarzen Nüssen
Löwenzahn- oder Orangenblüten-honig, alternativ anderer toller Honig, am besten vom Imker aus der Region

Tarteform (16 cm Ø)
Trockenerbsen oder Backkugeln

Ziegenkäse-Schlorzifladen

Für das Dörrbirnengel alle Zutaten mit 1 l Wasser 24 Stunden einweichen. Anschließend so lange kochen, bis die Flüssigkeit verdampft ist. Mixen und auskühlen lassen.

Für den Fladen den Backofen auf 180 °C (Umluft) vorheizen. Den Blätterteig in der Tarteform auslegen, mehrmals mit einer Gabel einstechen und den Rand ca. 1 cm über dem Formrand einschlagen. Mit Trockenerbsen oder Backkugeln befüllen und den Teig 6 Minuten blind vorbacken.
Für den Guss Ei, Eigelb, Zucker, Salz und Sahne mixen. Gemahlene Haselnüsse auf den vorgebackenen Tarteboden streuen, das Dörrbirnengel beliebig dick daraufstreichen und mit einem Drittel der Schlorzimasse auffüllen. Die Form in den Ofen stellen, den Guss nun bis zum Formrand eingießen und ca. 10 Minuten backen. Dann den restlichen Guss in die Mitte gießen und in ca. 15–20 Minuten fertig backen. Den Ziegenfrischkäse im Anschluss bei 120 °C (Umluft) ca. 30 Minuten goldgelb bräunen, dann auskühlen lassen.

Für das Eis alle Zutaten mit Ausnahme der Gelatine mixen, dann auf 90 °C erhitzen. Die Gelatine einweichen, am Ende zugeben und passieren. Im Pacojet einfrieren. Alternativ in den Tiefkühler stellen, dabei öfter umrühren, damit sich möglichst kleine Eiskristalle bilden.

Für die Streusel Butter, Zucker, Mehl und Mandeln vermengen, dann mit Salz, Zitronenabrieb und Zimt abschmecken. Den Teig mit der Hand auf ein mit Backpapier ausgelegtes Backblech bröseln und bei 160 °C (Umluft) 15 Minuten backen.

Den Schlorzifladen portionieren und ein schönes Stück auf dem Teller platzieren. Mit etwas Tapenade dekorieren. Die Mandelstreusel neben dem Fladen anrichten und eine Nocke vom Eis daraufsetzen. Den Ziegenkäse mit einer Reibe darüberraspeln und alles mit etwas Honig ausgarnieren.

Gurken Joghurt
Sakurablätter

Milchlammschulter
Weinblätter
Maqluba
Datteln
Irak
Hummus
Dolma
Schafsjoghurt
Bulgur
Rinderwurst

Irak

LAND ZWISCHEN DEN STRÖMEN

Mesopotamien, das Zweistromland zwischen den beiden Flüssen Euphrat und Tigris, gilt als Ursprung der ersten und damit ältesten Hochkulturen der Erde. Und das zu Recht: Ur (»uralt«), Babylon, Ninive, Assur, Uruk sind klingende Namen und Zeugnisse aus den Zeiten des Alten Orients, viele Tausend Jahre alt. Neben der geografischen Lage und den Handelsstraßen war es auch die Fruchtbarkeit des Bodens, die den kulturellen Reichtum des Landes entstehen ließ. Euphrat und Tigris waren die Lebensadern, entlang ihrer grünen Ufer war Landwirtschaft möglich, an ihrem Verlauf orientierten sich die Karawanenrouten – bis man um 1000 v. Chr. das Kamel als Nutztier domestiziert hatte und mit ihm quer durch die Wüste ziehen konnte. Ausgrabungen beweisen, wie weit schon vor rund 4.000 Jahren die Handelsverbindungen reichten – Kupfer aus Zypern, Zinn aus Persien, Lapislazuli aus Anatolien waren begehrte Güter – und dass Weizen, Gerste, Feigen und Granatäpfel angebaut wurden.

Mit den Hochkulturen des Alten Orients entstanden auch die ältesten Rezepte. Schon die Babylonier ritzten nämlich ihre Lieblingsrezepte mit der sumerischen Keilschrift in Tontafeln, die größtenteils überliefert und entziffert sind. Daher weiß man, dass die Menschen damals Getreide zu verschiedenen Mehlsorten zermahlten und aus Gerste sogar eine Art Bier gewannen. Eine beliebte Brotteigvariante bestand aus Öl, Bier und Mehl. Sumerer und Akkader mischten diesem Teig noch getrocknete Datteln und Früchte, Honig und Nüsse sowie Pistazien bei.

Diese Traditionen setzten sich fort, und als die Araber von der Arabischen Halbinsel im 7. Jahrhundert mit der neuen Religion des Islam in den Vorderen Orient kamen, nahmen sie diese begierig auf und bereicherten ihren Speiseplan durch so schmackhafte Zutaten wie Obst,

Gemüse, Hülsenfrüchte, Geflügel, Kräuter und – besonders wichtig – Gewürze aus Fernost. Diese Einflüsse veränderten die arabische Küche grundlegend, und nachdem die Abbasiden Mitte des 8. Jahrhunderts die Hauptstadt des muslimischen Reiches von Damaskus ins neu gegründete Bagdad verlegt hatten, wurde die Stadt nicht nur kulturell, sondern bald auch kulinarisch zum Nabel der Welt. Die Bankette der Kalifen sind Legende, Kochen war in der Zeit der Abbasiden die Liebhaberei einer ganzen Gesellschaftsschicht. Der Kalif Al-Mu'tasim aus dem 9. Jahrhundert veranstaltete gelegentlich ein Wettkochen, bei dem jeder Teilnehmer ein bestimmtes Gericht zubereiten musste, das der Kalif dann abschmeckte und bewertete. Sogar zahlreiche Kochbücher wurden verfasst, von denen leider nur wenige erhalten sind. Der Handel wurde in alle Himmelsrichtungen ausgeweitet, auch durch den Austausch von Nahrungsmitteln und Gewürzen aus China, Indien und dem benachbarten Iran. Selbst als Bagdad Mitte des 13. Jahrhunderts von den Mongolen und später von den Osmanen erobert wurde, blieb sein kulinarischer Einfluss auf die arabische Welt erhalten, mochte seine glorreiche Epoche auch zu Ende sein.

Am Kalifenhof zu Bagdad wirkte im 14. Jahrhundert sogar eine Art Paul Bocuse: Muhammad al-Bagdadi. Als Küchenmeister der Kalifen kreierte er nicht nur aufwendige Festbankette, sondern übernahm auch Rezepte aus anderen Ländern sowie aus den Garstuben des einfachen Volkes, um sie verfeinert dem Hofstaat vorzusetzen. Von ihm ist eines der wenigen Kochbücher aus dieser Zeit erhalten. Darin hat er eine seiner feinsten Kreationen notiert: den Lamm-Aprikosen-Eintopf *Mishmishiya*. Der mitunter strenge Geruch und Geschmack von Lammfleisch brachte ihn auf die geniale Idee, süße Aprikosen beizufügen. So wurde zugleich das Austrocknen des Fleisches unterdrückt und eine ganz neue Geschmacksnote geschaffen. Bis heute findet sich die *Mishmishiya* in Kochtöpfen von Teheran bis Marrakesch.

DATTELN BRINGEN REICHTUM

Der Marokkaner Ibn Batutta, der große muslimische Forschungsreisende aus dem 14. Jahrhundert, kam bei seinen Reisen durch die islamische Welt auch in das Gebiet des heutigen Irak. Er schreibt über die Hafenstadt Basra: »Dort gibt es prächtige Straßen und zahlreiche Obstgärten mit köstlichen Früchten. Die Schönheit und der Reichtum dieser Stadt sind groß, denn sie liegt dort, wo sich das süße und salzige Wasser zweier Meere vereint. Es gibt keinen Ort auf dieser Welt, der reicher ist an Dattelpalmen als diese Stadt.« In der Tat weiß man in der arabischen Welt: Die besten Datteln kommen aus dem Irak. Datteln sind ein wahrer Energieträger, sind sehr nahrhaft und lange haltbar.

Irak

Beduinen nehmen als Reiseproviant manchmal nicht viel mehr mit als Wasser und Datteln. Beim »Fitr«, dem alltäglichen Fastenbrechen nach Sonnenuntergang während des Ramadans, essen viele Muslime zunächst eine Dattel, um den Magen langsam an das baldige Essen zu gewöhnen. Überliefert wird, dass der Prophet Muhammad während des gesamten Ramadans nur ein paar Datteln und Kamelmilch zu sich genommen haben soll. Selbst die Dattelkerne kann man verwenden: Aus ihrem Mehl lässt sich Brot backen. Die Dattel wächst schnell, daher ist sie das Symbol des Überflusses. Frisch Verliebte oder Vermählte teilen sich ein paar Datteln als Symbol für den hoffentlich bald eintretenden Reichtum. Kein Wunder, dass es das Sprichwort gibt: »Möge der Morgen sein wie Datteln und Milch!«

Allgemein lässt sich die irakische Küche in zwei große Regionalküchen einteilen. Der Norden des Landes ist ziemlich feucht, dort wird vor allem Weizen angebaut, im eher trockenen Süden hingegen Reis und Datteln. Der stark kurdisch geprägte Norden zeigt viele Gemeinsamkeiten mit der syrischen Küche. Getreide spielt eine große Rolle. Zusammen mit Fleisch entsteht daraus *Kubba*, in Syrien oder im Libanon *Kibbeh*. Unser Wort »Kuppel« stammt davon ab, und tatsächlich sehen diese gefüllten Teigtaschen aus wie kleine Kuppeln. Auch der Getreidebrei *Harisa* (nicht zu verwechseln mit der scharfen Würzpaste Harissa in den Maghrebländern), der eine zähe Konsistenz hat und gerne mit Hühnchenfleisch vermengt wird, ist sehr beliebt, ebenso wie *Kashki*, ein Getreidebrei gewürzt mit Lumis (getrockneten Limonen), Cumin und Kurkuma. In Mossul genießt man insbesondere zum Frühstück *Tashgiba*, eine kräftige Brühe mit Brotstücken, Linsen, Nudeln und Granatapfelkernen. In Bagdad besteht die Brühe aus Brot und etwas Fleisch. Gefüllte Weinblätter, *Japrach* (in Syrien *Waraq Ainab*, im Türkischen *Yaprak* genannt), sind im Frühling, wenn die Weinblätter besonders zart sind, eine Spezialität.

Im Norden des Irak wird auch Burgul, Weizengrütze, gerne gegessen, im Süden eher Reis. Burgul (bei uns als Bulgur bekannt) gilt im Irak eher als einfaches, Reis hingegen als feineres Essen. Daher das Sprichwort: »Im Paradies gibt es Reis mit Aprikosen, in der Hölle Burgul mit Tomaten.«

Statt Fleisch isst man gerne das Fett des sogenannten Fettschwanzschafes oder eine Kombination aus beidem. *Khouzi ala Timman* ist der Klassiker. Dafür wird zunächst Safranreis zubereitet, aber noch nicht fertig gegart. Der Reis kommt in einen großen Tontopf, der in einem tiefen Tandur-Ofen auf Kohle gesetzt wird. Ein Fettschwanzschaf, das zuvor schon etwas in einem Ofen vorgegart wurde, wird an Palmschnüren über den Reistopf

gehängt, und zwar kopfüber. So kann während des stundenlangen Garens das tropfende Fett des Schwanzes über das Fleisch in den Reis fließen. Ein Festmahl.

Entlang der Flüsse Euphrat und Tigris, aber auch dort, wo sie im Süden des Irak am Schatt al-Arab zusammenfließen und schließlich in den Persisch-Arabischen Golf münden, ist Fisch sehr beliebt. *Samak Maskuf* oder einfach *Maskuf* gilt im Irak als Nationalgericht. Am liebsten wird dafür der »Schabur«, eine Barbenart, verwendet, den man aufschneidet, an Stöcken mit der Fleischseite am offenen Feuer grillt und auf der Asche fertig gart. Das Fleisch des Fisches ist ziemlich fett, es bleibt daher beim Grillen schön saftig. *Maskuf* wird traditionell nur mit Salz, Pfeffer und zuweilen Paprikapulver gewürzt und mit Zwiebeln, Tomaten und viel Brot serviert.

Beim süßen Abschluss zeigt sich der türkische Einfluss im Irak, denn das mit Honig gesüßte Gebäck *Baklava* ist im ganzen Land beliebt. *Zlabiya* (woanders: *Shabakiya*) hingegen ist echt irakisch und gerade an Festtagen, vor allem am Ramadan, ein sehr beliebtes gekringeltes Hefegebäck, das in mit Rosenwasser und Kardamom aromatisierten Zuckersirup getunkt wird. Und Süßes liebten natürlich auch schon die Babylonier, die Vorfahren der heutigen Iraker.

Hassan

Ich bin HASSAN aus dem Irak und komme aus Basra, der mittlerweile fast zerstörten Hafenstadt am Schatt al-Arab, dem Zusammenfluss von Euphrat und Tigris. Ich bin 23 Jahre alt und seit fast einem Jahr in Deutschland.

Hinter mir liegt eine dramatische Flucht, an die ich nur sehr schmerzhaft zurückdenken kann. Die Situation in Basra war am Ende für mich unerträglich, eigentlich war es eine wirklich schöne Stadt, bis die Terroristen ins Land zogen. Überall herrschte Krieg, Menschen, auch Kinder, wurden auf offener Straße entführt, einigen Frauen wurden zur Demütigung die Haare angezündet, nur weil sie nicht so sein oder leben wollten wie die Terroristen. Für mich war klar: Ich musste fliehen.

Viele meiner früheren Freunde lebten zu der Zeit bereits in Deutschland, und somit war die Entscheidung, nach Deutschland zu gehen, auch für mich gefallen. Ich musste dafür meine Schule abbrechen, um Geld zu verdienen und die Flucht zu finanzieren. Ich arbeitete von morgens früh bis ganz spät abends, mal als Fliesenleger, mal als Maler oder als Dachdecker. Damit verdiente ich ausreichend Geld für den Schlepper, der mir die Überfahrt organisierte und die Flucht ermöglichte.

Mit dem Flugzeug ging es für mich vom Irak in die Türkei, dort war ich aber nur einen Tag. In der Türkei wurden wir dann mit weiteren 40 Menschen in ein kleines, gerade mal sechs Meter langes Boot gesetzt, das uns nach Griechenland brachte. Die Fahrt mit dem Boot dauerte fast zwei Tage, oft habe ich geweint und gedacht, dass ich es nicht überlebe. Zweimal fiel der Motor aus und musste repariert werden. Dann wurden wir auf dem Wasser von der türkischen Polizei aufgegriffen, diese schlug so lange auf die Menschen im Boot ein, bis die griechische Polizei zu Hilfe kam und uns dann sicher ans Festland brachte. Von dort ging es dann für mich und die Gruppe zu Fuß weiter. Zwölf Stunden liefen wir ohne Wasser, Essen oder irgendeinen Schutz an der griechischen Küste entlang.

Es hat knapp zwei Wochen gedauert, bis ich meine Reise mit dem Bus nach Mazedonien fortsetzen konnte, dann ging es über Serbien nach Ungarn.

Die Situation in Ungarn war sehr schlimm für mich und die anderen Flüchtlinge, denn die Polizisten verbreiteten immer wieder Angst und Schrecken. Sie schossen mit ihren Waffen in die Luft, um uns zu verängstigen, oder fuhren mitten in der Nacht mit ihren Autos auf uns zu, und wir mussten wegrennen. Ungarische Bürger haben uns geholfen und uns in ein Flüchtlingslager gefahren. Hier war ich dann nur kurz, bin mit dem Zug weitergefahren nach Österreich und schließlich in Deutschland angekommen. In Frankfurt wurde ich registriert und in eine Flüchtlingsunterkunft in Neckarsteinach gebracht. Dort war die Stimmung nicht gut, einige Flüchtlinge waren sehr aggressiv, und ich musste darum kämpfen, in ein anderes Flüchtlingsheim zu kommen.

Mittlerweile lebe ich glücklich in einer Unterkunft in Viernheim. Die letzten drei Monate durfte ich sogar schon ein Praktikum in einer Küche absolvieren, hier habe ich viel Deutsch gelernt und hatte die Möglichkeit, die deutsche Küche kennenzulernen.

Ich würde gerne eine richtige Ausbildung machen, am liebsten in der Küche, das macht mir Spaß. Aber ich bin im Grunde sehr bescheiden, mir wäre jede Arbeit recht.

Mein Lieblingsgericht ist *Maqluba*, eigentlich eine palästinensische Spezialität, eine Art Auflauf aus Hackfleisch, Auberginen, Tomaten und Nüssen. Da Männer in unserem Land eher nicht kochen, haben meine Mama und meine Schwester das immer gemacht. Hier in Deutschland koche ich es natürlich selbst, und ich koche es gerne, denn es erinnert mich an damals, an meine friedliche Kindheit.

Maqluba

Die Mandelstifte auf einem mit Backpapier ausgelegten Backblech bei 180 °C (Umluft) ca. 5 Minuten im Ofen rösten, dann zum Abkühlen beiseitestellen.

Keulen, Flügel und Brust des Hähnchens abtrennen und mit Salz und Zitronensaft einreiben. Zusammen mit der Karkasse in einem Topf mit Wasser bedecken und aufkochen. Die Gewürze hinzugeben, die Hitze reduzieren und ca. 1 Stunde leicht köcheln lassen.

Die Kartoffeln schälen, Auberginen und Tomaten waschen und putzen, dann alles in gleichmäßig dicke Scheiben schneiden. Auberginen und Kartoffeln mit einer großzügigen Menge Öl von beiden Seiten anbraten.

Sobald das Hähnchen gar ist, aus der Brühe nehmen und den Fond durch ein Sieb in einen Behälter gießen.

Die Zutaten in einem großen Topf fächerartig schichten. Zu Beginn die Tomaten, anschließend die Auberginen, dann die Kartoffeln und zuletzt das Fleisch. Abschließend den rohen Reis kurz abbrausen, in den Topf geben und mit ca. 500 ml der Brühe auffüllen.

Bei mittlerer Hitze ca. 20 Minuten kochen. Falls der Reis noch nicht gar sein sollte, noch etwas Brühe aufgießen.

Das Gericht auf eine große Platte stürzen und mit den Mandelstiften bestreut servieren.

Für 4 Personen

100 g Mandelstifte
1 Hähnchen (küchenfertig)
Salz
frisch gepresster Saft von 1 Zitrone
Pfeffer
2 EL Currypulver
2 EL Paprikapulver
1 EL schwarze Pfefferkörner
2 Lorbeerblätter
3 EL Baharat (orientalische Gewürzmischung, s. S. 46)
6 festkochende Kartoffeln
3 Auberginen
4 Tomaten
Pflanzenöl
400 g Reis

Irak

Jordan
Olivenöl

Joannis

JOANNIS MALATHOUNIS

wurde 1993, nach einem Studium der Geodäsie, Inhaber und Küchenchef im *Malathounis* (1 Michelin-Stern) in Kernen im Remstal. Er bietet eine individuelle mediterrane Küche mit griechischen Einflüssen. Eine »neue griechische Küche«, die den positiven Teil der mediterranen Grundlagen, wie Leichtigkeit sowie die Verwendung von Gemüsen und wenig schweren Fetten, auf hochinteressante Weise mit mitteleuropäischer Kreativität vereint.

GIBT ES ZUTATEN AUS DEN FLÜCHTLINGSLÄNDERN, DIE SIE HÄUFIGER BENUTZEN?
Ich verwende häufig Gewürze, die für diese Länder typisch sind, wie zum Beispiel Kreuzkümmel. Aber auch verschiedene Gemüse wie Okraschoten bereichern unsere Küche.

WAS HAT SIE DAZU BEWEGT, BEI DIESEM PROJEKT MITZUWIRKEN?
Im Rahmen unseres bürgerschaftlichen und sozialen Engagements ist es eine Selbstverständlichkeit, dass wir an einem so tollen Projekt mitwirken.

WAS HAT SIE ZU IHREM GERICHT INSPIRIERT?
Viele Produkte und Speisen des arabischen und nordafrikanischen Raums haben Parallelen zur griechischen Küche, mit der ich aufgewachsen bin.

HABEN SIE EIN LEBENSMOTTO ODER SPRICHWORT, DAS SIE BESONDERS BEGLEITET?
Besessenheit ist der Motor, Verbissenheit die Bremse.

JOANNIS MALATHOUNIS

Gurken-Joghurt

KALTSCHALE MIT GEBACKENEM HUMMUS

Für 4–6 Personen

FÜR DEN GEBACKENEN HUMMUS:
100 g getrocknete Kichererbsen
1 Knoblauchzehe
etwas Petersilie
frisch gepresster Saft von ½ Zitrone
Salz
1 Msp. Kreuzkümmel (Cumin)
50 g Tahin (Sesampaste)
2 EL Olivenöl, plus 500 ml zum Frittieren

ZUM PANIEREN:
Eier, Mehl und Weißbrotbrösel

FÜR DIE GURKE:
2 Persische Gurken
2 EL Weißweinessig
2 EL Olivenöl
1 EL frisch gepresster Zitronensaft
Salz, Pfeffer und Zucker

FÜR DIE JOGHURTCREME:
4 Blatt Gelatine
1 Persische Gurke
1 Knoblauchzehe
100 ml Milch
200 g Joghurt
Salz und Pfeffer

FÜR DEN GURKENSAFT:
1 Persische Gurke
Salz und Pfeffer
1 TL frisch gepresster Zitronensaft
1 TL fein gehackte Salzzitrone

runde Ausstechform (4 cm Ø)

Für den Hummus die Kichererbsen in reichlich Wasser über Nacht einweichen. Am nächsten Tag abgießen und die Kichererbsen in frischem Wasser ohne Salz sehr weich kochen. Dann erneut abschütten und auskühlen lassen.

Den Knoblauch schälen und grob zerkleinern, die Petersilie hacken. Alle Zutaten in einem Mixer sehr fein pürieren. Die Masse zu Kugeln formen, mit verrührten Eiern, Mehl und Weißbrotbröseln panieren und kurz vor dem Servieren in heißem Olivenöl ausbacken.

Die Gurken waschen und in 1 cm dicke Scheiben schneiden. Mit einer runden Ausstechform gleich große Stücke ausstechen. Die Gurken mit den restlichen Zutaten marinieren und kalt stellen.

Für die Creme die Gelatine einweichen. Die Gurke putzen, schälen und fein raspeln. Den Knoblauch schälen und fein pürieren. Die Milch erwärmen und die eingeweichte Gelatine darin auflösen. Die restlichen Zutaten unterrühren, die Creme in ein flaches Gefäß gießen und kalt stellen.

Die Gurke entsaften, dafür fein reiben und durch ein Sieb passieren. Den Saft mit Salz, Pfeffer und Zitronensaft abschmecken. Die Salzzitrone unterheben.

Zum Anrichten etwas Gurkensaft in tiefe Teller gießen. Aus dem Joghurt Taler ausstechen und abwechselnd mit den Gurkenscheiben hineinlegen. Eine Hummuskugel daraufsetzen und servieren.

TN

Tohru

TOHRU NAKAMURA

absolvierte seine Ausbildung zum Koch im *Hotel Königshof* in München (1 Michelin-Stern). Nach seiner Karriere im *Restaurant Vendôme* in Bensberg und im Restaurant *Oud Sluis* in den Niederlanden verbrachte er einige Monate als Traineeship in Japan. Seit 2013 ist er Küchenchef in *Geisels Werneckhof*. Er wurde unter anderem 2014 als »Entdeckung des Jahres« im *Gault Millau* und im Jahr darauf als »Koch des Jahres« im *Feinschmecker* ausgezeichnet.

GIBT ES ZUTATEN AUS DEN FLÜCHTLINGSLÄNDERN, DIE SIE HÄUFIGER BENUTZEN?

Verschiedene Gewürze wie Kardamom, Kreuzkümmel oder Koriandersamen, aber ich arbeite auch oft mit Rosen- sowie Orangenblütenwasser und handgerolltem Couscous.

WAS HAT SIE DAZU BEWEGT, BEI DIESEM PROJEKT MITZUWIRKEN?

Der Gedanke, mit dem Beruf, den man täglich ausübt, auch mal einen guten Zweck zu unterstützen.

WAS HAT SIE ZU IHREM GERICHT INSPIRIERT?

Das Originalrezept von gefüllten Weinblättern. Ich bin damit in die asiatische Welt eingetaucht.

HABEN SIE EIN LEBENSMOTTO ODER SPRICHWORT, DAS SIE BESONDERS BEGLEITET?

Jeder neue Tag ist eine Herausforderung und zugleich eine großartige Chance!

Inspiration

VON GEFÜLLTEN WEINBLÄTTERN: SAKURABLÄTTER GEFÜLLT MIT JAPANISCHEM REIS UND AMAEBI

Sakura- und Zedernholzblätter wässern. Schalotte schälen, Shiitakepilze putzen und beides fein würfeln. Zusammen in 10 ml Sesamöl anschwitzen.

Den Reis waschen, kurz abtropfen lassen und hinzufügen. Mit Sake ablöschen. Misopaste und etwas Sojasauce zufügen und mit 150–200 ml Wasser auffüllen. Leicht köcheln, bis der Reis gar ist und die Flüssigkeit vollständig aufgenommen wurde. Etwas auskühlen lassen. Die Shisoblätter fein schneiden, die Edamame hacken, den Ingwer schälen und zerkleinern, dann zusammen mit Sesam und Algen unter den Reis mischen.

Sakura- und Zedernholzblätter mit Küchenpapier abtupfen. Nun die Reismasse in je 3 Sakurablätter einschlagen und die Rollen weiter in das Zedernholz einwickeln. Entweder auf dem Grill oder im Ofen erhitzen. Der Reis muss nur warm werden, da er bereits gegart ist.

Die Limette waschen, abtrocknen und die Schale fein abreiben. Die Frucht halbieren und auspressen. Die Amaebi schälen und mit Holunderblütenöl, Limettensaft und -abrieb, Cayennepfeffer und Salz marinieren.

Zum Anrichten die Zedernholzblätter öffnen und die Sakurarollen halbieren. Die Garnelen in etwas Sesamöl knusprig frittieren und mit Edamamepüree auf dem Holz fixieren. Die Amaebi über die Rollen legen und mit der restlichen Holundervinaigrette beträufeln. Mit Kräutern und Blüten garnieren, zum Schluss mit Kinako bestäuben.

Für 4 Personen

12 gesalzene Sakurablätter
4 dünne Zedernholzblätter
1 kleine Schalotte
2 Shiitakepilze
Sesamöl
30 g japanischer Rundkornreis
20 ml Sake
10 g dunkle Misopaste
Sojasauce
5 rote Shisoblätter
1 EL blanchierte Edamamekerne
1 cm frischer Ingwer
½ TL gerösteter Sesam
1 EL eingeweichter Algenmix, alternativ gehackte Wakamealgen
1 Bio-Limette
8 Amaebi (süße Garnelen)
2 EL Holunderblütenöl (Traubenkernöl mit Holunderblüten für 2 Stunden auf 60 °C erwärmen, dann erkalten, 2 Tage ziehen lassen und passieren.)
Cayennepfeffer
Salz
8 kleine Garnelen

ZUM SERVIEREN:

Edamamepüree (Schalotten anschwitzen, blanchierte Edamame zugeben und mit etwas Sahne sowie Gemüsebrühe kochen, dann alles pürieren und durch ein feines Sieb streichen.)
Blüten und Kräuter, z. B. Giersch, Begonie, Stiefmütterchen, Holunder und Chili
1 TL Kinako (geröstetes Sojabohnenpulver)

Saad

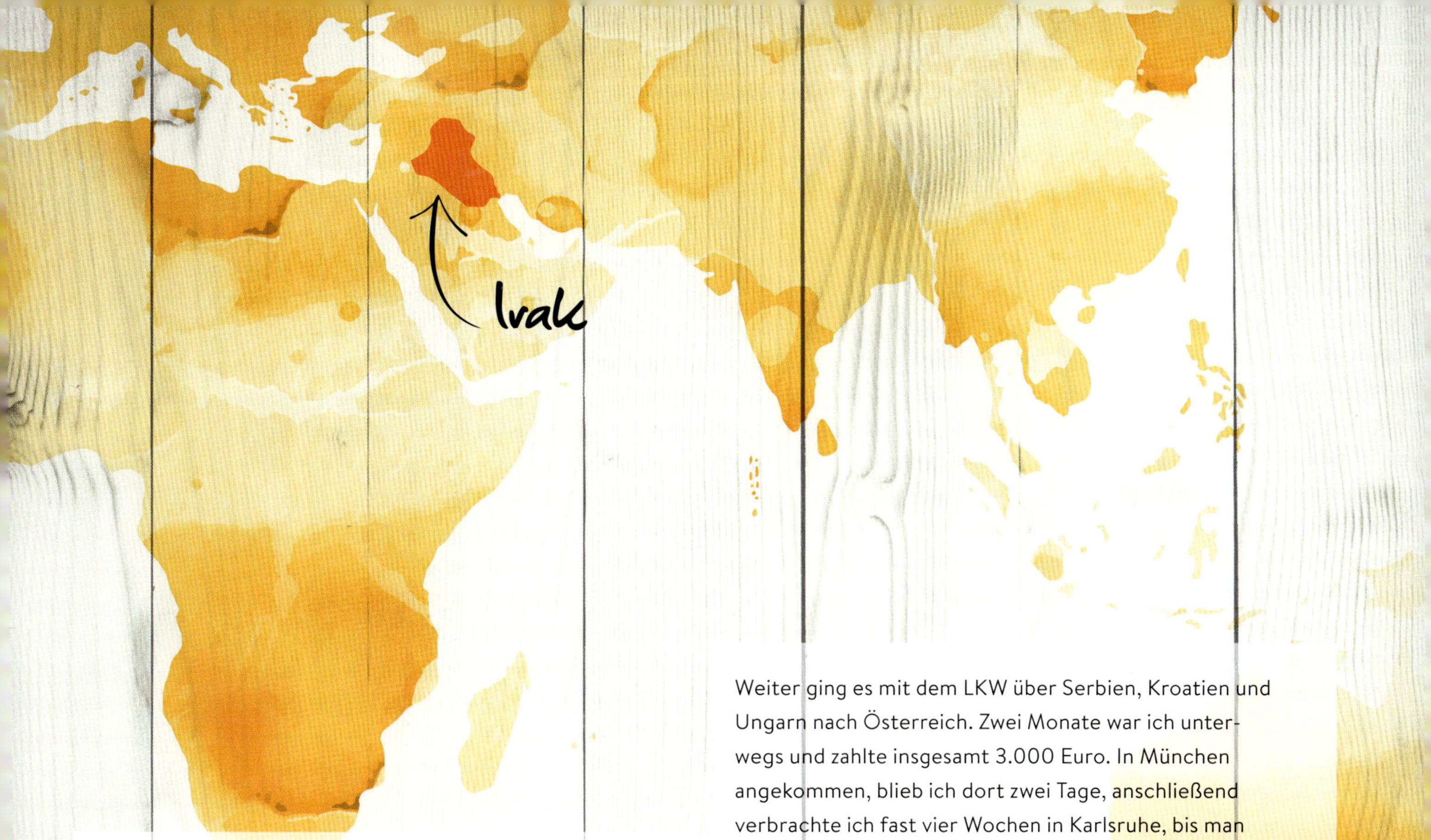

Ich bin SAAD, 25 Jahre alt und komme aus dem Nordirak, aus der Stadt Mossul am Tigris. Mein Vater besitzt einen kleinen Supermarkt, meine Mutter ist Hausfrau. Ich habe noch zwei Schwestern und drei Brüder, sie sind alle schon verheiratet und haben Kinder. Eines Tages wurde der obere Teil unseres Hauses durch eine Bombe zerstört, ob sie vom IS oder von Regierungssoldaten abgefeuert wurde, wissen wir nicht. Wir konnten immerhin im unteren Teil des Hauses noch wohnen. Aber das Leben wurde immer unerträglicher, überall war und ist Krieg. Also entschloss ich mich, zu fliehen. Meine Familie ließ ich zurück und machte mich auf nach Deutschland.

Ich bin über die gleiche Route geflohen wie Seerwan (siehe Seite 127). Ich konnte mit dem Flugzeug vom Irak über Jordanien in die Türkei reisen. Von dort aus fuhren wir mit einem Schlauchboot bis an die Grenze nach Griechenland. Die Überfahrt dauerte nur zweieinhalb Stunden, aber sie war schrecklich. Es sind zwei Boote gleichzeitig losgefahren, in jedem waren etwa 45 Flüchtlinge, zugelassen war jedes aber nur für maximal 24 Personen. Niemand von uns wusste, wie man das Boot steuert, aber irgendwie haben wir es geschafft. Leider musste ich mit ansehen, wie eine Frau aus dem anderen Boot herausgefallen ist und ertrank. Weiter ging es mit dem LKW über Serbien, Kroatien und Ungarn nach Österreich. Zwei Monate war ich unterwegs und zahlte insgesamt 3.000 Euro. In München angekommen, blieb ich dort zwei Tage, anschließend verbrachte ich fast vier Wochen in Karlsruhe, bis man mich nach Leimen schickte. Hier wohne ich nun zusammen mit Seerwan, Basem und fünf weiteren Männern in einem Zimmer im Flüchtlingscamp. Wir haben zwar keine Privatsphäre, aber wir bekommen Essen und haben ein Dach über dem Kopf. Selbst das hatten wir im Irak nicht mehr, denn unser Haus war zerstört, ich hatte keine Arbeit mehr, ein richtiges Leben war aussichtslos.

Jetzt warte ich auf meine Aufenthaltsgenehmigung. Immerhin konnte ich schon zwei Praktika als Fußballlehrer und -trainer in Heidelberg und Walldorf absolvieren. Meine Leidenschaft ist nämlich der Sport, deswegen wäre es toll, einen Job in diesem Bereich zu finden. Neben den Praktika habe ich auch einen zweimonatigen Deutschkurs belegt, zu Hause lerne ich weiter Deutsch auf *YouTube* und mit Büchern. Zudem spiele ich Fußball beim VfB Leimen und Badminton. Für die Zukunft wünsche ich mir, einen Ausbildungsplatz im Bereich Sport zu finden – und weniger Mitbewohner zu haben.

Ich liebe *Biryani*, also gebratenen Reis mit Rosinen, Mandeln, Kurkuma, Koriander und Zimt. Meistens gibt es auch Hühnchen dazu. Aber ich mag auch Pizza und Nudelgerichte. Selbst koche ich recht wenig, eher einfache Gerichte, zum Beispiel bereite ich gerne Salat zu.

Biryani mit Hähnchen

In einem kleinen Topf etwa ½ l Wasser aufkochen. Sobald das Wasser kocht, die Hähnchenschenkel zugeben und ungefähr 10 Minuten bei schwacher Hitze garen. Das Fleisch entnehmen, abkühlen lassen und in kleine, mundgerecht Stücke schneiden. Den gewonnenen Geflügelfond beiseitestellen.

Das Ghee in einer Pfanne erhitzen und den Reis darin anbraten.

In einem größeren Topf etwas Olivenöl erhitzen und die Fadennudeln darin unter Rühren leicht anbräunen. Die Mandeln zugeben und anrösten. Nun die Rosinen hinzufügen und ebenso anschwitzen. Zum Schluss das Hähnchenfleisch kurz mit anbraten.

400 ml vom Geflügelfond angießen und die Gewürze zugeben. Einmal aufkochen lassen, dann den angebratenen Reis zugeben. Bei schwacher Hitze garen, bis die gesamte Flüssigkeit vom Reis aufgenommen wurde.

Für 4 Personen

4 Hähnchenschenkel
1 EL Ghee oder Butterschmalz
200 g Basmatireis
Olivenöl
100 g Fadennudeln
50 g Mandeln
50 g Rosinen
2 TL Currypulver
1 TL Paprikapulver
1 TL gemahlener Zimt
1 TL gemahlener Koriander
5 Gewürznelken
5 Kardamomkapseln
2 TL Fenchelsaat
Salz und Pfeffer

Irak

Michael

Michael

MICHAEL KEMPF absolvierte von 1993 bis 1996 seine Kochausbildung, anschließend machte er unter anderem Station bei Größen wie Lothar Eiermann, André Jaeger, Dieter Müller und Nils Henkel. Seit 2003 ist er Küchenchef im Restaurant *FACIL* in Berlin, wo er 2013 den zweiten Michelin-Stern erhielt. In Berlin hat er eine hochmotivierte Mannschaft an seiner Seite, deren Ziel auch nach vielen Jahren der Zusammenarbeit stets die tägliche Begeisterung in Sachen Geschmack geblieben ist.

GIBT ES ZUTATEN AUS DEN FLÜCHTLINGSLÄNDERN, DIE SIE HÄUFIGER BENUTZEN?

Vor allem landestypische Gewürze kommen bei uns im Restaurant *FACIL* verstärkt zum Einsatz. Ebenso verschiedene Getreidesorten und Hülsenfrüchte, die ich sehr gerne in meinen Gerichten als Kontrast einsetze. Die Aromen des Irak spiegeln sich in meinem Gericht vor allem in den verwendeten Produkten Dattel, Kreuzkümmel und Limettenblätter wider.

HATTEN SIE MAL EIN BESONDERS EINPRÄGSAMES ERLEBNIS MIT EINEM FLÜCHTLING?

Bei einem Kochevent habe ich einen Flüchtling aus dem Irak kennengelernt. Er war bereits seit zwei Jahren in Deutschland, stellt Lederwaren hier in Berlin her und spricht nach dieser kurzen Zeit schon sehr gutes Deutsch. An diesem jungen Mann konnte ich einen unbedingten Willen, offene Freude und begeisternde Neugierde staunend bewundern.

WAS HAT SIE DAZU BEWEGT, BEI DIESEM PROJEKT MITZUWIRKEN?

Es war ein Herzenswunsch von mir, das Projekt zu unterstützen. *Hand in Hand* bedeutet für mich, gemeinsam für eine gute Sache einzustehen. Es ist auch ein klares Statement gegen Rassismus.

Rinderbrust

DATTEL | AUBERGINE | TAMARILLO

MICHAEL KEMPF

Rinderbrust

DATTEL | AUBERGINE | TAMARILLO

Die Rinderbrust salzen und von allen Seiten in einem flachen Topf im Pflanzenöl kräftig anbraten, anschließend herausnehmen. Die Schalotten schälen und hacken. Den Staudensellerie waschen und klein schneiden. Die Karotten putzen, schälen und klein würfeln. Das Gemüse im Topf im Bratfett anrösten. Mit Jus und Rotwein ablöschen. Die Zitrone fein schneiden, den Pfeffer im Mörser zerstoßen. Die angebratene Rinderbrust, die Gewürze und den Thymian in den Topf geben. Abgedeckt 24 Stunden bei 80 °C (Umluft) im Backofen schmoren. Anschließend die Rinderbrust im Fond erkalten lassen, herausnehmen und den Fond durch ein feines Haarsieb passieren. Dabei das weiche Gemüse durchstreichen (für die Bindung). Den Fond einkochen, bis die gewünschte Konsistenz erreicht ist. Bei Bedarf mit Zitrone und tasmanischem Pfeffer nachschmecken. Die Rinderbrust vor dem Servieren erneut erwärmen, portionieren und mit der Sauce glasieren.

Für die Aubergine Schalotten und Knoblauch schälen und hacken. Die Limettenblätter fein schneiden. Den Noilly Prat mit Geflügelfond, Misopaste, Schalotten, Knoblauch und Limettenblättern aufkochen und mit Salz abschmecken. Über Nacht kühl stellen. Anschließend durch ein feines Sieb streichen. Die Aubergine schälen und die Schale beiseitelegen. Das Fruchtfleisch in 2 cm dicke Scheiben schneiden, diese mit dem Sud in einem Beutel vakuumieren und mindestens 48 Stunden marinieren. Alternativ die Scheiben möglichst luftdicht in einem Gefrierbeutel verschließen, mit einem Teller beschweren und ebenfalls 2 Tage lang kühl stellen.
Die marinierte Schale mit einem scharfen Messer sehr fein schneiden. Kurz vor dem Servieren in 160 °C heißem Pflanzenöl in einem Topf goldgelb frittieren, auf Küchenpapier abtropfen lassen und leicht salzen.

Die Zucchini waschen, putzen, in feine Scheiben schneiden und über Nacht im Minzöl einlegen.

Die Tamarillo schälen, fein schneiden und mit der Cola so lange einkochen, bis eine marmeladenartige Konsistenz entsteht. Anschließend durch ein feines Sieb streichen. Karotten und Sellerie schälen, die Zucchini waschen und das Gemüse in feine Würfel schneiden. Alle drei Gemüse separat in gesalzenem Wasser bissfest blanchieren, kurz in Eiswasser abschrecken und anschließend auf einem Küchentuch trocken legen. Die Schalotten schälen, fein würfeln und in etwas Butter farblos anbraten. Die Gemüsewürfel zugeben und die Tamarillopaste einrühren. Die Limette waschen, abtrocknen und die Schale fein abreiben. Dann die Frucht halbieren und den Saft auspressen. Das Gemüse mit Limettensaft und -abrieb sowie den Gewürzen abschmecken.

Für die Creme die Datteln entsteinen und mit Tee und Wein zu einer spritzfähigen Paste mixen. Den Tee dabei nach und nach, je nach Konsistenz, zugeben! Die Dattelcreme anschließend durch ein feines Sieb streichen und in eine Spritzflasche oder einen Spritzbeutel füllen.

Für 4 Personen

Für den Joghurt den Pfeffer in einer Pfanne ohne Fett rösten, bis er duftet. Dann im Mörser fein zerstoßen. Den Joghurt mit etwas Salz und dem Szechuanpfeffer abschmecken. Bis zum Servieren kalt stellen.

Die Auberginen-Scheiben im Einlegefond glasieren und auf vorgewärmten Tellern platzieren. Das Tamarillo-Wurzelgemüse darauf anrichten und die eingelegte Zucchini ansetzen. Die Basilikumkresse zupfen und mit den frittierten Auberginenstreifen darüberstreuen. Die Dattelcreme im Tupfen aufspritzen. Den Joghurt als Nocke anrichten. Daneben die glasierte Rinderbrust auflegen und servieren.

FÜR DIE RINDERBRUST:

500 g Rinderbrust
Salz
2 EL Pflanzenöl
4 Schalotten
100 g Staudensellerie
100 g Karotten
300 ml kräftige Rinderjus
300 ml Rotwein
½ eingelegte Zitrone, plus mehr bei Bedarf
½ TL tasmanischer Pfeffer, plus mehr bei Bedarf
1 Zweig Thymian

FÜR DIE AUBERGINE:

2 Schalotten
2 Knoblauchzehen
8 Kaffirlimettenblätter
50 ml Noilly Prat (französischer Wermut)
200 ml Geflügelfond
2 EL Shiro Miso (weiße Misopaste)
Salz
½ Aubergine, am besten der Sorte »Rosa Bianca«
Pflanzenöl

FÜR DIE EINGELEGTE ZUCCHINI:

1 Minizucchini
2 EL Minzöl

FÜR DAS WURZELGEMÜSE MIT TAMARILLO:

1 Tamarillo
100 ml Cola
100 g Karotten
100 g Knollensellerie
100 g Zucchini
Salz
2 Schalotten
etwas Butter
1 Bio-Limette
Zucker
weißer Pfeffer
Kreuzkümmel (Cumin)

FÜR DIE DATTELCREME:

100 g Datteln
100 ml geräucherter Pflaumentee
30 ml Pflaumenwein

FÜR DEN SCHAFSJOGHURT:

Szechuanpfeffer
40 g Schafsjoghurt
Salz

ZUM SERVIEREN:

1 Schale Basilikumkresse

JACOB
LeNouveauChef

Thomas

Seit 1997 ist THOMAS MARTIN Küchenchef im ***Jacobs Restaurant*** im ***Hotel Louis C. Jacob*** in Hamburg. Auch nach knapp 20 Jahren entwickelt er immer wieder neue Wege, Zutaten ihren maximalen Geschmack zu entlocken. »Meine Gerichte sind unverfälscht, selbsterklärend und haben absoluten Fokus auf den Geschmack. Wir konzentrieren uns auf das Wesentliche, mit der Vision, die Küche im besten Sinne zu vereinfachen: Im neuen ***Jacobs Restaurant*** erlebt der Gast ›Einfachheit auf höchstem Niveau‹«.

GIBT ES ZUTATEN AUS DEN FLÜCHTLINGSLÄNDERN, DIE SIE HÄUFIGER BENUTZEN?

Safran, Bulgur, Pistazien, Granatapfel, Kreuzkümmel, frische Pfefferminze, Zimt, Sesam, Koriander und noch einige andere.

HABEN SIE EINE BESONDERE VERBINDUNG ZU DER GEWÄHLTEN KÜCHE?

Geschmacksintensität ist für mich ein wichtiges Element der Hochküche, und die orientalische Küche ist wunderbar intensiv in den Aromen, daher arbeite ich gerne mit ihren Gewürzen und Zutaten.

ARBEITEN BEI IHNEN FLÜCHTLINGE IM BETRIEB?

Ja, unter anderem ein junger Mann, der 2014 aus Afghanistan kam und nun bei uns erfolgreich seine Ausbildung zum Hotelfachmann macht.

Geschmorte Milchlammschulter

MIT SAFRAN, PINIENKERNPÜREE, FEUILLE DE BRICK UND BULGUR

THOMAS MARTIN

Für 4 Personen

FÜR DAS LAMM:

1 junge Knoblauchknolle
1 kg kleine Schalotten
6 große festkochende Kartoffeln
Meersalz
2 Milchlammschultern mit Knochen
Olivenöl
Pfeffer
ein paar Safranfäden
1 Zweig Thymian

FÜR DEN BULGUR:

1 Schalotte
1 Knoblauchzehe
Olivenöl
300 ml Gemüsefond
1 TL gemahlene Kurkuma
1 TL Baharat (orientalische Gewürzmischung, s. S. 46)
Salz
100 g Bulgur
2 Tomaten
1 EL Rosinen
1 EL feine Schnittlauchröllchen
1 Bio-Limette
Sesamöl

FÜR DAS PINIENKERNPÜREE:

1 Knollensellerie
100 g kalte Butter
200 g Sahne
100 ml Geflügelfond
frisch gepresster Saft von ½ Zitrone
Salz und Pfeffer
250 g Pinienkerne

FÜR DAS FEUILLE DE BRICK:

2 Blätter Filoteig
2 Bio-Eigelb
Milch
Salz
Baharat (orientalische Gewürzmischung, s. S. 46)

ZUM SERVIEREN:

Minzjoghurt
Petersilie

Geschmorte Milchlammschulter

MIT SAFRAN, PINIENKERNPÜREE, FEUILLE DE BRICK UND BULGUR

Für das Lamm den Backofen auf 150 °C (Umluft) vorheizen. Den Knoblauch im Ganzen und ungeschält in Scheiben schneiden. Schalotten und Kartoffeln schälen, die Kartoffeln zusätzlich in dicke Scheiben schneiden. Knoblauch, Schalotten und Kartoffeln auf ein tiefes Ofenbackblech geben und mit Meersalz würzen.
Die Lammschultern mit Olivenöl, Meersalz und Pfeffer einreiben, auf das Gemüse setzen und etwa 1 l Wasser angießen.
Das Ganze 2 Stunden im Ofen garen, währenddessen das Fleisch immer wieder mit dem Garfond übergießen. Im letzten Drittel der Garzeit ein paar Safranfäden dazugeben. Zum Schluss noch den Thymian untermischen.

Für den Bulgur Schalotte und Knoblauch schälen und fein würfeln. In ein wenig Olivenöl glasig dünsten. Den Fond zugießen. Kurkuma und Baharat zugeben und alles aufkochen. Mit Salz abschmecken. Den Bulgur einrühren und ca. 10 Minuten kochen lassen. Wenn der Bulgur weich ist, abgießen und den Fond dabei auffangen. Den Bulgur kalt abschrecken und den Fond zur Hälfte einkochen.
Den kalten Bulgur in eine Schüssel geben. Die Tomaten häuten, vierteln, entkernen und in kleine Würfel schneiden. Zusammen mit Rosinen und Schnittlauch unter den Bulgur mengen.
Die Limette waschen, abtrocknen und die Schale fein abreiben. Die Frucht halbieren und auspressen. Den Bulgur mit Limettensaft und -abrieb, Salz, Sesamöl sowie etwas abgekühltem Bulgurfond abschmecken.

Für das Püree den Sellerie schälen und klein würfeln. Den Sellerie in der Hälfte der Butter anschwitzen und mit Sahne sowie Geflügelfond auffüllen. Etwas Zitronensaft zugeben und den Sellerie bei geringer Hitze weich kochen, dann pürieren.
Zum Schluss die restliche Butter in Flocken unterrühren und das Püree mit Salz und Pfeffer abschmecken.
Die Pinienkerne in einer Pfanne ohne Fett rösten, dann in einem Blitzhacker fein pürieren. Wenn nötig, etwas Wasser zugeben, damit eine sämige Paste entsteht. Durch ein Sieb streichen. Mit dem Selleriepüree zusammen glatt rühren, am besten im Mixer oder in einer Küchenmaschine.

Für das Feuille de Brick den Backofen auf 170 °C (Umluft) vorheizen. Ein Backblech mit Backpapier auslegen und 1 Blatt Filoteig darauf ausrollen. Die Eigelbe mit etwas Milch verquirlen, den Teig damit bepinseln und leicht salzen. Mit Baharat bestreuen. Das zweite Blatt Filoteig darauflegen und mit einem Nudelholz darüberrollen. Wieder mit Ei bepinseln, salzen und mit Baharat würzen. Etwa 10 Minuten im Ofen backen, dann herausnehmen und bei Zimmertemperatur abkühlen lassen. Vor dem Servieren in Stücke brechen.

Den Bulgur mit einem Dessertring auf vier heißen Tellern anrichten. Das portionierte Fleisch sowie zwei Nocken des Pürees daraufsetzen. Die Knusperchips anlegen, etwas Minzjoghurt dressieren und mit frischer Petersilie garnieren.

Seerwan

Mein Name ist SEERWAN, ich bin 31 Jahre alt und komme aus Bagdad im Irak. Dort war ich Polizist im Innenministerium, sollte für Recht und Ordnung sorgen und habe auch im elektronischen Archiv gearbeitet. Doch plötzlich änderte sich die Situation im Land, es versank immer mehr in Chaos, Terroristen bedrohten die Bevölkerung und schließlich auch mich. Mitglieder einer Miliz haben mich entführt und wollten Informationen aus mir herauspressen. Ich glaube, es waren Mitglieder einer inoffiziellen Regierungstruppe, aber sicher bin ich mir nicht. Sie hielten mich einen Tag lang fest, ich konnte ihnen aber nicht sagen, was sie wissen wollten, weil die entsprechenden Informationen streng vertraulich waren. Sie ließen mich gehen mit der Auflage, mich innerhalb von sieben Tagen mit den verlangten Informationen bei ihnen zu melden. Ich bangte um mein Leben und beschloss, den Irak zu verlassen, ich hatte keine Wahl, ich musste fliehen. Allerdings ohne meine Eltern und meinen Bruder, das war sicherer, eine Flucht mit der ganzen Familie wäre viel gefährlicher gewesen. 20 Tage dauerte meine Flucht und kostete mich 3.000 Euro, doch es hat sich gelohnt. Hier in Deutschland bin ich sicher.

Mit dem Flugzeug führte mich mein Weg vom Irak über Jordanien in die Türkei. Von dort aus nahm ich ein Boot nach Griechenland. Weiter ging es per Bus über Serbien, Kroatien und Ungarn nach Österreich. Dort nahm ich einen Zug, um nach Deutschland weiterzufahren.

In München angekommen, wurde ich nach Saarbrücken geschickt, von dort aus ging es nach Karlsruhe und schließlich nach Stuttgart. Hier blieb ich eine Woche und lebte mit vielen weiteren Flüchtlingen in einer großen Halle in der Nähe des Flughafens. Es gab überhaupt keine Privatsphäre, das war furchtbar.

Von Stuttgart aus ging es für zwei Monate nach Mannheim, hier in eine Halle der US Army. Mittlerweile lebe ich zusammen mit Basem (siehe Seite 77) in einem Flüchtlingscamp in Leimen. Die Situation ist nicht einfach, es handelt sich um eine verlassene Fabrikhalle, in der wir mal mit 480 Flüchtlingen untergebracht waren, inzwischen sind es nur noch 200. Es ist ein Camp ausschließlich für Männer. Die einzelnen Wohnbereiche sind mit Metallzäunen getrennt, die mit Plastikplanen überzogen sind. In jedem Bereich schlafen bis zu sechs Männer, zweimal am Tag bekommen wir Essen. Mein Wunsch ist es natürlich, bald eine eigene Wohnung für mich allein zu finden. Doch hierfür fehlt mir vieles. Zunächst muss ich Deutsch lernen, dann hoffe ich auf meine Aufenthaltsgenehmigung, um IT studieren zu können. Um meinen Zielen etwas näher zu kommen, versuche ich bereits mit deutschen Freunden die Sprache zu lernen.

Mein Leibgericht ist *Dolma* – mit Reis gefüllte Weinblätter. Hier in Deutschland liebe ich Kartoffelsalat und Spaghetti.

Dolma

Die Weinblätter in ein Sieb abgießen und abtropfen lassen.

Die Karotten schälen, putzen, der Länge nach aufschneiden und den Boden eines breiten Topfes damit auslegen. Den Reis mit Wasser bedeckt 10 Minuten bei Zimmertemperatur quellen lassen. Anschließend in ein Sieb abgießen.

Zwiebel und Knoblauch schälen und fein würfeln. In einer großen Schüssel Reis, Zwiebel, Knoblauch, Hackfleisch, passierte Tomaten, Tomatenmark und alle Gewürze vermengen. Mit Salz und Pfeffer abschmecken.

Die Weinblätter mit dem Stielansatz nach unten ausbreiten. Den Stiel entfernen und jeweils ca. 2 EL der Füllung in die Mitte geben. Die Seiten einschlagen und in Richtung Blattspitze aufrollen, dann nebeneinander im Topf auf die Karotten schichten.

Das Olivenöl mit dem Limettensaft verrühren und über die Weinblätter geben, diese anschließend mit Wasser bedecken und mit einem Teller oder einem kleineren Topf beschweren, um ein Aufrollen zu verhindern.

Die Weinblätter aufkochen und bei schwacher Hitze 1 ½ Stunden garen. Dann ausschalten und 30 Minuten ziehen lassen.

Für 4 Personen

400 g eingelegte Weinblätter
4 Karotten
200 g Reis
1 große Zwiebel
3 Knoblauchzehen
1 kg frisches Lamm- oder Rinderhack
100 g passierte Tomaten
1 EL Tomatenmark
1 TL gemahlener Kreuzkümmel (Cumin)
½ TL gemahlener Zimt
1 TL Paprikapulver
½ TL gemahlener Koriander
Salz und Pfeffer
100 ml Olivenöl
frisch gepresster Saft von 1 Limette

Irak

Ludwig

LUDWIG HEER ist im elterlichen Betrieb quasi in der Küche aufgewachsen. Nach seiner Lehre auf ***Burg Staufeneck*** und Stationen im Ausland machte er sich 2006 mit seiner Pralinenmanufaktur selbstständig. Heute betreibt er nebenbei seine beiden Restaurants ***Alte Post*** in Kuchen und ***Restaurant 19*** in Bad Überkingen. Er gibt Kochkurse, schreibt Kochbücher, designt und vertreibt über seine Firma ***Design Cuisine*** Küchenutensilien und ist regelmäßig im ***SWR***-Fernsehen in der Sendung ***Kaffee oder Tee*** zu sehen.

ARBEITEN BEI IHNEN FLÜCHTLINGE IM BETRIEB?

In unserem Betrieb hat Integration im Allgemeinen einen sehr hohen Stellenwert. Neben meiner Schwester, die mit dem Downsyndrom geboren wurde, sind bei uns immer mindestens zwei Schwerbehinderte fest angestellt.
Selbstverständlich arbeiten wir auch gerne mit Menschen aus aller Welt zusammen. Aktuell haben wir fest angestellte Mitarbeiter aus Kroatien, Serbien, Bosnien, Ungarn und der Türkei.

HATTEN SIE MAL EIN BESONDERS EINPRÄGSAMES ERLEBNIS MIT EINEM FLÜCHTLING?

Ich wohne in Göppingen sehr zentral in der Nähe des Rathauses und einiger Ämter. Oft spazieren kleinere Gruppen von Flüchtlingen etwas suchend durch die Gegend und fragen Passanten ausgesprochen höflich meist nur nach dem Weg. Es ist sehr traurig, zu beobachten, dass viele Menschen regelrecht weglaufen, bevor sie überhaupt angesprochen werden – ein absolutes Armutszeugnis für unsere Gesellschaft.

WAS HAT SIE ZU IHREM GERICHT INSPIRIERT?

Ofenschlupfer sind aus meiner Heimat, dem Schwabenland, nicht wegzudenken und gehören zu meinen persönlichen Lieblingsgerichten. Ich habe dieses Gericht lediglich mit Zutaten aus den Flüchtlingsländern ergänzt, wodurch eine einfach nachzukochende und sehr leckere Kreation entstand.

LUDWIG HEER

Soufflierte Ofenschlupfer

MIT CHAI-SAUCE

Für 4 Personen

FÜR DIE OFENSCHLUPFER:
150 g Fladenbrot
50 g getrocknete Datteln
50 g getrocknete Feigen
30 g Honig
Zimt
200 ml Milch
3 Bio-Eier
40 g Zucker

FÜR DIE SAUCE:
250 g Sahne
1 Bio-Eigelb
10 g Zucker
25 g Honig
2 g Speisestärke
20 g Chai-Tee
20 ml Rum (nach Belieben)

ZUM SERVIEREN:
Puderzucker zum Bestäuben
Minze und frische Früchte
Orangenlikör und Honig (nach Belieben)

4 ofenfeste Förmchen

Für die Ofenschlupfer den Backofen auf 160 °C (Umluft) vorheizen. Das Fladenbrot in 2 cm große Würfel, Datteln und Feigen in kleinere Würfel schneiden. Brot, Datteln und Feigen mit Honig, etwas Zimt und der Milch vermengen. Die Eier trennen, das Eiweiß mit dem Zucker steif schlagen. Das Eigelb unter die Eiweißmasse heben, mit allen Zutaten vermengen und in vier ofenfeste Förmchen füllen. Im Ofen etwa 8 Minuten backen.

Für die Sauce alle Zutaten in einen Topf geben und unter ständigem Rühren mit einem Schneebesen kurz aufkochen. Etwa 5 Minuten ziehen lassen, dann durch ein feines Sieb passieren.

Die Ofenschlupfer in kleinen Schälchen anrichten, mit Puderzucker bestäuben und die Sauce separat dazureichen. Alles nach Lust und Laune mit Minze und frischen Früchten garnieren, wobei die Früchte gerne mit etwas Orangenlikör und Honig mariniert werden können.

Ira
Dashi
Gebackene
Aubergine
Geschmorte
Safran

er Reis
Fattoush
Zereshk Polo
Tshelo Kabab
Shekam-Por
Mahi-Sefid
persische Aromen
Ghormeh Sabzi
Heilbutt
Dugh
Falafel
Wolfsbarsch
Iran

Iran

LAND DER KARAWANEN UND KÖNIGE

Man spricht zwar einerseits vom Iran, doch andererseits von der persischen Küche; oft verwendet man »Iran« und »Persien« synonym. Tatsächlich aber verhält es sich so: Die Perser waren ein Volk, das sich einst in der Region Fars – auch Pars genannt – im Süden des heutigen Iran niedergelassen hat. Somit ist es die Bezeichnung einer Region und eines Volkes, das sich mit der Dynastie der Achämeniden und ihrer Herrscher Kyros und Dareios sowie der Hauptstadt Persepolis einen Namen als großes Kulturvolk machen konnte. Das Persische Reich vor rund 2.500 Jahren war das erste Weltreich der Menschheitsgeschichte und erstreckte sich von Ägypten über den Vorderen Orient und Mesopotamien bis nach Zentralasien. Kyros der Große war der »Schahan-Schah«, der König der Könige. Jahrhunderte später, im 3. Jahrhundert n. Chr., konnte die persische Dynastie der Sassaniden erneut zu einem großen Reich emporsteigen, das erst im 7. Jahrhundert von den arabischen Eroberungen verdrängt wurde. Die Perser wurden islamisiert, ihre Kultur indes blieb bestehen und entwickelte sich weiter. Spricht man heute also von den »Persern« oder von »Persien«, dann ist es eine Reminiszenz an die glorreiche Zeit der Hochdynastien des alten Iran, der seinen Namen von »Land der Arier«, der »Edlen«, ableitet, einem indogermanischen Volk, das um 2200 v. Chr. in das iranische Hochland einwanderte. Heute ist es der Iran und somit handelt es sich dort auch – streng genommen – um die iranische und nicht allein persische Küche.

Der Iran ist fast fünfmal so groß wie Deutschland und überwiegend ein Gebirgsland mit Höhen bis zu 4.000 Metern. Die hohen Gebirgsketten Elburz und Zagros, in denen oft bis weit in das Frühjahr hinein Schnee liegt, umschließen das inneriranische Hochland, das zum größten Teil von Wüsten eingenommen wird. Im Norden liegt die riesige Kies- und Salzwüste »Dasht-e Kavir«, im Süden die Sand- und Dünenwüste »Dasht-e Lut«, sie zählt zu den gefährlichsten und lebensfeindlichsten Wüsten der Erde. So kommt es zu riesigen klimatischen Unterschieden im Land. Der Norden Irans ist sehr grün und somit eine der wichtigsten Agrarlandschaften des Landes, wo Tee, Reis, Baumwolle und Weizen, aber auch Tabak und Zitrusfrüchte angebaut werden. Der Süden, vor allem die Küste des Persisch-Arabischen Golfes, zählt zu den tropischen Trockenzonen mit hohen Temperaturen und extrem hoher Luftfeuchtigkeit.

Durch die iranischen Steppen und Gebirge führte auch ein Teil der Seidenstraße, jenes Netz von Handelsstraßen, über das nicht nur Seide, sondern vor allem auch Gewürze, Glas, Porzellan, Gold, Edelsteine und andere Waren über viele Jahrhunderte befördert wurden. Der Gewinn aus diesen Kostbarkeiten war so groß, dass man dafür die Risiken einer oftmals mehrere Monate dauernden Reise über zum Teil enorme Distanzen auf sich nahm. Unterhändler, die sich ihre gefahrvolle Arbeit gut bezahlen

ließen, transportierten die Waren meist im Auftrag von Großkaufleuten und Handwerkern. Aus Schutz vor Überfällen schlossen sich die Händler zu Konvois zusammen, für die das persische Wort »Karawan«, Handelsschutz, gebräuchlich wurde. Versorgt wurden die Karawanen in den damaligen Rasthäusern, den Karawansereien. In Handelskontoren, sogenannten Khans, wurden die Waren in der Stadt umgeschlagen und an die jeweiligen Warengassen im Bazar (die persische Bezeichnung für den arabischen Suq) verteilt oder über andere Karawanen weitergehandelt. Jahrhundertelang haben arabische und persische Händler auf diese Weise den Landhandel zwischen Orient und Okzident kontrolliert und zum Aufstieg mächtiger Reiche in Nordafrika und im Vorderen Orient beigetragen. Als die Schahs der schiitisch-islamischen Safawiden zu Beginn des 16. Jahrhunderts die Herrschaft übernahmen und die Hauptstadt Isfahan prächtig ausbauten – sie galt mit ihren Gärten als das Paradies auf Erden –, kam dies auch den Handelswegen zugute.

Wenig verwunderlich, dass der Iran, also das frühere Persien, als Land hochentwickelter Kulturen auch auf kulinarischem Gebiet Meisterleistungen vollbrachte. Schon die persischen Sassaniden hatten neben indischen auch römische und altgriechische Einflüsse verarbeitet, und an ihrem Königshof pflegte man auf opulenten Banketten so

Iran

ausgesuchte Leckereien wie Hammel an Granatapfelsirup, in Honig geschmorte Hühnchen oder Zicklein auf Spinat und Quittenmarmelade zu vertilgen. Im 11. Jahrhundert schrieb der persische Gelehrte Muhammad Al-Ghazali ein Buch »Über die guten Sitten beim Essen und Trinken«, in dem er dem Gastgeber von Welt ans Herz legte, für seine Gäste auf einen Zettel zu schreiben, welche Gerichte er anbieten könne – eine frühe Form der Speisekarte.

Die iranische Küche hat durch den Handel viele Einflüsse aus Indien, Fernost, arabischen Ländern und der Türkei aufgenommen, aber daraus ganz eigene köstliche Noten entwickelt. Iraner setzen im Gegensatz zu Indern Gewürze eher sparsam ein, und anders als in vielen asiatischen Ländern klebt ihr Reis nicht, sondern fällt locker vom Löffel. Dabei war Reis, einer der Importschlager aus Indien und China, lange Zeit teuer und galt als Luxus. Heute ist er das Grundnahrungsmittel und wird im Land selbst an der Küste des Kaspischen Meeres angebaut, aber auch im Süden in der Region um Schiraz, der Stadt der Dichter, deren Poesie schon Goethe verzauberte. Die iranischen Reissorten sind allesamt eine Variante des intensiv duftenden langkörnigen Basmatireis. Zu wissen, wie man Reis perfekt zubereitet, gehört für jeden Iraner und jede Iranerin zur Königsdisziplin, und fast jeder Iraner versteht sich natürlich als Reisexperte, mag auch die Anzahl der Zubereitungsvarianten schier endlos anmuten. Doch jede von ihnen lässt sich auf eine der zwei Hauptzubereitungsarten zurückführen: »Polo« und »Tshelo«. Gemeinsam ist beiden, dass der Reis zunächst ein paar Minuten »al dente« gekocht wird. Dann wird er durch ein Sieb gegossen, zurück in den Topf gegeben und im Ofen oder auf dem Herd mit geschlossenem Deckel und einem feuchten Tuch auf kleiner Flamme weitergegart.

»Tshelo« wird dabei mit etwas Butter gedämpft, auf den bei Tisch *Khoresh* gegeben wird, verschiedene Saucen und Fleischspezialitäten. Rind ist häufig zäh, daher bevorzugen die Iraner Lamm oder Hammel, aber auch Hühnchen oder Fisch. Die Saucen, in denen das Fleisch gegart wird, werden häufig mit Quitten, Granatapfelkernen oder Kirschen, aber auch mit Trockenobst gesüßt. Außerdem können gedünstete Zwiebeln und blanchierte Mandeln hinzukommen. Der Saft von unreifen Trauben, von getrockneten Limetten und klein geschnittenen getrockneten Orangen- oder Mandarinenschalen verleiht den Gerichten eine säuerliche Zitrusnote. Gewürzt wird insbesondere mit dem berühmten iranischen Safran und Kurkuma. All das kann man auch mit »Polo« servieren, aber »Polo« wird, ähnlich dem Pilaw, zusammen mit weiteren Zutaten wie Fleisch, Gemüse oder Hülsenfrüchten im selben Topf gegart. Der besondere Pfiff am iranischen Reis ist »Tahdig«, die braune Kruste an der untersten Reisschicht, die man dadurch erhält, dass man bei der zweiten Garstufe Öl, zerlassene Butter, Eigelb oder dünne Kartoffelscheiben in den Topf gibt. Oder alles zusammen. Nicht unerwähnt bleiben sollte übrigens die Tatsache, dass in fast jedem iranischen Haushalt ein Reiskocher steht, der die Zubereitung vereinfacht.

Neben den delikaten Reisgerichten gehören *Kababs*, Grillfleisch, zu den typischsten Gerichten des Iran. Die aber genießt man am besten in Restaurants, denn sie werden immer über Holzkohle gegrillt, die den langen Fleischspießen ihren besonderen Geschmack verleiht. Iraner achten sehr auf die Fleischqualität; durch Marinieren verfeinert man gerne die Konsistenz. Für *Tah Chin* beispielsweise werden Lammfleischstücke über Nacht in eine Mischung aus Joghurt und Safran gelegt. Der Joghurt macht das Fleisch nicht nur aromatisch, sondern auch zart. Das Nationalgericht ist der *Tshelo Kabab*, also eine Kombination aus dem Reis *Tshelo* und *Kabab*, bei dem das Fleisch (meistens Lamm) für die Spieße in Öl, Zitronensaft, Knoblauch und verschiedenen Gewürzen mariniert wird.

Daneben gibt es Varianten aus gewürztem Lamm- und Rinderhack. Gereicht werden dazu Frühlingszwiebeln, rohe Zwiebeln, Radieschen und frische Kräuter wie glatte Petersilie und Minze sowie das dünne iranische Fladenbrot *Lavash*. Meistens trinkt man dazu *Dugh*, eine leicht gesalzene Mischung aus Joghurt-Molke und Mineralwasser, in der Türkei als *Ayran* bekannt. Sehr iranisch ist es allerdings, *Dugh* mit Minze, Dill oder Estragon, manchmal auch mit Muskat oder Kardamom zu würzen. Ob bereits Kyros der Große auf seiner Terrasse in Persepolis diesen erfrischenden Trunk genoss?

7132
silver

Mitja

MITJA BIRLO, geboren in Berlin, absolvierte seine Kochausbildung im *Gasthaus Buschkamp* in Bielefeld. Während seiner Laufbahn passierte er zahlreiche Stationen im In- und Ausland, unter anderem in Sydney, Marbella, auf Mykonos und schließlich in London. Dort lernte er auch Sven Wassmer kennen, bei dem er heute als Souschef im *7132 Silver Restaurant* in Vals arbeitet.

HABEN SIE EINE BESONDERE VERBINDUNG ZU DER GEWÄHLTEN KÜCHE?
In meiner Heimatstadt gibt es viele iranische Einflüsse. Orientalisches Essen gehört also bei mir von klein auf dazu.

ARBEITEN BEI IHNEN FLÜCHTLINGE IM BETRIEB?
Ja, im Backoffice-Bereich. Der junge Mann ist aus Eritrea und ein supertoller Mitarbeiter, den ich sehr für seinen Fleiß schätze!

WAS HAT SIE ZU IHREM GERICHT INSPIRIERT?
Fattoush-Salat gibt es in der orientalischen Küche zu fast allem dazu. Ich fand es spannend, diesen Salat mit iranischen sowie regionalen Produkten etwas umzumodellieren.

HABEN SIE EIN LEBENSMOTTO ODER SPRICHWORT, DAS SIE BESONDERS BEGLEITET?
Nur wer sein Gestern und Heute akzeptiert, kann sein Morgen frei gestalten. Nur wer loslässt, hat freie Hände, die Zukunft zu ergreifen.

MITJA BIRLO

Fattoush-Salat

»7132 SILVER STYLE«

Für 4 Personen

100 g Naturjoghurt

FÜR DIE MINZSTREUSEL:
100 g Butter
25 g Zucker
2 Bio-Eigelb
100 g gemahlene Mandeln
90 g Mehl
30 g getrocknete Minzeblätter
8 g Salz

FÜR DIE SALATMOUSSE:
170 g Römersalat
20 g Butter
Salz

ZUM SERVIEREN:
Kräutersalat
gegarte und gebrannte Zwiebeln
Salanovasalat (mit einer leichten Vinaigrette angemacht)
sonstige Salate oder Gemüse nach Belieben

Woodchips oder getrocknete Sägespäne zum Räuchern

Den Joghurt auf ein frisches Küchentuch geben und in einem Sieb über einer Schüssel über Nacht im Kühlschrank abhängen lassen, damit er trockener wird. Dann im Green Egg oder auf dem Grill mit Woodchips bei geschlossenem Deckel für 10–15 Minuten räuchern.

Für die Streusel den Backofen auf 160 °C (Umluft) vorheizen. Butter, Zucker und Eigelb schaumig schlagen. Die restlichen Zutaten mit der Hand vermengen und unter die Eimasse kneten, bis es klumpt. Den Teig nicht zu fein auf ein mit Backpapier ausgelegtes Backblech krümeln und ca. 12 Minuten im Ofen backen.

Für die Mousse den Salat in kochendem Wasser blanchieren, dann in Eiswasser abschrecken. Überschüssiges Wasser gut ausdrücken und mit der Butter im Mixer glatt pürieren. Mit Salz abschmecken.

Zum Servieren die Salatmousse zentral auf den Tellern platzieren und die übrigen Zutaten nach Belieben verteilen.

Andreas Krolik
Restaurant Lafleur

Andreas

ANDREAS KROLIK, zwölf Jahre im *Brenners Park-Hotel & Spa* in Baden-Baden und drei Jahre im *Tigerpalast* (2 Michelin-Sterne) in Frankfurt am Main, kocht seit 2015 im *Restaurant Lafleur* (2 Michelin-Sterne) in Frankfurt am Main. Er ist der einzige Sternekoch Deutschlands, der ein komplett veganes Menü zubereitet. Intensive Essenzen und ein ausgewogenes Spiel zwischen leichter Süße und angenehmer Säure machen seine »Küche der Aromen« so besonders.

GIBT ES ZUTATEN AUS DEN FLÜCHTLINGSLÄNDERN, DIE SIE HÄUFIGER BENUTZEN?
Auberginen, handgerollter Couscous, Ras el Hanout, Pistazien und Safran finden regelmäßig in meiner Küche Verwendung, um nur einige Zutaten zu nennen.

WAS HAT SIE DAZU BEWEGT, BEI DIESEM PROJEKT MITZUWIRKEN?
Ich fand das Projekt von Anfang an sehr spannend und hoffe, gemeinsam mit den Kollegen und all den anderen Unterstützern des Projekts einen Beitrag zugunsten der Flüchtlinge leisten zu können – mit hoffentlich größtmöglichem Erfolg.

HABEN SIE EIN LEBENSMOTTO ODER SPRICHWORT, DAS SIE BESONDERS BEGLEITET?
»Wer aufhört, besser zu werden, hat aufgehört, gut zu sein.« (Philip Rosenthal)

Geschmorte Aubergine

MIT OLIVEN-GEWÜRZBROT-CRUNCH, AUBERGINENCREME, GEFLÜGEL-PILZ-DASHI UND PERSISCHEM DUFTREIS

ANDREAS KROLIK

Geschmorte Aubergine

MIT OLIVEN-GEWÜRZBROT-CRUNCH, AUBERGINENCREME, GEFLÜGEL-PILZ-DASHI UND PERSISCHEM DUFTREIS

Für die Brühe die Steinpilze über Nacht bei Zimmertemperatur in 400 ml Wasser einweichen. Am nächsten Tag in einen Topf passieren und eventuelle Pilzreste aus der Flüssigkeit entfernen.
Das Fleisch der Hähnchenkeulen grob vom Knochen schneiden und für etwa 1 Stunde einsalzen.
Das Pilzwasser mit Kombu und gesalzenem Hähnchenfleisch auf 75 °C erwärmen, abdecken und 1 Stunde auf kleinster Stufe am Siedepunkt halten. Dann passieren, den Fond bis zum Siedepunkt erhitzen und vom Herd ziehen. Die Bonitoflocken zugeben, abdecken und ca. 10 Minuten ziehen lassen. Anschließend erneut passieren, Trüffelsaft zugeben, mit Sojasauce würzen, noch mal aufkochen und mit etwas Stärke leicht sämig abbinden. Zum Schluss die Brühe durch ein Mikrosieb passieren.

Für den Crunch das Brot entrinden, sehr fein schneiden und in einer Pfanne in etwas Olivenöl anrösten. Oliven und Kapern sehr fein hacken und gut mit den Croûtons mischen. Luftdicht verpackt lässt sich der Crunch an einem kühlen Ort etwa 2 Wochen lagern.

Für die Aubergine den Backofen auf die höchstmögliche Temperatur, maximal jedoch 280 °C (Umluft), vorheizen. Die Auberginen waschen, abtrocknen und auf einem Blech im Ofen 5 Minuten backen. Dann herausnehmen, einzeln vorsichtig in Alufolie verpacken und 30 Minuten ruhen lassen. Anschließend zum Auskühlen in den Kühlschrank legen. Die kalten Auberginen längs halbieren, die Anschnitte leicht salzen und pfeffern, mit Zitronensaft marinieren und bei Stufe 8 vakuumieren (ca. ⅔ Leistung). Alternativ die Auberginen in einen Gefrierbeutel geben, die Luft herausdrücken bzw. mit einem Strohhalm aussaugen, den Beutel eindrehen oder mit dem Zipverschluss verschließen. Anschließend mindestens 2 Stunden, besser noch länger, im Kühlschrank lagern.
Die Auberginenhälften kurz vor dem Servieren aus der Folie nehmen, erneut halbieren und noch mal leicht würzen. Die Haut vorsichtig abziehen und die Auberginenstücke in der heißen Pfanne anbraten, bis sie Farbe bekommen. Mit schwarzem Öl bepinseln, dann in den Gewürzbrotcrunch drücken.

Für die Auberginencreme den Backofen auf 200 °C (Ober-/Unterhitze) regulieren. Das Gemüse waschen und putzen. Die Aubergine grob würfeln und in einem Bräter in Olivenöl ca. 2–3 Minuten anbräunen. Die Schalotten zu Julienne, Knoblauch und Peperoni klein schneiden. Schalotten, Knoblauch, Peperoni und etwas Meersalz zur Aubergine geben und zusammen ca. 5 Minuten anschwitzen. Den Rosmarin einrühren, den Fond angießen, alles mit Alufolie abdecken und 20 Minuten im Ofen schmoren. Anschließend die Folie entfernen und auf dem Herd einkochen, bis sämtliche Flüssigkeit verdampft und die Masse kompakt ist. Mit Meersalz, Kreuzkümmel und Zitronensaft würzen. Im Mixer pürieren, dann fein passieren und den Koriander unterheben.

Den Reis gut mit kaltem Wasser spülen, bis das Wasser klar ist, anschließend 8 Minuten in 1 l gesalzenem Wasser kochen. Durch ein Sieb abschütten.

Pistazien und Rosinen grob hacken, die Pistazien in einer Pfanne ohne Fett leicht anrösten. Das Olivenöl in einem Topf erhitzen, dann Pistazien, Rosinen, Kurkuma und Safran im heißen Öl kurz anschwitzen. Den Reis zugeben und die Brühe aufgießen, dann den Topf gut verschließen. Den Backofen auf 180 °C (Ober-/Unterhitze) regulieren und den Reis im Ofen in ca. 15 Minuten fertig garen. Herausnehmen, bei Bedarf etwas nachwürzen. Zum Schluss die Kräuter untermengen.

Zum Anrichten den heißen Reis mithilfe eines Speiserings auf tiefen Tellern platzieren, die geschmorte Aubergine und etwas Auberginencreme daneben setzen. Die Buchenpilze kurz anbraten und auf der Creme verteilen. Die Auberginenchips auf den Reis legen und alles mit Schnittlauch oder Mikrozwiebeln garnieren. Die Geflügel-Pilz-Dashi angießen und servieren.

Für 4 Personen

FÜR DIE DASHIBRÜHE:

30 g getrocknete Steinpilze
400 g Hähnchenkeulen
Meersalz
5 g Kombu (Meeresalgen für Dashi)
5 g Bonitoflocken (Katsuobushi = feine Fischflocken)
50 ml Trüffelsaft
ca. 10 g helle Sojasauce
etwas angerührte Stärke zum Binden

FÜR DEN CRUNCH:

20 g Sauerteigbrot
Olivenöl
10 g getrocknete, kandierte schwarze Oliven
10 g getrocknete Kapern

FÜR DIE GESCHMORTE AUBERGINE:

2 mittelgroße Auberginen
Salz und Pfeffer
frisch gepresster Saft von ½ Zitrone
50 ml schwarzes Olivenöl (aus getrockneten schwarzen Oliven hergestellt)

FÜR DIE AUBERGINENCREME:

1 kleinere Aubergine
2 Schalotten
1 Knoblauchzehe
5 g milde Peperoni
40 ml Olivenöl
Meersalz
10 Rosmarinnadeln
40 ml Geflügelfond
1 Prise gemahlener Kreuzkümmel (Cumin)
frisch gepresster Saft von ¼ Zitrone
ein paar Korianderblättchen

FÜR DEN DUFTREIS:

100 g Basmatireis
Speisesalz
20 g Pistazien
20 g Rosinen
etwas Olivenöl
1 Prise gemahlene Kurkuma
1 Prise gemahlener Safran
200 ml Gemüsebrühe
je ½ TL fein geschnittene Kräuter (Schnittlauch, Koriandergrün, Petersilie)

ZUM SERVIEREN:

ca. 30 weiße Buchenpilze (Bunapi Shimeji)
4 Auberginenchips (Aubergine 1 mm dünn aufschneiden und in 160 °C heißem Öl knusprig frittieren, leicht salzen)
4 Schnittlauchspitzen oder Mikrozwiebeln

Robert

ROBERT RÄDEL, 34, geborener Dresdner, bereiste bereits in jungen Jahren ferne Länder, um deren Küche zu studieren. Seit 2004 lebt er in der Heidelberger Region und erkochte sich dort 2014, als ausgebildeter Küchenmeister, seinen ersten Michelin-Stern im Restaurant ***oben*** bei Leimen. Derzeit ist ein Umzug des drei Jahre alten Restaurants geplant, das im Frühjahr 2017 in neuem Gewand wiedereröffnen wird.

WAS HAT SIE DAZU BEWEGT, BEI DIESEM PROJEKT MITZUWIRKEN?
Ich finde den Gedanken toll, die Spitzengastronomie und die Lieblingsgerichte der Flüchtlinge zu vereinen. Solch Charity-Projekte gibt es viel zu selten.

WAS HAT SIE ZU IHREM GERICHT INSPIRIERT?
Wir haben versucht, die Aromen der persischen Küchen mit den uns bekannten Techniken zu vereinen, um ein komplexeres Gericht entstehen zu lassen. Dabei spielen Texturen und Temperaturen sowie Akzente im süßfruchtigen, würzigen und sauren Bereich eine Rolle.

HABEN SIE EIN LEBENSMOTTO ODER SPRICHWORT, DAS SIE BESONDERS BEGLEITET?
Zeit, die wir uns nehmen, ist Zeit, die uns etwas gibt.

Aubergine

MIT PERSISCHEN AROMEN | GURKENJOGHURT

ROBERT RÄDEL

Für 4 Personen

FÜR DAS AUBERGINENRAGOUT:
1 große Aubergine
1 Schalotte
1 Knoblauchzehe
Olivenöl
100 ml Gemüsebrühe
Salz und Pfeffer
ein paar Safranfäden
1 Kardamomkapsel
Kreuzkümmel (Cumin)

FÜR DAS ROSENGELEE:
Rosenblütenblätter von ca. 10 roten Duftrosen
200 ml frisch gepresster Limettensaft
300 g Gelierzucker 1:1

FÜR DIE SESAMCREME:
20 g geröstetes Tahin (Sesampaste)
20 g Crème fraîche

FÜR DEN SESAM-ZIEGENFRISCHKÄSE:
50 g Ziegenfrischkäse
Rosengelee (s. o.)
abgeriebene Schale von 1 Bio-Limette
Sesamöl
Salz
schwarzer Sesam

FÜR DAS JOGHURTMÜSLI:
10 g geröstetes Weißbrot
10 g Rohrzucker
3 g Joghurtpulver
5 g Maltodextrin (nicht süßer Zucker)

FÜR DEN GURKENJOGHURT:
1 Bio-Gurke
200 g Rahmjoghurt
½ Bund Dill
½ Bund Minze
frisch gepresster Saft von 1 Zitrone
Salz und Pfeffer
2 Blatt Gelatine

FÜR DEN GEFRORENEN JOGHURT:
1 Bio-Limette
30 g Rahmjoghurt
5 g Zucker

FÜR DIE EINGELEGTE GURKE:
1 kleine Bio-Gurke
5 ml Gin
Salz und Zucker
frisch gepresster Limettensaft
Minzöl

ZUM SERVIEREN:
ausgehöhlte Babyauberginen
getrocknete Maulbeeren und Berberitzen
eingelegte, geröstete Perlzwiebeln
Kapuzinerkresse
Kornblumenblüten

kleine Kugelformen aus Silikon
2 Einmachgläser (à 250 ml)

Aubergine

MIT PERSISCHEN AROMEN | GURKENJOGHURT

Für das Ragout die Aubergine waschen und mit Schale im Ofen bei 170 °C (Umluft) ca. 20 Minuten garen. Dann vorsichtig aufschneiden und das Fruchtfleisch herausschaben.
Schalotte und Knoblauch schälen und fein schneiden. In einem Topf etwas Olivenöl erhitzen, Schalotte und Knoblauch darin farblos anschwitzen. Auberginenfruchtfleisch, Gemüsebrühe und Gewürze dazugeben und bei schwacher Hitze zu einem Kompott einkochen.

Für das Gelee die Rosenblütenblätter mit dem Limettensaft mixen, bis die Blätter in winzige Stücke geschnitten, aber nicht pastös sind. Mit dem Gelierzucker in einem Topf aufkochen, in Einmachgläser abfüllen und kalt stellen.

Für die Sesamcreme beide Zutaten miteinander verrühren und bis zum Servieren kalt stellen.
Den Frischkäse mit etwas Rosengelee, Limettenabrieb, Sesamöl und Salz leicht marinieren, zu kleinen Kugeln formen und anschließend in schwarzem Sesam rollen.

Für das Müsli alle Zutaten miteinander mixen.

Für den Gurkenjoghurt alle Zutaten außer der Gelatine im Standmixer fein pürieren und anschließend durch ein feines Sieb passieren. Die Gelatine einweichen und mit einem Fünftel der Gurkenjoghurtmasse leicht erwärmen, bis sie sich auflöst. Danach in den restlichen Joghurt einrühren. Bis zum Servieren kalt stellen.

Für den gefrorenen Joghurt die Limette waschen, abtrocknen und die Schale fein abreiben. Die Frucht halbieren und 1 EL Saft auspressen. Den Joghurt mit Limettensaft und -abrieb sowie Zucker mischen und in kleinen Kugelformen einfrieren.

Die Gurke waschen und in Scheiben schneiden, dann mit den restlichen Zutaten marinieren.

Alle Gurken- und Joghurtelemente in kleinen ausgehöhlten Auberginen anrichten. Das Auberginenragout kreisförmig auf kleine Teller streichen und die restlichen Zutaten darauf platzieren. Mit Maulbeeren, Berberitzen, Perlzwiebeln, Kresse und Blüten garniert servieren.

Hassan

Mein Name ist HASSAN, ich bin 30 Jahre alt und komme aus Marivan, einer Stadt in der westiranischen Provinz Kurdistan an der irakischen Grenze. Die meisten Einwohner sind Kurden, so wie ich auch. Allerdings bin ich das nur auf dem Papier, denn für mich sind Nationalität oder Herkunft nicht wichtig.

Seit sechs Jahren lebe ich nun in Deutschland, ich studiere Soziologie und Anthropologie an der Universität in Heidelberg. Ich wünsche mir, bald promovieren zu können, gerne in den Fächern Soziologie und Philosophie. Ich genieße das Leben in Deutschland, hier darf ich so sein, wie ich bin, so leben, wie ich möchte, und denken, was ich will. In meiner Heimatstadt durfte ich all das wegen meiner politischen Einstellung leider nicht.

Ich bin und war auch bereits im Iran bekennender Atheist und Kommunist und gehörte der Komala-Partei an, einer kurdisch-marxistisch-leninistischen Organisation. Sie ist neben der demokratischen Kurdisch-Iranischen Partei die größte politische Bewegung im Iran. Diese Partei ist im Iran verboten, wie alle anderen Parteien auch, ihre Mitglieder und Anhänger wurden und werden verfolgt. Auch ich stand wegen meiner politischen Aktivitäten an der Uni in Mazandaran und wegen des Vorwurfs, Anhänger der Komala-Partei zu sein, ständig unter Kontrolle.

All diese Erfahrungen haben mein Leben natürlich total verändert. Ein Mensch mit diesen Überzeugungen und diesem Glauben bzw. Unglauben gilt in meinem Land Iran als Aufständischer. Als Kommunist war ich zudem stark politisch aktiv und habe mich gegen den Islam gestellt. Deswegen wurde ich insgesamt viermal verhaftet und saß nur aufgrund der Tatsache, dass ich nicht an etwas glauben wollte, über ein Jahr im Gefängnis. Ich hatte Todesängste dort, denn ich wusste, dass gegen Atheisten teilweise die Todesstrafe verhängt wird. Dennoch stand ich immer zu meiner Einstellung. Ich wurde körperlich und psychisch gefoltert, sie haben immer wieder mit dem Tod gedroht, sie haben uns grün und blau geschlagen und sogar versucht, uns zu vergewaltigen, aber dagegen konnten wir uns wehren.

Als ich nach der vierten Verhaftung endlich auf freien Fuß kam, warum, weiß ich bis heute nicht, entschied ich mich, das Land zu verlassen. Im Jahr 2007 ergriff ich gemeinsam mit meiner Freundin und meinen Schwestern die Flucht. Wir sind in Marivan gestartet, um von dort nach Kurdistan im Irak zu kommen. Ich habe drei Jahre in Kurdistan gelebt und war Mitglied von Komala. Ich konnte aber nicht länger in Kurdistan bleiben, ich hatte kein Visum und auch keine Aufenthaltserlaubnis. Ende 2010 bin ich deswegen mit meiner Freundin aus Kurdistan über Syrien in die Türkei gelaufen. Wir haben kaum pausiert, sind immer weitergelaufen, bis wir schließlich in Istanbul ankamen. Dort konnten wir mit einem viel zu kleinen Dolmusch, einem Sammeltaxi, nach Edirne an die griechische Grenze fahren, wo wir den Grenzfluss Maritsa erreicht haben. Hier sollten wir auf ein Boot umsteigen.

Hassan

Das Boot war sehr klein, ein aufblasbares Gummiboot, das wir erst einmal aufpusten mussten. Ich dachte zunächst, dass wir maximal zu viert darauf Platz haben werden, am Ende aber waren wir zwölf Personen. Wir fuhren trotzdem los, mit unseren Händen mussten wir paddeln. Das Boot war völlig überladen und lief mit Wasser voll. Nach einiger Zeit hörten wir ein größeres Boot kommen, wir hatten Angst und duckten uns, dann fielen erste Schüsse, die in unsere Richtung zielten. Das Boot wurde getroffen und sank! Sechs Personen haben es leider nicht geschafft und sind ertrunken, die meisten von ihnen konnten nicht schwimmen. Die türkischen Polizisten auf dem Boot hatten sie entdeckt, aber sie wollten nicht helfen, haben immer wieder auf Türkisch und Englisch gedroht, sie zu erschießen. Wir haben alles versucht, was wir konnten, um ihnen zu helfen, aber mussten sie wieder loslassen, da wir es sonst auch nicht geschafft hätten. Mit letzter Mühe konnten meine Freundin und ich uns an einem Baum festhalten, der im Fluss trieb. Nach etwa 16 Stunden kam die griechische Polizei und brachte uns nach Athen. Als wir endlich in Sicherheit waren, waren wir natürlich überglücklich, es geschafft zu haben, andererseits aber auch todtraurig, dass auf dieser Flucht sechs Menschen ihr Leben verloren haben und wir ihnen nicht helfen konnten.

Von Athen ging es dann mit dem Flugzeug weiter. Wir haben versucht, von Frankreich aus nach Großbritannien zu kommen, aber das hat nicht geklappt. So sind wir mit dem Zug zunächst nach Brüssel und von dort aus nach Köln gefahren. Es war eine lange Flucht mit vielen Strapazen, auf der wir auch noch unsere Papiere verloren hatten. Wir konnten uns nicht ausweisen und wurden daher von der deutschen Polizei einen Tag lang inhaftiert. Wir wurden mit dem Zug nach Karlsruhe gebracht; in Herrenberg, in der Nähe von Stuttgart, wurde dann auch unser gemeinsamer Sohn geboren. Mittlerweile haben meine Freundin und ich uns getrennt, ich lebe jetzt in Heidelberg.

Ich habe mich entschieden, vegetarisch zu leben, esse weder Fleisch noch Fisch. Daher ist mein iranisches Lieblingsgericht *Ghormeh Sabzi* in seiner vegetarischen Version. Dafür sind drei verschiedene Kräuter besonders wichtig: Petersilie, Bockshornklee und Ackerlauch. Außerdem gehören auch rote Bohnen dazu, die über einen längeren Zeitraum in Öl und Wasser gegart werden, bis sich das Öl oben absetzt. Das Ganze wird mit Limette verfeinert und mit Reis serviert. Ich selbst habe bereits in meiner Heimat viel gekocht und koche auch hier in Deutschland sehr gerne.

Ghormeh Sabzi

Den Lauch putzen und waschen, Zwiebel und Knoblauch schälen, anschließend alles hacken und beiseitelegen. Spinat, Petersilie und Koriander ebenfalls hacken. Die Bohnen durch ein Sieb abtropfen lassen.

Lauch, Zwiebel und Knoblauch in einem Topf mit etwas Olivenöl andünsten. Anschließend die gehackten Kräuter, den Spinat sowie den Klee dazugeben und mitschwitzen. In regelmäßigen Abständen umrühren. Salz, Pfeffer, Kurkuma und die abgetropften Bohnen dazugeben. Die Hitze erhöhen und alles kurz anbraten.

Mit 1 l Wasser aufgießen und etwa 1 Stunde bei niedriger Temperatur köcheln lassen. Zuletzt den Limettensaft zugeben und eventuell noch einmal mit Salz nachschmecken.

Für 4 Personen

1 Stange Lauch
1 Zwiebel
4 Knoblauchzehen
200 g Blattspinat
175 g Petersilie
175 g Koriandergrün
3 Dosen Kidneybohnen (à 400 g)
Olivenöl
2 EL Bockshornkleeblätter
Salz und Pfeffer
1 TL gemahlene Kurkuma
frisch gepresster Saft von 1 Limette

LOHBERGER
Le Nouveau Chef
Alex Nixdorf
EST. 2015
STANLEY DIAMOND

Alex

ALEX NIXDORF, Kölsche Frohnatur, begann 2002 seine Lehre im ***Schlosshotel Lerbach*** (3 Michelin-Sterne). Anschließend verfeinerte er seine Kochkünste auf der ganzen Welt, unter anderem in mehreren Sterneküchen in Europa und Südafrika. Seit 2015 ist er als Küchenchef im ***Stanley Diamond*** in Frankfurt am Main verantwortlich, wo er sich den europäischen Klassikern widmet, diese neu interpretiert und ihnen seinen eigenen Stempel aufdrückt.

GIBT ES ZUTATEN AUS DEN FLÜCHTLINGSLÄNDERN, DIE SIE HÄUFIGER VERWENDEN?
Die Gewürze aus Ländern wie dem Irak und Iran, wie zum Beispiel Schwarzkümmel oder Cumin, aber auch gerösteter Sesam, sind sehr interessant und ich arbeite gerne mit ihnen. Auch wenn sich nicht alle für unsere europäische Küche eignen, gibt es doch einige, die ich häufiger verwende.

HABEN SIE EINE BESONDERE VERBINDUNG ZU DER GEWÄHLTEN KÜCHE?
Ich hatte während meiner Lehre einige Arbeitskollegen aus anderen Ländern wie Südafrika, der Türkei oder auch Saudi-Arabien, durch die ich sehr viel mitgenommen und so einen gewissen Bezug zu diesen Küchen erhalten habe.

WAS HAT SIE ZU DEM GERICHT INSPIRIERT?
Ein alter Freund aus Südafrika mit persischen Wurzeln. Mit ihm habe ich vor einigen Jahren an einem ähnlichen Gericht gearbeitet und dieses nun verfeinert.

Gebratener wilder Island-Heilbutt

FALAFELN | EINGELEGTE GURKE | DUGH

ALEX NIXDORF

Gebratener wilder Island-Heilbutt

FALAFELN | EINGELEGTE GURKE | DUGH

Die Salatgurke waschen, schälen, halbieren und das Kerngehäuse entfernen. Die Schale in feine Julienne schneiden und bis zum Anrichten kalt stellen. Die Gurke in ca. 5 cm lange Balken zerkleinern, dann gleichmäßig in dicke Streifen aufschneiden. Fond, Balsamico, Zucker, etwas Salz und Kurkuma zusammen aufkochen. Die Gurkenstreifen in ein Weckglas geben und den aufgekochten Fond darübergießen. Das Glas verschließen und die Gurke mindestens 2 Tage ziehen lassen. Geöffnet und kühl gelagert hält sie sich etwa 5 Tage.

Für die Falafeln die Kichererbsen mit dem Zwiebelviertel über Nacht in Wasser einweichen. Anschließend abgießen, die Zwiebel entfernen und die Kichererbsen in frischem Wasser mit dem Lorbeer weich garen.

Das Toastbrot in Wasser einweichen und ausdrücken. Rote Zwiebeln und Knoblauch schälen und in kleine Würfel schneiden. Die Kräuter fein hacken. Die Kichererbsen anpürieren und mit Zwiebeln, Knoblauch, Petersilie, Koriander, Ei, Backpulver, Zitronenschale und ausgedrücktem Toast vermengen. Cumin und Koriander im Mörser zerstoßen und zusammen mit dem Mehl unter die Falafelmasse heben. Mit Salz und Pfeffer abschmecken. Nach Belieben noch etwas Chili zugeben. Die Masse mit einem Esslöffel portionieren und zu Kugeln formen. Vor dem Servieren in 180 °C heißem Pflanzenöl ca. 1–2 Minuten kross ausbacken.

Für das Dugh die Gurke waschen, halbieren und in kleinere Würfel zerteilen. Den Knoblauch schälen und klein schneiden. Die Limette waschen, abtrocknen und die Schale fein abreiben. Dann die Frucht halbieren und den Saft auspressen. Die Gurkenwürfel mit Salz, Pfeffer, Zucker, Senf sowie Limettensaft und -abrieb mischen. 15 Minuten kalt gestellt marinieren. Die Kräuter fein hacken. Anschließend den Joghurt und die Kräuter mit dem Pürierstab unter die Gurke mixen. Nicht zu fein pürieren, das Ganze sollte noch Biss haben! Pikant mit Salz und Pfeffer abschmecken.

Für den Schaum den Joghurt glattrühren, dabei 200 ml kaltes Wasser vorsichtig zugeben. Die Minze zu Julienne schneiden und untermengen.
Die Zitrone waschen, abtrocknen und die Schale fein abreiben. Dann die Frucht halbieren und den Saft auspressen. Den Joghurt mit Salz, Pfeffer sowie Zitronensaft und -abrieb abschmecken. Vor dem Servieren mit dem Stabmixer aufschäumen.

Für den Fisch den Backofen auf 140 °C (Ober-/Unterhitze) vorheizen. Etwas Pflanzenöl stark erhitzen, die Filets salzen und im heißen Öl in einer beschichteten Pfanne scharf anbraten. Anschließend mit der Pfanne für 2–3 Minuten in den Ofen schieben. Den Fisch auf dem Herd mit ausgelassener Butter und Zitronenthymian fertig garen.

Zum Anrichten den gebratenen Heilbutt in die Tellermitte legen. Auf beiden Seiten parallel zum Fisch je zwei Falafeln drapieren. Die eingelegten Gurkenstreifen aufrollen (am besten um den Finger) und je eine zwischen die Falafeln setzen. Die Röllchen mit griechischem Joghurt füllen und mit roter Shisokresse garnieren. Neben die Falafeln kleine Punkte griechischen Joghurts setzen und mit grüner Shisokresse bestücken. Die rohen Gurkenjulienne mit den eingelegten Gurkenstreifen binden und auf den Fisch setzen. Eine halbierte Falafel anlegen. Das Dugh in einem separaten Gefäß servieren und den Dughschaum in einem Glas dazureichen.

Für 4 Personen

FÜR DIE EINGELEGTE GURKE:

1 Bio-Salatgurke
200 ml Gewürzgurkenfond
125 ml weißer Balsamicoessig
100 g Zucker
Salz
1 TL gemahlene Kurkuma

FÜR DIE FALAFELN:

200 g getrocknete Kichererbsen
¼ Zwiebel
2 Lorbeerblätter
2 Scheiben Toast
2 mittelgroße rote Zwiebeln
2 Knoblauchzehen
¼ Bund glatte Petersilie
½ Bund Koriandergrün
1 Bio-Ei
1 Msp. Backpulver
abgeriebene Schale von 1 Bio-Zitrone
1 TL Kreuzkümmelsamen (Cumin)
1 TL Koriandersamen
2 EL Mehl
Salz und Pfeffer
gemahlene Chili (nach Belieben)
Pflanzenöl

FÜR DAS DUGH:

1 Bio-Salatgurke
2 Knoblauchzehen
1 Bio-Limette
Salz, Pfeffer und Zucker
1 TL Senf
1 Bund glatte Petersilie
½ Bund Dill
10 Minzeblätter
500 g griechischer Joghurt

FÜR DEN DUGHSCHAUM:

200 g griechischer Joghurt
10 Minzeblätter
1 Bio-Zitrone
Salz und Pfeffer

FÜR DEN HEILBUTT:

Pflanzenöl
4 Heilbuttfilets (à 160 g)
Salz
1 EL Butter
4 Stängel Zitronenthymian

ZUM SERVIEREN:

griechischer Joghurt
rote und grüne Shisokresse

Weckglas (à 500 ml)

Cédric Schwitzer

Cédric

Nach seiner Ausbildung zum Koch verließ CÉDRIC SCHWITZER seine Heimat Frankreich in Richtung Deutschland. Nach Stationen unter anderem in der *Villa Hammerschmiede* (1 Michelin-Stern) und dem *Restaurant Bareiss* (3 Michelin-Sterne) erfüllte er sich 2014 einen Traum und eröffnete *Schwitzer's Hotel am Park*. Kurz darauf erkochte er sich mit seiner behutsam modernen, klassischen Küche einen Michelin-Stern und wurde als »Entdeckung des Jahres« vom *Gault Millau* ausgezeichnet. 2016 eröffnete er *Schwitzer's Brasserie & Lounge*.

GIBT ES ZUTATEN AUS DEN FLÜCHTLINGSLÄNDERN, DIE SIE HÄUFIGER BENUTZEN?

Zum Beispiel wilde Feigen aus dem Iran, verschiedene Gewürze wie Baharat, Kardamom und Safran oder auch Trockenfrüchte.

WAS HAT SIE ZU IHREM GERICHT INSPIRIERT?

Ein Gericht auf unserer Karte mit Rotbarbe und natürlich das Ursprungsgericht *Mahi-Sefid-e Shekam-Por* aus dem Iran waren grundlegend für meine Kreation.

HABEN SIE EIN LEBENSMOTTO ODER SPRICHWORT, DAS SIE BESONDERS BEGLEITET?

Bleib niemals stehen, denn das Leben geht weiter!

Gefüllter Wolfsbarsch

MAHI-SEFID-E SHEKAM-POR

CÉDRIC SCHWITZER

Gefüllter Wolfsbarsch

MAHI-SEFID-E SHEKAM-POR

Für die Feigen aus Rot- und Portwein, Lorbeerblatt, Sternanis, Nelke, Piment und Wacholderbeeren einen Gewürzsud kochen und 30 Minuten ziehen lassen. Den Sud über die Feigen gießen und in einem Einweckglas 3 Tage kühl stellen.

Für den Pulpo Fenchel, Tomaten, Paprika, Schalotten und Staudensellerie je nach Erfordernis waschen, putzen, schälen und klein schneiden. Einen Topf mit 1 l Wasser aufsetzen und aus Gemüse und Balsamico einen Fond kochen. Den Pulpo darin 35 Minuten garen, dann alles abpassieren, den Oktopus in 5 cm lange Streifen schneiden und warm halten. Den aufgefangenen Sud auf 100 ml einkochen lassen, dann aufbuttern und abschmecken.

Für die Walnusscreme die Walnüsse in einer Pfanne ohne Fett rösten, dann fein mixen. Die Milch aufkochen und das Walnusspulver einrühren. Etwa 10 Minuten ziehen lassen, dann abpassieren, mit Salz und Pfeffer abschmecken und mit Agar-Agar auf 500 ml abbinden. Die Flüssigkeit nochmals 3 Sekunden aufkochen.

Für das Aprikosengel das Aprikosenmark mit Salz und Limettensaft abschmecken und mit der vegetarischen Gelatine abbinden.

Für die Aiolicreme das Eigelb mit der Knoblauchzehe fein mixen, dann das Öl unter ständigem Rühren langsam einarbeiten. Anschließend die Crème fraîche unterheben und mit Salz und Pfeffer abschmecken.

Für den Loup de Mer den Backofen auf 200 °C (Ober-/Unterhitze) vorheizen. Das Gemüse je nach Bedarf waschen, putzen, schälen und klein schneiden. Den Wolfsbarsch salzen und pfeffern, dann mit Fenchel, Tomaten, Schalotten, Staudensellerie, Wermut, Thymian und Rosmarin in einen Bratschlauch legen. Den Schlauch zubinden und eine 1 cm kleine Öffnung als Dampfkamin einschneiden. Den Schlauch in einen Bräter legen und den Inhalt auf dem Herd aufkochen. Anschließend für 4 Minuten in den Ofen schieben. Dabei darauf achten, dass der Bratschlauch die Heizspirale des Ofens nicht berührt.

Zum Servieren alle Komponenten auf dem bzw. im Fisch nach eigener Kreativität drapieren.

Für 4 Personen

FÜR DIE WILDEN FEIGEN:
50 ml Rotwein
50 ml roter Portwein
1 Lorbeerblatt
1 Ecke Sternanis
1 Gewürznelke
2 Pimentkörner
2 Wacholderbeeren
100 g iranische wilde Feigen

FÜR DEN PULPO:
2 Fenchelknollen
6 Tomaten
1 rote Paprikaschote
10 Schalotten
1 Staudensellerie
100 ml weißer Balsamicoessig
1 Pulpo (Oktopus, ca. 500 g, küchenfertig)
50 g Butter
Salz und Pfeffer

FÜR DIE WALNUSSCREME:
300 g Walnusskerne
200 ml Milch
Salz und Pfeffer
5 g Agar-Agar

FÜR DAS APRIKOSENGEL:
200 g Aprikosenmark
Salz
frisch gepresster Saft von 1 Limette
10 g vegetarische Gelatine

FÜR DIE AIOLICREME:
1 Bio-Eigelb
½ Knoblauchzehe
200 ml Pflanzenöl
30 g Crème fraîche
Salz und Pfeffer

FÜR DEN LOUP DE MER:
1 Fenchelknolle
3 Tomaten
5 Schalotten
½ Stange Staudensellerie
1 Loup de Mer (Wolfsbarsch, ca. 1 kg oder mehr, küchenfertig)
Salz und Pfeffer
100 ml Wermut
je 2 Zweige Thymian und Rosmarin

ZUM SERVIEREN:
Wildkräuter
Granatapfelkerne
kandierte Zitrone
kandierte schwarze Oliven
gegrillte Aprikosenspalten
2 sautierte Garnelen

Bratschlauch
Einweckglas (à 250 ml)

Arezoo

Mein Name ist AREZOO, ich bin 35 Jahre alt und komme aus Teheran, der Hauptstadt meines Heimatlandes Iran. Teheran ist das bedeutendste Wirtschafts-, Wissenschafts- und Kulturzentrum im Iran und die Industrie- und Handelsstadt.

Muslime, die zum Christentum konvertieren oder sich dafür entscheiden, Atheist zu werden, haben es in meinem Heimatland nicht leicht. Ich bin bekennende Atheistin, in islamisch geprägten Kulturen fallen Atheisten unter den Begriff »Kafir«, was übersetzt so viel bedeutet wie »Ungläubiger« oder aber auch »Gottesleugner«.

Nun gut, ich stehe dazu, und es war mein freier Wille, eine Atheistin zu sein; ich konnte mich einfach nicht mit einer Religion identifizieren, auch mit dem Islam nicht. Nach der Scharia, dem islamischen Rechtssystem, ist mein Glaube bzw. meine Überzeugung im Iran mit der Todesstrafe zu ahnden. Auch im unmittelbaren Umfeld wurde das Leben für mich immer schwieriger. Ich wurde abgelehnt von den Menschen in meiner Umgebung nur aufgrund meines Glaubens bzw. Nichtglaubens. Ich bin relativ offen mit dieser Einstellung durch das Leben gegangen, meine Familie hat es akzeptiert, viele meiner Freunde allerdings nicht.

Auf der Straße wurde ich von der islamischen Religionspolizei aufgegriffen, verhaftet und unter Druck gesetzt; dabei tat ich nichts Unrechtes, ich wollte mich einfach nur nicht dem Islam anschließen. Für 15 Tage sperrten sie mich ins Gefängnis ein, bis ich gegen Kaution freikam. Noch an jenem Tag habe ich den Entschluss gefasst, in eine für mich bessere Welt zu gehen, in eine Welt, in der ich nicht um mein Leben fürchten muss, in eine Welt, in der ich so akzeptiert werde, wie ich bin und mit dem, was ich glaube.

Von der islamischen Religionspolizei hatte ich allerdings die Auflage bekommen, das Land nicht zu verlassen, daher musste ich mir gefälschte Papiere besorgen, nur so konnte ich fliehen und über die Grenzen gelangen. Vom Iran aus machte ich mich zu Fuß auf in Richtung Türkei. Meine größten Leidenschaften sind das Bergsteigen und Wandern, das hat mir auf meiner Flucht sehr geholfen.

Knapp vier Wochen hat der Fußmarsch gedauert, 2.500 Kilometer habe ich in dieser Zeit zurückgelegt. In Izmir angekommen, lernte ich dann einen Schlepper kennen, der mich zusammen mit anderen Geflüchteten mit einem Boot nach Athen brachte. Es war ein kleines Motorboot für acht Personen, am Ende waren wir aber knapp 20 Geflüchtete. In Athen blieb ich nicht lange, ich bin direkt weitergelaufen in Richtung Mazedonien. Dort war es fürchterlich, so viele Geflüchtete, es waren sicherlich mehr als 3.000 Menschen in einem kleinen Camp. Das größte Problem aber war, dass die Polizei die Grenzen geschlossen hatte. Ich habe mich dann alleine wieder auf den Weg gemacht, um diese Grenze zu überqueren. Ich bin nachts durch den Wald gelaufen und hatte es auch schon fast geschafft, da kam die Polizei, hat mich wieder verhaftet und zurückgebracht.

Nach knapp zwei Monaten wurden die Grenzen endlich wieder geöffnet und ich konnte meine Reise in Richtung Deutschland fortsetzen. Und irgendwann bin ich auch angekommen. Hier wohne ich nun in Heidelberg, in einem kleinen Zimmer. Meine Lieblingsbeschäftigungen sind Joggen und Klettern. Joggen gehe ich fast jeden Tag, es gibt mir Kraft, und ich kann dabei vieles vergessen – oder auch an meine Heimat Iran denken.

Nach Hause in den Iran zurück kann ich bislang nicht, die islamische Religionspolizei würde mich sofort wieder verhaften, und dann droht mir die Todesstrafe. Zurzeit habe ich nur den sogenannten Duldungsstatus, kann daher noch nicht an einem Deutschkurs teilnehmen. Ich hoffe aber, dass ich bald einen Deutschkurs machen darf und dann vielleicht sogar einmal Touristenführerin in Heidelberg werden kann. Ich mag den Umgang mit Menschen. Früher habe ich immer davon geträumt, Sport zu studieren.

Mein Lieblingsgericht ist der iranische *Kabab*. Der *Tshelo Kabab* zum Beispiel wird am Spieß gegrillt, am besten über offenem Feuer, und schön kräftig gewürzt. Wir nehmen immer Lamm dafür und servieren ihn mit persischem Duftreis.

Tshelo Kabab

Zwiebel und Knoblauch schälen und fein würfeln. Die Chilischoten waschen, putzen, längs halbieren, entkernen und in feine Streifen schneiden. Den Koriander fein hacken und das Ei verquirlen. Das Hackfleisch mit allen Zutaten gut vermengen und mit Salz abschmecken, anschließend mindestens 8 Stunden kühl gestellt marinieren lassen.

Auf Spießen in die typisch längliche Form bringen und auf dem Grill oder in einer Pfanne braten.

Für 4 Personen

1 Zwiebel
2 Knoblauchzehen
2 Chilischoten
1 Bund Koriandergrün
1 Ei
500 g Lamm- oder Rinderhack
1 TL gemahlener Kreuzkümmel (Cumin)
½ TL Kurkuma
Salz

Iran

JEUNES
RESTAURATEURS
D'EUROPE

Martin

MARTIN SCHARFF begann seine Karriere unter Harald Wohlfahrt und Jörg Müller. 1991 wurde er mit seinem ersten Stern im *Guide Michelin* ausgezeichnet und hält diesen seitdem. Im Jahr darauf kürte ihn der *Feinschmecker* zum »Aufsteiger des Jahres«. 2012 übernahm er die Leitung des *Heidelberger Schloss-Restaurants*. In seinen Gerichten setzt er besonders auf Kräuter. Dadurch kreiert er neue Geschmackskombinationen mit dem Einfluss einer französisch-mediterranen Kräuterküche.

ARBEITEN BEI IHNEN FLÜCHTLINGE IM BETRIEB?

Ja, Mudassar aus Pakistan. Er erzählt seine bewegende Geschichte auf Seite 225.

WAS HAT SIE DAZU BEWEGT, BEI DIESEM PROJEKT MITZUWIRKEN?

Humane Verpflichtung denjenigen gegenüber, die es nicht so gut haben wie wir. Wir können uns glücklich schätzen mit der herrschenden sozialen Sicherheit und dem Frieden im Land.

WAS HAT SIE ZU IHREM GERICHT INSPIRIERT?

Ein Gespräch mit einer langjährigen Mitarbeiterin, die gebürtig aus dem Iran stammt.

HABEN SIE EIN LEBENSMOTTO ODER SPRICHWORT, DAS SIE BESONDERS BEGLEITET?

Die sich suchen, die werden sich finden.

MARTIN SCHARFF

Zereshk Polo à la Scharff

PERSISCHES NATIONALGERICHT

Für 4 Personen

FÜR DEN REIS:
2 Schalotten
50 g Butter
200 g Sadri-Reis
50 g Berberitzen
600 ml Geflügelfond
½ Zwiebel
3 Lorbeerblätter
3 Gewürznelken

FÜR DIE PERLHUHNBRUST:
2 EL Pflanzenöl
4 Perlhuhnbrüste (à 200 g)
1 Knoblauchzehe
½ Schalotte
1 Zweig Rosmarin

FÜR DIE SAFRANSAUCE:
1 Schalotte
Butter
400 ml Geflügelfond
100 ml Weißwein
4 EL Noilly Prat (französischer Wermut)
6 Safranfäden
200 g Sahne
Salz und Pfeffer
Tabasco

ZUM SERVIEREN:
angeschwitzte Schalottenringe
2 EL eingeweichte Berberitzen
4 EL karamellisierte Pistazien

Für den Reis die Schalotten schälen, fein schneiden und in einem Topf mit Butter farblos anschwitzen. Reis sowie Berberitzen dazugeben und den Geflügelfond im Verhältnis 3:1 zum Reis angießen. So lange bei geschlossenem Deckel köcheln lassen, bis die gesamte Flüssigkeit aufgenommen und der Reis gar ist. Dabei regelmäßig umrühren. Zur Geschmacksverbesserung eine halbe Zwiebel mit Lorbeerblättern und Nelken spicken und in den Reis legen.

Während der Reis gart, den Backofen auf 140 °C (Umluft) vorheizen. Das Pflanzenöl in einer Pfanne erhitzen und die Perlhuhnbrüste auf der Hautseite scharf anbraten, bis die Haut kross ist. Die Brust wenden und auf der anderen Seite nur kurz anrösten. Dann das Fleisch wieder auf die Hautseite drehen. Knoblauch und Schalotte schälen. Den Knoblauch halbieren, die Schalotte grob zerkleinern. Beides mit dem Rosmarin zum Fleisch geben und die Pfanne auf der mittleren Schiene in den Ofen schieben. Das Fleisch 10–15 Minuten weitergaren, bis die Kerntemperatur in der Brust ca. 60 °C erreicht hat und das Fleisch noch schön saftig ist.

Für die Sauce die Schalotte schälen, fein schneiden und in etwas Butter anschwitzen. Mit Geflügelfond, Weißwein und Noilly Prat ablöschen. Den Safran untermischen und die Flüssigkeit aufkochen, bis sie auf die Hälfte einreduziert ist. Die Sahne zugießen und dickflüssig ebenfalls bis zur Hälfte einkochen lassen. Mit Salz, Pfeffer und ein wenig Tabasco abschmecken.

Zum Servieren den Reis auf vier Tellern anrichten, darauf die Perlhuhnbrust platzieren. Etwas Sauce um den Reis gießen. Zum Verfeinern angeschwitzte feine Schalottenringe sowie ein paar Berberitzen auf das Perlhuhn setzen und die Pistazien sowie die restlichen Berberitzen dekorativ auf der Sauce verteilen.

Maximilian

MAXIMILIAN MOSER

absolvierte 2004 eine Ausbildung zum Koch bei Alois Dallmayr in München. Seit 2012 ist er Küchenchef im ***Hotel Vier Jahreszeiten Starnberg*** und dem dazugehörigen ***Gourmetrestaurant Aubergine*** (1 Michelin-Stern). Je nach Saison und Inspiration steht stets ein spezielles Produkt im Zentrum seiner Food-Kreationen, ganz nach dem Motto: »Es muss einen Helden geben.«

HATTEN SIE MAL EIN BESONDERS EINPRÄGSAMES ERLEBNIS MIT EINEM FLÜCHTLING?

Ich kann nur sagen, dass ich noch nie auch nur im Geringsten eine negative Erfahrung mit einem Geflüchteten gemacht habe. Wenn man sich die Situation in diesen Ländern anschaut, ist es eine ganz normale menschliche Reaktion, in ein stabiles und sichereres Land zu fliehen.

WAS HAT SIE DAZU BEWEGT, BEI DIESEM PROJEKT MITZUWIRKEN?

In Deutschland wächst der Mangel an Fachkräften schon seit Jahren. Durch die vielen Geflüchteten bietet sich uns die Chance, diesen Mangel zu decken. Dafür ist es wichtig, die Menschen bei der Integration bestmöglich zu unterstützen und ihnen in ihrer Entwicklung zu helfen. Mit diesem Projekt können wir unseren Beitrag dazu leisten.

WAS HAT SIE ZU IHREM GERICHT INSPIRIERT?

In unserem Küchenteam arbeitet ein junger Mann aus dem Iran, der als Flüchtling hierhergekommen ist. Mit ihm gemeinsam habe ich dieses Gericht entworfen.

Gebackene Panisse

MIT MINZJOGHURT UND GEMÜSE

MAXIMILIAN MOSER

Gebackene Panisse

MIT MINZJOGHURT UND GEMÜSE

Für das Gemüse Karotten und Perlzwiebeln putzen und schälen. Den Zucker in einem Topf karamellisieren und mit Essig ablöschen. Die Gewürze und 100 ml Wasser einrühren. Nun den Fond aufkochen, Karotten und Perlzwiebeln dazugeben und je nach Größe der Karotten ca. 1 Minute köcheln lassen. Den Fond anschließend auf Eis abkühlen und das Gemüse mindestens 1 Tag im Sud im Kühlschrank ziehen lassen.

Für das Sorbet die Karotten putzen, schälen und in ca. 1 cm große Würfel schneiden. In einem Vakuumbeutel ca. 30 Minuten bei 100 °C garen. Alternativ die Karotten mit etwas Wasser und dem Orangensaft in einem Topf kochen. Den Ingwer schälen und fein reiben. Die gegarten Karotten mit den restlichen Zutaten mixen und in einem Pacojet-Becher 12 Stunden durchfrieren. Alternativ die gegarten Karotten im Tiefkühler einfrieren und anschließend mit den restlichen Zutaten in einem Standmixer fein pürieren. So erhält man ebenfalls ein cremiges Sorbet. Bis zum Servieren gefrieren.

Für die Panisse den Fond in einem Topf erwärmen (nicht kochen) und Olivenöl, Kichererbsenmehl, Knoblauch und Gewürze hinzugeben. Mit einem Stabmixer kräftig mixen. Dann unter ständigem Rühren die Masse abbrennen (binden), bis sich am Topfboden ein weißer Belag bildet. Die Masse ca. 1 cm hoch in ein Blech gießen und im Kühlschrank abkühlen lassen.

Für den Joghurt die Minzeblätter fein hacken, mit Joghurt und Quark vermengen und mit Zitronensaft, Salz und Zucker abschmecken.

Die Tapiokaperlen für 7 Minuten in ausreichend Wasser kochen, dann in einem Sieb unter fließendem Wasser abkühlen. Die Granatäpfel ausbrechen. Die Kerne mit dem Zucker mixen und den Saft durch ein feines Sieb gießen. Die Tapiokaperlen mit einem Teil des Granatapfelsafts marinieren. Den restlichen Saft mit Lecithin aufschäumen und zum Dekorieren beiseitestellen.

Den Maiskolben in gezuckertem und gesalzenem Wasser gar kochen. Anschließend gewünschte Ornamente aus dem Maiskolben schneiden und diese mit einem Bunsenbrenner abbrennen.

Zum Servieren die Panisse-Taler in zwei unterschiedlichen Größen ausstechen. Die Taler in Kichererbsenmehl wälzen und in heißem Öl goldbraun ausbacken. Alle Bestandteile des Gerichts in gewünschter Anordnung auf den Tellern anrichten und nach Belieben mit Olivenscheiben, Granatapfelschaum und Kapuzinerkresse ausdekorieren.

Für 6 Personen

FÜR DAS EINGELEGTE GEMÜSE:

6 Minikarotten
9 Perlzwiebeln
50 g Zucker
100 ml Essig
Senfkörner
1 Lorbeerblatt
Pfefferkörner
1 Sternanis
1 Kardamomkapsel
1 Muskatblüte (Macis)
1 Prise Zimt

FÜR DAS KAROTTEN-INGWER-SORBET:

250 g Karotten
50 ml frisch gepresster Orangensaft, bei Bedarf
3 g frischer Ingwer
30 g Puderzucker
1 Spritzer Zitronensaft
Salz

FÜR DIE PANISSE:

500 ml Geflügelfond
75 ml Olivenöl
100 g Kichererbsenmehl, plus mehr zum Panieren
⅓ Knoblauchzehe
Salz und Zucker
Baharat (orientalische Gewürzmischung, s. S. 46)
500 ml Rapsöl zum Frittieren

FÜR DEN JOGHURT:

6 Minzeblätter
100 g griechischer Joghurt
30 g Speisequark
frisch gepresster Zitronensaft
Salz und Zucker

FÜR DIE GRANATAPFEL-TAPIOKAPERLEN:

30 g Tapiokaperlen (ca. 2 mm Ø)
2 Granatäpfel
30 g Zucker
2 g Lecithin (Emulgator)

FÜR DEN MAIS:

1 Maiskolben
Salz und Zucker

ZUM SERVIEREN (NACH BELIEBEN):

in Scheiben geschnittene schwarze Oliven
Kapuzinerkresse

Bunsenbrenner

DES JAHRES
Peter Bogdanovic
DICK
Traditionsmarke der Profis

Peter

PETER BOGDANOVIC, 31, ist Küchenchef im *Ganter Hotel & Restaurant Mohren* auf der Insel Reichenau bei Konstanz am Bodensee. Sein Küchenstil lässt sich am ehesten als weltoffene Aromenküche und moderne Interpretation der saisonalen Regionalküche mit asiatischen Einflüssen beschreiben. Begonnen hat er seine Karriere mit einer Ausbildung im *Landhotel Bayerische Alm* in Burghausen, sie führte ihn über zahlreiche gehobene und Sterne-Restaurants im In- und Ausland.

WAS HAT SIE DAZU BEWEGT, BEI DIESEM PROJEKT MITZUWIRKEN?

Ich fand die Idee, die Küchen verschiedener Flüchtlingsländer näher kennenzulernen und gleichzeitig damit etwas Gutes zu tun, sehr gut und habe mich gefreut, als ich damals gefragt wurde, ob ich mitwirken möchte. Ich habe sofort zugesagt – Charity kann es einfach nie genug geben.

WAS HAT SIE ZU IHREM GERICHT INSPIRIERT?

Das Gericht Persischer Reis! Ich hab es einfach mal anders gemacht und es zum Dessert umgebaut. Von dem Ergebnis bin ich sehr begeistert.

HABEN SIE EIN LEBENSMOTTO ODER SPRICHWORT, DAS SIE BESONDERS BEGLEITET?

Wer rastet, der rostet. – Das ist mein Sprichwort, weil ich denke, wenn man im Leben etwas erreichen will, muss man auch hart dafür arbeiten.

Persischer Reis

MILCHREIS | APRIKOSE | SAFRAN | DUGH

PETER BOGDANOVIC

Persischer Reis

MILCHREIS | APRIKOSE | SAFRAN | DUGH

Für das Eis Zucker und Eigelb verrühren, bis sich der Zucker aufgelöst hat. Milch und Sahne erwärmen, dann Pektin sowie die Zucker-Eigelb-Mischung unter ständigem Rühren dazugeben, bis sich die Masse »zur Rose« abziehen lässt. Sofort in eine Schüssel füllen und diese auf Eiswasser kalt stellen. Den Kardamom in einer Pfanne ohne Fett rösten, bis er duftet, dann zur Eismasse geben und ziehen lassen, bis die Masse erkaltet ist. Anschließend durch ein feines Sieb passieren und in Pacojet-Becher oder eine Eismaschine abfüllen. Etwa 1 Tag frieren, oder bis zum Gebrauch. Alternativ im Tiefkühler gefrieren lassen, dabei immer wieder umrühren, damit sich möglichst kleine Eiskristalle bilden.

Für das Aprikosengel alle Zutaten mit Ausnahme des Limettensafts und des Cointreaus in einem kleinen Topf 3–5 Minuten lang sanft erhitzen, bis sich Agar-Agar und Gellan aufgelöst haben. Mit Limettensaft und etwas Cointreau abschmecken. Anschließend kalt stellen, bis das Gel fest ist. Die fest gewordene Masse glatt mixen und in eine Spritzflasche füllen. Bis zum Servieren kühl stellen.

Für das Dughgel die Limette waschen, abtrocknen und die Schale fein abreiben. Die Frucht halbieren und den Saft auspressen. Dugh, Agar-Agar, Gellan, Puderzucker und Maldonsalz in einem kleinen Topf ca. 3–5 Minuten erwärmen, bis sich alles aufgelöst hat. Die Flüssigkeit in eine Schüssel geben und kühl stellen, bis die Masse fest geworden ist. Das Dughgel mit Limettensaft und -abrieb abschmecken, dann fein mixen, bis es glatt ist. In einen Spritzbeutel füllen und das Gel bis zum Servieren kalt stellen.

Die Aprikosen waschen, vierteln und entsteinen, dann in einer Pfanne mit braunem Zucker karamellisieren. Mit Aprikosenschnaps ablöschen, beiseitestellen und bis zum Servieren gut durchziehen lassen.

Für die Schokoladensteine die weiße Schokolade im Wasserbad schmelzen und glatt rühren. Maltodextrin und Mandelöl mischen, dann die flüssige Schokolade einrühren. Wenn die Masse fest wird, diese in Frischhaltefolie wickeln und mindestens 30 Minuten kühl stellen. Dann kleine Steine formen und mithilfe einer Pfanne rund rollen. Die Schokolade luftdicht verschlossen bis zum Servieren im Gefrierfach lagern.

Für den Crumble den Backofen auf 170 °C (Umluft) vorheizen. Die Pistazien im Mixer fein mahlen. Alle Zutaten zügig zu einem glatten Teig vermengen, dann kühl stellen. Ein Backblech mit Backpapier auslegen und den Teig in Krümeln daraufstreuen, dann ca. 8–12 Minuten im Ofen backen. Auskühlen lassen und bis zum Gebrauch trocken lagern.

Für den Milchreis die Milch mit Gewürzen, Zucker und Creme de Cacao aufkochen, dann den Reis einrühren. Langsam weich kochen, bis er den richtigen Garpunkt erreicht hat, anschließend auf einem Backblech auskühlen lassen. Aus dem Reis ca. 30 g schwere Kugeln formen und im Mehl wälzen, dann in Vollei wenden und mit Panko sowie Kokosraspeln panieren. In einem tiefen Topf in 170 °C heißem Erdnussöl goldbraun ausfrittieren. Bis zum Servieren im Ofen bei 50 °C (Umluft) warm halten.

Zum Servieren alle Elemente nach Belieben auf Tellern anrichten und mit Shisokresse und Minze ausgarnieren.

Für 4 Personen

FÜR DAS KARDAMOMEIS:
100 g Zucker
125 g Bio-Eigelb
350 ml Vollmilch
150 g Sahne
2 g Pektin Rose (Geliermittel)
5 g Kardamomkapseln

FÜR DAS APRIKOSENGEL:
250 g Aprikosenmark
2 g Agar-Agar
2 g Gellan (Geliermittel)
Maldonsalz
heller Chardonnayessig
Mark von ¼ Vanilleschote
frisch gepresster Limettensaft (nach Geschmack)
etwas Cointreau

FÜR DAS DUGHGEL:
1 Bio-Limette
200 g Dugh (persisches Joghurtgetränk), alternativ Ayran
2 g Agar-Agar
2 g Gellan (Geliermittel)
10 g Puderzucker
Maldonsalz

FÜR DIE KARAMELLISIERTEN APRIKOSEN:
8 Aprikosen
etwas brauner Zucker
20 ml Aprikosenschnaps

FÜR DIE WEISSEN SCHOKOLADENSTEINE:
100 g weiße Schokolade
4 EL Maltodextrin (nicht süßer Zucker)
50 ml Mandelöl

FÜR DEN PISTAZIENCRUMBLE:
40 g Pistazienkerne
35 g Weizenmehl (Type 405)
50 g Butter
35 g Zucker
1 Prise Salz

FÜR DIE MILCHREISKUGELN:
1 ½ l Milch
½ Vanilleschote
¼ Zimtstange
ein paar Safranfäden
1 Sternanis
Maldonsalz
5 g frisch geriebener Ingwer
90 g brauner Zucker
30 g weißer Creme de Cacao
250 g Milchreis
Erdnussöl zum Frittieren

ZUM PANIEREN:
Mehl
Vollei
Pankomehl (japanisches Paniermehl)
Kokosraspel

ZUM SERVIEREN:
Shisokresse
Minze

Wa
Schwarzfederhuhn
Afgha

Afghanistan
Korinthen
Lakritze
Halbmond
nistan

Afghanistan

LAND DER BERGE, SCHLUCHTEN UND WÜSTEN

Ob im 4. Jahrhundert v. Chr. Alexander der Große bei seinem Feldzug Richtung Indien, später im 13. Jahrhundert die Mongolen, dann der venezianische Kaufmann Marco Polo oder die Briten, die im 19. Jahrhundert ihre Einheiten schickten, um ihre Kolonien abzusichern – sie alle mussten den über 50 Kilometer langen und auf einer Höhe von über 1.000 Metern gelegenen Khyberpass zwischen dem heutigen Afghanistan und Pakistan überwinden. Auch Babur, ein Fürst der Timuridendynastie, direkter Nachfahre des Dschingis Khan und Begründer des Mogulreichs Anfang des 16. Jahrhunderts, kam von Buchara in Usbekistan über den Khyberpass nach Afghanistan, machte Kabul zu seiner Hauptstadt und führte von dort aus Feldzüge gegen afghanische Stämme und das Sultanat von Delhi. Nicht nur strategisch, auch wirtschaftlich war dieser einzige Pass im Hindukusch eine der wichtigsten Verbindungen zwischen Zentralasien und dem indischen Subkontinent. Ein Teil der Strecke gehörte zur Seidenstraße.

Nicht ohne Grund wird Afghanistan auch als »Kreuzweg der Kulturen« oder »Drehscheibe der Völker« bezeichnet. Afghanistans Kultur entstand in einem Schmelztiegel vieler Völker und Religionen zwischen den höchsten Gipfeln im Hindukusch, wo die Seidenstraße verlief, zwischen beeindruckenden Wüstenregionen und bezaubernden Landschaften mit glitzernden Seen, üppigen Tälern und reißenden Flüssen. In den letzten Jahrzehnten nutzten allerdings viele Afghanen den Khyberpass als Fluchtweg nach Pakistan, um sich vor Erdbeben oder Kriegen in ihrem Land in Sicherheit zu bringen. Kriege, so scheint es, sind das Schicksal Afghanistans, ausgelöst durch seine bedeutende strategische Lage. Schon im 19. Jahrhundert war das Land Zankapfel zwischen Russen und Briten, während des Kalten Krieges zwischen der Sowjetunion und den USA, nach Abzug der Sowjets 1989 versank das Land in einen Bürgerkrieg, der die islamistischen Taliban an die Macht brachte und im weiteren Verlauf – vor allem als Folge aus den Anschlägen am 11. September 2001 in New York und Washington – zum Einmarsch der USA führte. Bis heute ist der Konflikt nicht beigelegt. Der Leidtragende ist, wie so oft, die Zivilbevölkerung.

EHER STAMM ALS NATION

Durch die geografischen Gegebenheiten kann Afghanistan nur schwer erschlossen werden, was dazu führte, dass sich die Menschen eher über ihre Stammeszugehörigkeit identifizieren als über ihre Nationalität. Sie sind nicht unbedingt Afghanen, sondern Paschtunen (die größte Gruppe im Land), Tadschiken, Hazaren (die überwiegend im Hindukusch leben), Usbeken, Turkmenen oder Belutschen. Durch diese ethnische Vielfalt sind mehrere Sprachen und Dialekte verbreitet, Paschto und Dari kommen am

häufigsten vor. So unterschiedlich die Völker Afghanistans sind, so verschieden sind auch ihre kulinarischen Traditionen, die außerdem von anderen Küchen beeinflusst wurden. Als ehemaliger Handelsknotenpunkt zwischen Iran, Indien, Pakistan und China liegt Afghanistan sozusagen im Herzen all dieser Länder. Der pakistanisch-indische Einfluss zeigt sich am stärksten bei den *Chalaus* oder *Palaus* genannten Reisgerichten, bei denen Reis beispielsweise mit Karottenstreifen angebraten wird, und bei den Gewürzen bzw. Gewürzmischungen, den Masalas (siehe auch das Länderporträt Pakistan, Seite 220 ff.), die in Afghanistan vor allem aus Safran, Zimt, Gewürznelke, Paprika und Chili bestehen. Bei Kardamom, Dill, Minze, Cumin und Koriander zeigen sich die persischen und arabischen Einflüsse. Auf die Mongolen wiederum gehen die Teiggerichte wie die mit Lamm- oder Rinderhack und Porree gefüllten Teigtaschen *Aushak* und die Nudeln *Aush* zurück.

Die Kombination der Zutaten und Gewürze aus all den verschiedenen Ländern macht die afghanische Küche mit ihren vielfältigen Geschmacksrichtungen zu etwas Besonderem. Es gibt eine Reihe von Grundzutaten wie Reis (meistens Basmatireis), Fleisch von Rind, Lamm oder Geflügel und die Gewürze. Kombiniert und variiert wird dann vor allem mit Gemüse wie Lauch, Spinat, Möhren, Kartoffeln, Auberginen, Tomaten, Okraschoten

Afghanistan

oder Paprika, außerdem mit Bohnen, Linsen, getrockneten Früchten oder Nüssen. Daraus entstehen leckere *Qormas*, Eintöpfe, die mit den indischen Currygerichten vergleichbar sind. *Kababs*, Fleischspieße, wie man sie auch in den Nachbarländern kennt, sind in Afghanistan ebenfalls sehr beliebt. Dazu werden verschiedene Salate, Essiggemüse, Joghurt und frisches Brot, entweder *Naan* oder *Chapati* (siehe dazu auch das Länderporträt Pakistan, Seite 220 ff.) gereicht, das gehört zu jeder Mahlzeit.

Eines der beliebtesten Gerichte ist *Kabuli*, also das »aus Kabul stammende«. Es ist ein fein gewürztes Reisgericht, für das man am besten Basmatireis verwendet, der ein paar Stunden in warmem Wasser zunächst eingeweicht, dann mit angebratenen Karottenstreifen, Rosinen, Mandeln und Pistazien vermengt und mit Honig und Zimt gewürzt wird. Oft wird *Kabuli* serviert mit Lammfleisch, das nur in heißem Wasser gegart und anschließend mit Tomatenmark und Garam Masala scharf angebraten wird. Es ist ein beliebtes Festessen, vor allem bei Hochzeiten. Bei *Bedenjan Borani* werden dicke Auberginenscheiben angebraten, mit Tomatenscheiben belegt, zusammen auf Knoblauch-Quark gegeben und mit einer pikanten, mit Koriander und Chili gewürzten Tomatensauce übergossen. *Bolani* sind Teigtaschen aus Mehl, Hefe, Öl und etwas Milch, die mit gestampften Kartoffeln oder Blattspinat mit Walnüssen und Schafskäse gefüllt werden. Auch *Mantu* ist eines der traditionellen Gerichte, das bei Festen auf den Tisch kommt. Die mit Lammfleisch und Zwiebeln gefüllten kleinen Teigtaschen werden mit Joghurt, Linsen und Minze serviert. Man kennt sie auch in der Türkei als *Mantı*, jedoch ohne Linsen.

Joghurt ist überhaupt das wichtigste Milchprodukt, das in der Küche oft verwendet wird. Eine daraus zubereitete käseähnliche cremige Masse heißt *Chakah*; wird sie zu Kugeln geformt und getrocknet, nennt man sie *Quroot*. Die Kugeln sind lange haltbar, daher bei Beduinen ein ideales Nahrungsmittel. Zum Essen werden sie wieder mit etwas Wasser vermischt, um sie aufzuweichen. Aus Joghurt wird zudem *Dugh* hergestellt, wie man es auch im Iran kennt, eine Art *Ayran*, ein Erfrischungsgetränk unter Zusatz von stillem oder perlendem Mineralwasser, Gurke und Salz, manchmal mit etwas Minze verfeinert.

Den Abschluss einer Mahlzeit bildet oft frisches Obst, meist Trauben und Melonen, doch werden auch Puddings auf Milchbasis und süße Reisspeisen zubereitet. Dazu werden schwarzer oder grüner *Chai*, der oft mit Kardamom gewürzt ist, und gezuckerte Mandeln gereicht.

Alle in diesem Buch beschriebenen Länder haben in kulinarischer und gesellschaftlicher Hinsicht eine Gemeinsamkeit: Die Lebensart, in der die Küche und vor allem das Essen eine zentrale soziale Funktion einnehmen, ist besonders ausgeprägt. Es ist der Moment, wo Familie und Freunde zusammenkommen, es sind Stunden des Gesprächs, des Verweilens, der Gelassenheit – und damit des Genießens. Der hohe Stellenwert des Essens in diesen Ländern mag außerdem in der Tradition der Gastfreundschaft begründet liegen. Sie wird jederzeit gelebt und ist auch eine Möglichkeit, in der Gesellschaft Ansehen zu gewinnen, indem man sich als großzügiger Gastgeber zeigt. Wenn also ein Gast viel isst, drückt er damit seine Wertschätzung gegenüber dem Gastgeber aus. Und ein Gastgeber wiederum trägt entsprechend reichlich auf, um auch seinem Gast große Ehre angedeihen zu lassen. Neudeutsch würde man sagen: eine Win-win-Situation. An diesem Brauch hat sich bis heute nichts geändert. Auch in Afghanistan nicht.

Ahmed Samir

Mein Name ist AHMED SAMIR, ich bin 26 Jahre alt und komme aus Kabul, der Hauptstadt Afghanistans. Meine Freunde nennen mich alle Sami. Ich habe von 2007 bis 2014 Medizin studiert in Kabul und in Charkiw, das mit seinen vielen Universitäten als das Wissenschaftszentrum der Ukraine gilt. Ich habe meinen Abschluss gemacht, bin also eigentlich Arzt. Aber ich habe noch eine andere große Leidenschaft: den Journalismus. Ich habe während meines Medizinstudiums als Journalist beim *Ariana Afghanistan International Television* gearbeitet und habe dort Nachrichtensendungen moderiert. Wir haben viel über und vor allem gegen den Islamischen Staat, al-Qaida und die Taliban berichtet; dass das gefährlich ist, war uns immer klar.

Eines Tages mussten wir das auf sehr unangenehme Art erfahren. Es war 2013, als ich mit drei Kollegen unterwegs war Richtung Dschalalabad, einer Stadt etwa 160 Kilometer östlich von Kabul in der Nähe des Khyberpasses. Wir kamen an eine Straßenkontrolle der Taliban. Sie hielten uns sofort fest, als sie unsere Pässe und unser Equipment sahen, verbanden uns die Augen und brachten uns an einen geheimen Ort, wir wissen bis heute nicht, wohin. Wir wussten nur eines: Wir waren entführt! Die Taliban verlangten 5.000 US-Dollar, und sie machten uns klar, dass sie uns köpfen würden, wenn nicht gezahlt werde. Ich durfte meinen Vater anrufen, er zahlte schließlich das Geld und wir kamen tatsächlich wieder frei. Aber es war eine deutliche Warnung, wie gefährlich unser Job ist. Ich kündigte beim Fernsehen, gründete aber eine kleine Nachrichtenagentur mit mehreren Mitarbeitern und schrieb anonym. Eines Tages, es war im April 2015, bekam ich einen Brief, der von einem Regionalchef der Taliban unterzeichnet war. Darin wurde mir und meiner Familie angedroht, dass uns etwas zustoßen würde, wenn ich nicht mit meiner journalistischen Arbeit aufhörte. Ich habe diesen und auch andere Briefe und Drohungen fotografiert und auf meinem Handy gespeichert. Damit war klar: In Afghanistan waren wir nicht mehr sicher, und wir beschlossen zu fliehen.

Wir sind zunächst nach Indien geflogen und von dort in die Türkei, nach Istanbul. Das gelang uns nur mit gefälschten Pässen und Visa, die ich einem türkischen Kontaktmann abgekauft hatte. Meine Frau und meine Familie sind in Istanbul geblieben, dort sind sie in Sicherheit, das ist das Wichtigste. In Istanbul aber haben wir keine Zukunft, das war uns klar, und so beschlossen wir, dass zunächst ich mich auf den Weg nach Deutschland mache und dann die Familie nachhole. Also habe ich mir einen weiteren falschen Pass besorgt und bin weiter nach Deutschland gereist, wo ich am 22. April 2015 in Stuttgart ankam. Von dort wurde ich nach Karlsruhe gebracht, wo ich registriert und schließlich in eine Flüchtlingsunterkunft in Sinsheim gebracht wurde. Inzwischen wohne ich in Mauer bei Heidelberg in einer kleinen Wohnung. Aber seither habe ich nichts mehr von den deutschen Behörden gehört, was ich nicht verstehe. Ich hatte noch nicht mal meine Anhörung, um meine Geschichte erzählen zu können. Beweise für mein gefährliches Leben in Afghanistan habe ich auf meinem Handy ja genug.

Ahmed Samir

Diese Ungewissheit, wie es weitergehen wird, macht mich mürbe. Ich würde so gerne arbeiten, um dem Staat nicht auf der Tasche zu liegen, das ist mir sehr unangenehm. Aber mehr als 450 Euro darf ich derzeit pro Monat nicht verdienen. Ich lerne sehr intensiv Deutsch, habe einen VHS-Kurs belegt und mache im Internet weiter bei der Deutschen Welle Akademie. Immerhin: Fünf Semester meines Medizinstudiums wurden hier in Deutschland bereits anerkannt, so konnte ich in den letzten Monaten zwei Praktika als Assistenz-Arzt in Sinsheim absolvieren und beim Deutschen Roten Kreuz Sinsheim als Übersetzer helfen. Außerdem arbeite ich im Rahmen eines Minijobs als Betreuer an einer Grundschule in Mauer und helfe Kindern bei ihren Hausaufgaben, betreue sie in ihren Ferien und mache mit ihnen Sport. Toll wäre es, wenn ich auch meine journalistische Erfahrung einbringen und zum Beispiel eine kleine Sendung machen könnte, in der ich anderen Ausländern und neu ankommenden Flüchtlingen die Gepflogenheiten Deutschlands und auch die Sprache beibringen könnte.

Mein größter Wunsch ist allerdings, in Heidelberg weiter Medizin zu studieren und eine eigene Praxis für Allgemeinmedizin zu eröffnen. Und vor allem möchte ich natürlich so schnell wie möglich meine Frau und meine inzwischen einjährige Tochter nachholen. Sie wurde kurz nach meiner Flucht nach Deutschland geboren, ich kenne sie bisher nur von Handyfotos. Ich fühle mich in Deutschland sehr wohl und habe bereits viele Freunde aus den verschiedensten Ländern gefunden, auch Deutsche. Neben meiner Leidenschaft für Medizin und Journalismus liebe ich es, zu kochen. Meine Lieblingsspeise sind *Mantu*, kleine gefüllte Teigtaschen, so ähnlich wie Ravioli, nur viel leckerer. Zu Hause koche ich sehr international, ich liebe zum Beispiel Schnitzel, allerdings nur vom Hühnchen, nicht vom Schwein natürlich. Und wenn meine Frau hier ist, kochen wir wieder zusammen, so wie wir das in Afghanistan gemacht haben.

Mantu

Für 4 Personen

FÜR DIE MANTU:
250 g Mehl
Olivenöl
Salz
1 Zwiebel
2 Knoblauchzehen
250 g Rinder- oder Lammhack
Pfeffer

FÜR DIE SAUCE:
100 g gelbe Linsen
Salz
500 g Tomaten
1 TL Paprikapulver
1 TL gemahlener Koriandersamen
1 TL gemahlener Kreuzkümmel (Cumin)
1 TL gemahlener Kardamom
1 TL Garam Masala (indische Gewürzmischung)
Pfeffer
2 Karotten
1 Peperoni
1 Zwiebel
1 Knoblauchzehe
Olivenöl

FÜR DEN JOGHURT:
1 Knoblauchzehe
je 2 Stängel Minze und Petersilie
1 EL Olivenöl
500 g Joghurt
Salz

runde Ausstechform (6 cm Ø)

Für die Mantu das Mehl mit 120 ml Wasser, 2 EL Öl sowie einer guten Prise Salz zu einem glatten Teig kneten und 30 Minuten ruhen lassen. Dann etwa 2 mm dick ausrollen und mit der Form Kreise ausstechen. Die Zwiebel und den Knoblauch schälen, fein würfeln und mit etwas Öl in einer Pfanne glasig garen. Das Fleisch zugeben und mit etwas Salz und Pfeffer würzen. Wenn das Fleisch gar ist, je 1 EL der Masse in die Mitte der Teigkreise geben und diese über der Füllung fest zusammendrücken. Die Teigsäckchen mit Olivenöl einpinseln und in einem Topf mit Dämpfeinsatz ca. 5 Minuten garen.

Für die Sauce die Linsen in kochendes, leicht gesalzenes Wasser geben und 20–30 Minuten gar kochen. Durch ein Sieb abgießen. Die Tomaten waschen, grob hacken und in einem Topf einkochen. Linsen sowie Gewürze zugeben. Die Karotten putzen, schälen und in kleine Würfel schneiden. Die Peperoni halbieren, entkernen und in feine Würfel schneiden. Zwiebel und Knoblauch ebenfalls schälen, fein würfeln und mit der Peperoni in etwas Öl anschwitzen. Die Karottenwürfel und einen Schuss Wasser zugeben, um das Gemüse zu dünsten. Nur so viel Wasser verwenden, dass das Gemüse nicht mehr brät. Es sollte aber auch nicht mit Wasser bedeckt sein. Die Tomatenlinsen zugeben und mit Salz abschmecken.

Für den Joghurt den Knoblauch schälen und mit den Kräutern fein hacken. Zusammen mit 1 EL Olivenöl zum Joghurt geben, verrühren und mit Salz abschmecken.

Zum Servieren die Sauce auf Tellern angießen, ein paar Mantu darauf verteilen und den Joghurt dazureichen.

Robert

ROBERT SPETH absolvierte in jungen Jahren seine Konditorlehre in Ravensburg und schloss eine Kochlehre bei Albert Bouley an. Nach mehreren Stationen in Frankreich sowie in München bei Heinz Winkler eröffnete er in Frankfurt am Main im ***Steigenberger Hotel*** einen Partyservice. Seit 1984 arbeitet er in Gstaad im ***Restaurant Chesery*** (18 Punkte im ***Gault Millau***, 1 Michelin-Stern) mit Catering und Traiteur-Service, im Sommer außerdem mit Golfclub-Restaurant.

GIBT ES ZUTATEN AUS DEN FLÜCHTLINGSLÄNDERN, DIE SIE HÄUFIGER BENUTZEN?
Ja, vor allem Gemüsesorten und verschiedene Gewürze, sehr gerne und oft arbeite ich beispielsweise mit Auberginen, Koriander und Kreuzkümmel.

WAS HAT SIE DAZU BEWEGT, BEI DIESEM PROJEKT MITZUWIRKEN?
Ein solch tolles und spannendes Projekt kann man eigentlich nur unterstützen. Außerdem finde ich es sehr interessant, mich mit den verschiedenen Küchenstilen zu beschäftigen.

WAS HAT SIE ZU IHREM GERICHT INSPIRIERT?
Die exotischen Gewürze aus der afghanischen wie syrischen Küche. Hier habe ich ein Gericht kreiert, in dem Fenchelsamen, Kardamom, Sesam, Zimt, Mohn und Kokos zusammenspielen.

Baltihühnchen

ROBERT SPETH

Für 4 Personen

FÜR DIE BALTI-MASALA-PASTE:
4 EL Koriandersamen
2 Zimtstangen
2 EL Kreuzkümmelsamen (Cumin)
2 TL Fenchelsamen
2 TL Kardamomsamen
1 TL Bockshornkleesamen
5 Gewürznelken
4 Lorbeerblätter
20 Curryblätter
4 Knoblauchzehen
4 TL gemahlene Kurkuma
2 TL gemahlener Ingwer
250 ml Weißweinessig
250 ml Pflanzenöl

FÜR DAS HÜHNCHEN:
4 EL geklärte Butter
2 Knoblauchzehen
1 Zimtstange
½ TL Kardamomsamen
2 Zwiebeln
1 kg Pouletkeulenfleisch ohne Haut
3 EL Balti-Masala-Paste (s. o.)
1 TL Sesamsamen
1 TL Mohnsamen
½ TL Fenchelsamen
250 ml Hühnerbrühe
250 ml Kokosmilch
Salz und Pfeffer
1 Bund Koriandergrün

FÜR DEN BASMATIREIS MIT KORINTHEN:
2 EL Pinienkerne, alternativ Pistazienkerne
250 g Basmatireis
100 g geklärte Butter
1–2 Knoblauchzehen
4 EL Korinthen
Salz und Pfeffer
1 Bund Koriandergrün

FÜR DIE CHICKEN-LOLLIPOPS:
½ kleine Knoblauchzehe
¼ Stängel Zitronengras
1 TL fein geschnittene Schalotte
¼ TL Currypulver
abgeriebene Schale von ¼ Bio-Zitrone
1 TL Pflanzenöl, plus 250 ml zum Frittieren
100 g Pouletkeulenfleisch ohne Haut
½ Bund Koriandergrün
½ TL geröstete Sesamsamen
1 TL süße Chilisauce
½ TL Sojasauce
Salz und Pfeffer

ZUM PANIEREN:
40 g Paniermehl
10 g Kokosflocken

Baltihühnchen

Für die Paste Koriandersamen und Zimtstangen gut im Mörser zerstoßen, dann Kreuzkümmel, Fenchel, Kardamom, Bockshornklee, Gewürznelken, Lorbeer- und Curryblätter zugeben und weitermahlen. Den Knoblauch schälen und grob hacken. Anschließend die zerstoßenen Gewürze, Knoblauch, Kurkuma, Ingwer, Essig und Öl im Mixer zu einer Paste verarbeiten.

Für das Hühnchen die geklärte Butter erhitzen. Den Knoblauch schälen und fein schneiden, dann mit Zimt und Kardamom bei mittlerer Hitze ca. 1–2 Minuten rösten. Die Hitze reduzieren, die Zwiebeln schälen, halbieren, in feine Scheiben schneiden und ca. 10 Minuten goldgelb anschwitzen. Das Hühnerfleisch in ca. daumengroße Stücke würfeln und mit Balti-Masala-Paste, Sesam, Mohn und Fenchel zugeben. Unter gelegentlichem Rühren 5 Minuten simmern lassen. Die Hitze reduzieren, die Brühe angießen und 10 Minuten zugedeckt köcheln. Mit Kokosmilch auffüllen, aufkochen, dann mit Salz und Pfeffer abschmecken. Vom Koriander die Blättchen abzupfen und unterheben.

Für den Reis die Pinienkerne in einer Pfanne ohne Fett rösten, bis sie duften. Den Basmatireis nach Packungsanweisung kochen. Die geklärte Butter in einer Pfanne erhitzen. Den Knoblauch schälen und fein schneiden, dann mit Korinthen und der Hälfte der Pinienkerne in der Butter anschwitzen. Den gekochten Basmatireis zufügen, mischen und erhitzen. Mit Salz und Pfeffer abschmecken. Vom Koriander die Blätter abzupfen und den Reis mit den restlichen gehackten Pinienkernen sowie einem Teil der Korianderblätter vollenden.

Für die Chicken-Lollipops Knoblauch und Zitronengras schälen und hacken, dann mit Schalotte und Gewürzen in Öl anrösten. Auskühlen lassen. Das Hühnerfleisch zerkleinern, die Blätter vom Koriander abzupfen und fein schneiden. Alle Zutaten miteinander mischen, abschmecken und zu einem Fleischteig kneten. Paniermehl und Kokosflocken mischen. Aus dem Fleischteig kleine Kugeln formen und diese panieren. Das Pflanzenöl auf 170 °C erhitzen und die Kugeln darin goldgelb frittieren.

Das Baltihühnchen in tiefen Tellern anrichten. Den Reis in separate Schüsseln füllen. Die Chicken-Lollipops auf Serviersticks oder Zahnstocher stecken und auf dem Reis servieren. Alles mit etwas frischem Koriandergrün ausgarnieren.

Nazir

Mein Name ist NAZIR, ich bin 22 Jahre alt und komme aus Afghanistan, aus der kleinen Stadt Baglan, die auch einer Provinz ihren Namen gegeben hat. Die Stadt liegt im Nordosten des Landes, etwa 60 Kilometer südlich von Kunduz. In dieser Provinz werden vor allem Baumwolle und Zuckerrüben angebaut.

In Baglan herrscht seit Jahren Krieg, und auch die Stadt ist leider durch fürchterliche Bombenanschläge bekannt geworden. Aufgrund der schwierigen und gefährlichen Lage entschloss ich mich im Jahr 2011, zu fliehen. Meine Familie hatte nicht viel Geld, aber trotzdem haben meine Eltern mir die Flucht in ein besseres Leben ermöglicht. Und mehr als einmal musste ich in meinen jungen Jahren dabei dem Tod in die Augen sehen.

Den langen Weg von Afghanistan bis nach Deutschland bin ich fast komplett zu Fuß gelaufen, da ich keine offiziellen Papiere hatte. Die Schlepper sagten mir, dass es besser sei, keine Papiere mitzunehmen, um bei einer eventuellen Verhaftung nicht nach Afghanistan zurückgebracht zu werden. Nachts, wenn alle schliefen, war ich unterwegs, tagsüber habe ich geschlafen. Oft war ich müde und erschöpft, ich konnte und wollte nicht mehr. Manchmal hatte ich Glück und es kam ein LKW vorbei, ich habe mich dann unter der Plane des LKWs versteckt und gehofft, dass er in meine Richtung fährt. Meine Route führte mich zunächst in den Iran und dann weiter in die Türkei. Dort war ich mehr als drei Monate, auch diesen Weg habe ich fast ausschließlich zu Fuß zurückgelegt. Von Istanbul bin ich dann weitergelaufen bis nach Thessaloniki und weiter nach Athen.

In der Türkei und auch in Griechenland wurde ich immer wieder von der Polizei verhaftet, da ich ja keine Papiere hatte und nirgendwo registriert war. Ich kam zwar immer recht schnell wieder frei, aber die Polizisten haben mich dann in ein Flüchtlingsheim gebracht, und das wollte ich nicht. Insgesamt verbrachte ich fast sechs Monate in Griechenland. Mit einem Motorboot überquerten wir schließlich das Meer bis ans benachbarte Festland, von dort ging es weiter nach Österreich und dann nach Deutschland.

Im Zug von Österreich nach München konnte ich es kaum abwarten, endlich anzukommen, endlich in Deutschland zu sein. Ich hatte mich so sehr gefreut und konnte es kaum fassen, dass ich es geschafft hatte. Es waren nur noch wenige Kilometer bis zum Ziel. Doch als wir in den Münchner Hauptbahnhof einfuhren, erwartete mich der nächste Schock: Die Polizei stand am Bahnhof und kontrollierte unsere Papiere. Da ich keine hatte, wurde ich wieder für zwei Tage verhaftet. Dieses Mal allerdings ging es gut aus, denn ich wurde in eine Asylunterkunft nach Epfenbach in Baden-Württemberg gebracht. Hier lebe ich noch heute.

In meiner Heimatstadt Baglan konnte ich nicht zur Schule gehen, es gab in unserem näheren Umkreis keine mehr. Daher habe ich keinen Schulabschluss, und hier in Deutschland kann ich leider nur einmal pro Woche einen Deutschkurs besuchen. Trotzdem möchte ich mich irgendwann selbstständig machen, gerne wäre ich mein eigener Chef. Meine Talente liegen in handwerklicher Arbeit, ich kann fast alles reparieren oder auch Fliesen verlegen, das habe ich zu Hause in Afghanistan gelernt.

Ich liebe die afghanische Küche, darum koche ich auch in Epfenbach immer mein Lieblingsgericht *Kabuli Palau*, es ist so etwas wie unser Nationalgericht in Afghanistan, fast jeder dort kennt es. Es wird aus Hühnchen und Reis zubereitet, am Ende im Ofen fertig gebacken und mit einer Sauce aus karamellisierten Zwiebeln gereicht. Bei uns zu Hause haben wir es oft auf offenem Feuer gekocht. Ich verwende dafür immer ganz viel Kardamom, viele Karotten und Rosinen.

Kabuli Palau

Den Reis abbrausen und 1 Stunde in kaltem Wasser einweichen. Die Pistazienkerne grob hacken und 15 Minuten in heißem Wasser einweichen. Beides in Sieben abtropfen lassen. Die Pistazien zusammen mit den Mandeln in einer Pfanne ohne Öl anrösten.

Das Fleisch in walnussgroße Stücke schneiden. Die Zwiebel schälen und fein würfeln. Beides in etwas Öl anbraten. Sobald das Fleisch eine leichte Bräune erhalten hat, 500 ml Wasser aufgießen und die Gewürze hinzugeben. Einmal aufkochen, dann bei geringer Hitze ca. 1 Stunde ziehen lassen. Das Fleisch mit einem Schaumlöffel herausnehmen und den Reis in die Brühe einrühren. Erneut aufkochen und etwa 30 Minuten bei schwacher Hitze garen, dabei immer wieder umrühren und den Reis auflockern.

Die Karotten waschen, putzen, in Stifte schneiden und in einer heißen Pfanne mit Öl anrösten. Mit etwas Zucker bestreuen und leicht karamellisieren lassen. Die Rosinen zugeben und ebenfalls kurz anschwitzen. Das Fleisch untermengen und erneut erhitzen, dann Pistazien und Mandeln einstreuen und mit Salz und Pfeffer abschmecken.

Den Reis auf einer großen vorgewärmten Platte anrichten, das Gemüse mit dem Hähnchenfleisch auf den Reis setzen und servieren.

Für 4 Personen

250 g Langkornreis
50 g Pistazienkerne
50 g Mandelstifte
500 g Hähnchenfleisch
1 Zwiebel
Pflanzenöl
1 TL Garam Masala (indische Gewürzmischung)
1 TL gemahlener Kardamom
1 TL gemahlener Koriander
250 g Karotten
Zucker
50 g Rosinen
Salz und Pfeffer

Afghanistan

Bocuse d'Or
GERMANY
2016
SIRHA SPIRIT

Johannes

JOHANNES M. STEIGER,
2000 als Kochlehrling gestartet, ist seit Anfang 2015 Küchenchef in *Scharffs Schlossweinstube* (1 Michelin-Stern) in Heidelberg. Er kocht moderne deutsch-französisch angelehnte Küche mit regionaler Ausrichtung und holt sich Inspirationen aus aller Welt, am liebsten jedoch aus der nordischen Küche. Im Februar 2016 war er Finalist beim »Bocuse d'Or Germany«.

GIBT ES ZUTATEN AUS DEN FLÜCHTLINGSLÄNDERN, DIE SIE HÄUFIGER BENUTZEN?
Ja, vor allem viele Gewürze. Besonders gern und oft verwende ich beispielsweise iranischen Safran.

ARBEITEN BEI IHNEN FLÜCHTLINGE IM BETRIEB?
Ja, wir haben Mitarbeiter aus dem Iran, Pakistan und Afghanistan.

WAS HAT SIE ZU IHREM GERICHT INSPIRIERT?
Die Gespräche mit meinem afghanischen Freund Amid und mit meinem türkischen Nachbarn zum Hintergrund des Projekts. Von deren Erzählungen habe ich mich inspirieren lassen.

HABEN SIE EIN LEBENSMOTTO ODER SPRICHWORT, DAS SIE BESONDERS BEGLEITET?
Das Zusammenleben in einer Gemeinschaft, ob nun in der eigenen Familie, einem Mietshaus, einer Gemeinde oder einem Land, kann nur durch gegenseitigen Respekt und durch miteinander geführte Gespräche funktionieren.

Schwarzfederhuhn

IM HALBMOND MIT LAKRITZE UND ZWEIERLEI RUNDKORNREIS

JOHANNES M. STEIGER

Schwarzfederhuhn

IM HALBMOND MIT LAKRITZE UND ZWEIERLEI RUNDKORNREIS

Die Salatgurke waschen, schälen, der Länge nach halbieren und die Kerne mit einem Löffel herausschaben. Schale, Kerne und Gingerale zusammenmixen und kalt stellen.

Den Safran in einer Sauteuse oder einem Topf mit hohem Rand ohne Fett rösten, dann etwas Erdnussöl hinzugeben und vom Herd ziehen.

Die Gurke in beliebige Formen schneiden. Die Gingerale-Mischung abpassieren, mit Salz und Pfeffer abschmecken und den Safran hinzufügen. Nun die Gurkenstücke mit dem Gingerale-Safran-Mix marinieren. Vakuumieren oder in einem Gefrierbeutel luftdicht verschließen und einige Zeit ziehen lassen.

Das Brustbein des Huhns ertasten und mit einer Geflügelschere heraustrennen, dann die Flügel mit einem Messer einritzen und entfernen. Die Haut zwischen Rumpf und Keulen bis an das Gelenk der Keulen einschneiden, die Keulen nach außen drücken und separieren. Das Brustfilet entlang der Knochen einschneiden und von der Karkasse trennen. Auf der Fleischseite der unteren Keule am Knochen entlangschneiden und den Oberschenkelknochen auslösen. Die Haut von den Fleischteilen lösen und beiseitelegen. Das Oberschenkelfleisch und das Brustfilet in etwas dickere Streifen schneiden und kalt stellen. Den Rest des Hühnerfleischs grob zerkleinern und im Tiefkühlfach anfrieren lassen.

Inzwischen für die Sauce die Geflügelknochen im Ofen bei 150 °C (Umluft) ca. 30–45 Minuten rösten. Das Gemüse waschen, putzen und in Würfel schneiden. In einem Topf ohne Fett bei mittlerer Hitze anschwitzen und etwas Farbe nehmen lassen.

Das Tomatenmark dazugeben und kurz mitrösten. Wenn es sich am Topfboden leicht angesetzt hat, mit Rotwein ablöschen und reduzieren. Die angerösteten Knochen zum Gemüse geben, den Geflügelfond angießen und kurz aufkochen. Gewürze sowie Knoblauch zufügen und köcheln lassen. Zum Schluss den Fond passieren, leicht mit Stärke abbinden und abschmecken.

Den Reis abbrausen und in gesalzenem Wasser sehr bissfest blanchieren. Schalotten und Ingwer schälen und klein würfeln. Die Salatgurke waschen, schälen und in etwas gröbere Würfel schneiden.

In einer Sauteuse oder einem Topf mit hohem Rand etwas Öl erhitzen und Ingwer sowie die Hälfte der Schalotten darin andünsten. Die Hälfte des körnig gekochten Reis einrühren und langsam nach und nach die Hälfte des Fonds angießen. Dabei immer wieder einkochen lassen, bis der Reis eine gute Konsistenz hat. Kurz vor dem Anrichten die Gurkenwürfel und ein paar Sprossen untermengen.

Fenchelsamen, Nelken und Safran ohne Fett in einer Sauteuse oder einem Topf mit hohem Rand anrösten. Etwas Öl hinzugeben und die restliche Schalotte andünsten. Den übrigen Reis einrühren und langsam nach und nach den zweiten Teil der Brühe angießen. Dabei immer wieder einkochen lassen, bis der Reis bissfest ist. Nelken und Fenchelsamen vor dem Anrichten entfernen.

Das angefrorene Hühnerfleisch zur Farce mixen und die Sahne langsam bis zur gewünschten Konsistenz einlaufen lassen. Mit feinem Lakritzpulver und etwas Salz abschmecken.

Für 4 Personen

Die Halbkugelformen fetten und mit Frischhaltefolie auskleiden. Die Fleischstreifen mit der Lakritz-Farce hineinschichten, bis diese die Formen eben abschließen. Die Halbkugeln bei 80 °C (Umluft) ca. 20 Minuten im Ofen garen.

Die separierte Haut auf einem zugeschnittenen Backpapier in einer Pfanne kross backen, abkühlen lassen und anschließend mit etwas Salz und einem Teil des groben Lakritzpulvers im Mixer zerkleinern.

Zum Servieren die Halbkugeln aus den Formen herauslösen und in der gemixten Haut wälzen, dann halbieren und mittig auf die Teller legen. Die Reisvariationen am Tellerrand anrichten. Die Gurkenstücke aus dem Fond nehmen und kalt mit auf den Teller geben. Etwas Sauce angießen und mit Lakritzpulver, Bockshornkleesprossen sowie Granatapfelkernen bestreut servieren.

FÜR DIE EINGELEGTE SALATGURKE:

1 Bio-Salatgurke
200 ml Gingerale
ein paar Safranfäden (nach Geschmack)
Erdnussöl
Salz und Pfeffer

FÜR DAS SCHWARZFEDERHUHN:

1 Schwarzfederhuhn
200 g kalte Sahne
5 g feines Lakritzpulver
Salz
4 g grobes Lakritzpulver
Pfeffer

FÜR DIE GEFLÜGELSAUCE:

Karkassen des Schwarzfederhuhns (s. o.)
50 g Schalotten
30 g Knollensellerie
30 g Karotten
30 g Lauchgrün
5 g Tomatenmark
30 ml Rotwein
200 ml Geflügelfond
4 weiße Pfefferkörner
2 Pimentkörner
1 kleines Lorbeerblatt
Salz und Pfeffer
½ Knoblauchzehe
etwas angerührte Maisstärke

FÜR ZWEIERLEI REIS:

100 g Rundkornreis
Salz
2 Schalotten
10 g frischer Ingwer
½ Salatgurke
Erdnussöl
200 ml Geflügelfond
Bockshornkleesprossen, plus mehr zum Servieren
6 Fenchelsamen
2 Gewürznelken
ein paar Safranfäden
Granatapfelkerne zum Servieren

2 apfelgroße Halbkugelformen aus Stahl, alternativ hitzebeständige Tassen oder Müslischalen
Fett für die Formen

Paki

Pakistan
Chapati
Meeresküche »Shakshuka«
Linsen-Tanduri-Suppe
stan
Chicken Korma
Sauerkraut Biryani

Pakistan

LAND DER BERGE, SCHLUCHTEN UND WÜSTEN

Pakistan ist ein sehr junger Staat. Er entstand erst nach der Unabhängigkeit Indiens von der britischen Kronkolonie 1947, als sich auch der Westteil der Kolonie abspaltete. Dieser Westteil, Pakistan, beruht auf der Idee, dass die Muslime auf dem indischen Subkontinent einen eigenen Staat haben sollten, damit ein dauerhafter Friede erreicht werde. Diese Idee ist bis heute Utopie geblieben. Indien und Pakistan haben mehrere Kriege gegeneinander geführt, bis heute sind die beiden Staaten miteinander verfeindet, trotz ihrer gemeinsamen Geschichte, die weit zurückreicht. Bereits vor über 4.500 Jahren bildeten erste Stadtstaaten am Indus, auf heutigem pakistanischen Territorium gelegen, eine der ersten Hochkulturen der Geschichte, die sogenannte Harappa-Kultur, von der die 1922 entdeckte Stadt Mohenjo-Daro, der »Hügel des Todes«, das berühmteste Zeugnis ist. Die Baukunst und die Technik dieser Stadt waren bereits hoch entwickelt, es gab breite Straßen und mehrstöckige Lehmbauten mit Bewässerungs- und Entwässerungskanälen, vermutlich lebten dort bis zu 40.000 Menschen. Forscher gehen davon aus, dass das Herrschaftsgebiet der Harappa-Kultur doppelt so groß gewesen ist wie das alte Ägypten und die Handelsbeziehungen von Indien bis nach Syrien reichten.

Fünf weitere UNESCO-Welterbestädte befinden sich in Pakistan, darunter auch das Fort von Lahore, das zum Reich der Mogul gehörte, einer muslimischen Dynastie mit einer hinduistisch geprägten Bevölkerungsmehrheit, die von Anfang des 16. bis Mitte des 19. Jahrhunderts herrschte. Das Hauptgebiet erstreckte sich über den Norden der heutigen Länder Indien und Pakistan entlang der Indus-Ganges-Ebene mit den Städten Delhi, Agra und Lahore. Auf dem Höhepunkt seiner Macht im 17 Jahrhundert umfasste dieses Reich fast den gesamten indischen Subkontinent bis nach Afghanistan. Auch in Kunst und Architektur haben die Mogulherrscher bis heute ihre Spuren hinterlassen, von denen unbestreitbar der Taj Mahal das berühmteste Bauwerk ist, ein Grabmal aus Marmor im persisch-indischen Stil mit Reliefs und Mosaiken aus Edel- und Halbedelsteinen.

Indien ist zwar deutlich größer, aber auch Pakistan ist ein riesiges Land mit über 170 Millionen Menschen und unterschiedlichsten Volksgruppen, von denen die Pandschabis, Belutschen, Sindhis und Paschtunen die größten sind und jeweils eine eigene Sprache sprechen. Auch geografisch und landschaftlich ist das Land gespalten. Im Westen liegt das zum iranisch-afghanischen Hochland gehörende Belutschistan, eine Region aus Trockenlandschaft und Hochebenen, in der mithilfe von Bewässerung Baumwolle, Dattelpalmen, Reis, Weizen und Obst angebaut werden. Das fruchtbare Tiefland des Indus mit seinen fünf mächtigen Nebenflüssen bildet das »Fünfstromland«, den Punjab. Diese Flüsse ermöglichen die

größte zusammenhängende Bewässerungslandschaft der Erde, die Hälfte der pakistanischen Bevölkerung lebt in diesem Gebiet. Im Norden liegen die Hochgebirge des Himalaya, Karakorum und Hindukusch, die zu den höchsten Gebirgsketten der Erde gehören und nicht ohne Grund als »Dach der Welt« bezeichnet werden; an der chinesischen Grenze liegt der mit über 8.600 Metern Höhe zweithöchste Berg der Welt, der K2.

So gibt es auch große Gemeinsamkeiten zwischen der pakistanischen und der indischen, vor allem nordindischen Küche. Beide sind geprägt durch aromatische Gewürzmischungen, den Masalas, die eine Basis für verschiedene Currygerichte sind. Im Allgemeinen werden Masalas frisch hergestellt, wobei die Gewürze wie Koriandersamen, Knoblauch, Ingwer, Kreuzkümmel, Kardamom und Nelken oft geröstet werden, um das Aroma zu verstärken. Kurkuma, also Gelbwurz, sorgt weniger für Geschmack als vielmehr für die gelbe Farbe. Das Mischverhältnis der Masalas variiert je nach Gericht und Region; sie können sehr mild sein, aber auch eine große Schärfe entfalten, wenn Chili beigemischt wird. Es ist wie mit jeder Gewürzmischung im Orient: Jeder Händler und jeder Haushalt hat sein eigenes Geheimnis. Am bekanntesten sind Garam Masala oder auch Pandschab Masala (auch Punjab Masala), eine süßliche und mild-scharfe Gewürzmischung, bei der neben den oben genannten Gewürzen noch Zimt, Fenchelsaat und Rosenblätter beigemischt werden.

Pakistan

In großen Teilen Indiens ist die vegetarische Küche weit verbreitet; in Nordindien und Pakistan dagegen bildet Fleisch die Grundlage vieler Currygerichte, meist Lamm oder Hammel, Hühnchen, Rind (insbesondere im muslimisch dominierten Pakistan) oder Schwein (Indien, da Rindfleisch wiederum den Hindus nicht erlaubt ist). Sie werden mit Gemüse wie Blumenkohl, Auberginen, Okraschoten oder Spinat serviert, mit Kartoffeln oder mit Hülsenfrüchten. Man sagt, die Vorliebe für Fleisch sei ein Erbe aus der Mogulzeit. Als Beilage reicht man außerdem Relishes und Gemüse- oder Kräuter-Raitas, Würzsaucen auf einer Joghurtbasis, um die Schärfe einiger Currys zu mildern. Frisch aus dem Tandur-Ofen oder von der offenen Glut kommt das Fladenbrot, entweder *Naan*, ein Brot aus mit Joghurt gesäuertem Teig und Hefe, *Chapati*, ein hefeloser Teig aus Wasser und Weizenmehl, oder *Taftan*, ein Hefeteig gewürzt mit Safran und Kardamom.

Was die nordindische Küche und die pakistanische Küche noch verbindet, sind ein hoher Anteil von Milchprodukten wie Joghurt oder Ghee, geklärter Butter, und die Gerichte aus dem Tandur, in dem nicht nur Brote zubereitet werden, sondern vor allem auch das bekannte *Tanduri*-Hähnchen, das zuvor in Joghurt eingelegt wird. Eine weitere Spezialität sind *Samosas*, variantenreich und aromatisch gefüllte Teigtaschen. Ein besonders beliebtes Gericht in Pakistan sind die Fleischspieße *Kabab*. An ihnen zeigt sich der Einfluss aus Vorderasien, wo ein Essen ohne Fleischspieße kaum denkbar ist. Zu den beliebtesten *Kababs* zählen *Shami Kabab* (»shami« ist eine arabische Bezeichnung für »damaszenisch«) aus Rinder- oder Geflügelhackfleisch mit gemahlenen Kichererbsen, *Chapli Kabab*, bei dem ein langer Spieß mit Rinderhackfleisch in Tierfett gegart wird, oder auch *Shishleek*, bei dem Stücke von Milchlämmern gegrillt werden.

Serviert werden die verschiedenen Gerichte traditionell auf dem »Thali«, einem großen Metalltablett, auf das weitere kleinere Metallschüsseln mit Relishes und Raitas gestellt werden; das Hauptgericht kommt in Schüsseln, das Fladenbrot wird dazugelegt und dient – wenn man es mit der rechten Hand zu kleinen Taschen formt – als Besteckersatz, eine Methode, die in vielen asiatischen Ländern praktiziert wird. Aufgrund der Größe des Landes und seiner Vielfalt an Landschaften und Völkern gibt es natürlich auch regionale Unterschiede. So wird beispielsweise im Süden eher sehr scharf gekocht, im Norden eher milder. Einig hingegen ist man sich bei den Desserts, für die Pakistani eine Schwäche haben, *Kulfi* zum Beispiel, eine mit Safran, Kardamom und anderen Gewürzen aromatisierte und gefrorene Milch, *Kheer*, ein süßer Reispudding, oder *Gulab Jamun*, frittierte Teigbällchen in einem Sirup aus Kardamom, Rosenwasser und Safran. Kardamom ist auch das wichtigste Gewürz beim *Chai*, dem pakistanischen Tee, in den man noch ein bisschen Milch und Pistazien gibt. Ob auch er aus der Tradition der Mogulherrscher stammt, ist leider nicht überliefert.

Mudassar

Mein Name ist MUDASSAR, ich bin 23 Jahre alt, geboren und aufgewachsen in Pakistan. Meine Heimatstadt heißt Lalamusa und liegt in der Region Punjab, nah an der Grenze zu Indien. Punjab ist die bevölkerungsreichste Provinz Pakistans. Der größte Teil der Bevölkerung sind Muslime, hier leben nur sehr wenige Christen oder Hindus. Ich bin auch Muslim und gehöre zu den Schiiten, neben den Sunniten die zweitgrößte Konfession im Islam.

In Pakistan herrschen leider sehr viele Terrorgruppen, man lebt ständig in Angst und Panik. Ich habe eine Schule besucht und einen guten Abschluss gemacht, allerdings war klar, dass ich in Pakistan unter diesen politischen Umständen keine Zukunft haben werde, sondern es woanders versuchen muss. So machte ich mich Ende 2014 auf den Weg mit dem Ziel Deutschland. Freunde hatten mir immer von Deutschland vorgeschwärmt, dass man dort ein sicheres Leben habe und der Staat einen nicht allein lasse. Sie selbst waren aber auch noch nie in Deutschland gewesen. Meine Eltern wollten nicht mitkommen, nicht noch einmal von vorne beginnen, sie wollten unser Haus und unser Land nicht verlassen, und so ging ich alleine. Meine Eltern haben lange für diesen Tag gespart, um mir meine Abreise und ein sicheres Leben zu finanzieren.

Von Pakistan ging es für mich teils zu Fuß und teils mit dem Auto in Richtung Türkei, allein diese Tour hat knapp anderthalb Monate gedauert und mich 3.000 Euro gekostet. Acht Monate verbrachte ich in einem Flüchtlingscamp in der Nähe von Istanbul, hier war es ein bisschen wie in einem Hühnerstall, es waren viele Menschen, es gab wenig Platz und keinerlei Privatsphäre. Als ich Istanbul endlich verlassen konnte, fuhren wir mit einem kleinen Motorboot in Richtung Athen. An diese Fahrt kann ich mich noch ganz genau erinnern, es war der 2. August, es war dunkel, mir war kalt.

Das Boot war maximal vier oder sechs Meter lang, und wir waren insgesamt 21 Personen. Ich hatte beim Einstieg schon ein komisches Gefühl, und als der Motor angeworfen wurde, bekam ich eine ungute Vorahnung, denn er machte keine normalen Geräusche. Dennoch fuhren wir los. Nach etwa einem Tag Fahrt versagte der Motor. Das Boot lief schnell mit Wasser voll und sank schließlich. Es war frühmorgens, die Sonne ging langsam auf, mittlerweile waren wir schon eine Stunde im Wasser, zum Glück war es Sommer. Von Weitem hörten wir ein Boot auf uns zukommen, wir hatten große Angst, denn wir wussten nicht, ob dieses Boot kam, um uns zu retten oder um uns zu töten. Aber alles war gut, denn es war die griechische Polizei, die uns rettete. Wie durch ein Wunder haben alle 21 Personen überlebt.

Diese Tour oder eher: diese Tortur hat mich knapp 5.000 Euro gekostet. In Athen blieb ich dann zwei Monate, ich war mit meinen Kräften am Ende. Als ich mich erholt hatte, liefen wir in einer Gruppe von acht Personen weiter in Richtung Mazedonien, Serbien und dann nach Ungarn. Tagsüber haben wir geschlafen, nachts sind wir gelaufen. In Ungarn blieb ich nur kurz, denn ich war meinem Ziel so nah. Von Budapest fuhren wir mit dem Zug nach Österreich und dann endlich in Richtung München.

Im Jahr meiner Flucht hatte ich so gut wie keinen Kontakt zu meinen Eltern. Jetzt, in Deutschland endlich angekommen, habe ich meiner Mama versprochen, mich jeden Tag zu melden, damit sie weiß, dass es mir gut geht. Nun möchte ich mich am liebsten auf die Arbeit konzentrieren. Ich durfte schon ein dreimonatiges Praktikum in der Küche des *Heidelberger Schlosses* absolvieren, und hier werde ich dann nach einem Deutschintensivkurs im Februar 2017 eine Ausbildung zum Koch beginnen können.

Damals haben meine Mama und ich gerne zusammen gekocht, am liebsten *Biryani*. Der Name des Gerichts kommt vom persischen Wort »beryä« und bedeutet »gebraten«, denn der Reis in dem Gericht wird angebraten. Das esse ich auch heute noch sehr gerne, am liebsten mit Hühnchen.

Biryani mit Rindfleisch

Für 4 Personen

400 g mehligkochende Kartoffeln
1 EL Kümmelsamen
Salz
1 EL Ghee oder Butterschmalz
300 g Basmatireis
300 g Zwiebeln
Pflanzenöl
30 g blanchierte Mandeln
30 g Cashewkerne
500 g Rinderhüfte
5 grüne Peperoni
1 cm frischer Ingwer
1 Knoblauchzehe
½ TL Safranfäden
1 TL gemahlener Kreuzkümmel (Cumin)
frisch gepresster Saft von 1 Limette
Chilipulver (nach Belieben)

Die Kartoffeln mit dem Kümmel in Salzwasser kochen und abgießen.

Das Ghee in einer Pfanne erhitzen und den Reis darin anbraten.

Die Zwiebeln schälen, in feine Würfel schneiden und in einer Pfanne in etwas Öl hellbraun andünsten, dann herausnehmen.

Mandeln und Cashewkerne im Backofen bei 180 °C (Ober-/Unterhitze) etwa 5–7 Minuten hellbraun rösten. Die Nüsse abkühlen lassen und fein hacken. In einem Topf 600 ml Wasser mit einer Prise Salz aufkochen und den Reis zugeben. Bei schwacher Hitze so lange garen, bis das Wasser aufgenommen wurde. Dabei gelegentlich umrühren.

Das Rindfleisch in walnussgroße Würfel schneiden. Die gekochten Kartoffeln schälen und würfeln. Die Peperoni waschen, putzen und fein schneiden. Ingwer und Knoblauch schälen und fein hacken. Das Fleisch in einer großen Pfanne in Öl anbraten. Die Kartoffeln zugeben und kurz anschwitzen. Die Hälfte der gebräunten Zwiebeln mit den Gewürzen, Peperoni, Ingwer und Knoblauch zugeben. Alle Zutaten in der Pfanne durchschwenken, Limettensaft zugeben und mit Salz sowie Chilipulver nach Belieben abschmecken.

Den Reis in eine Schüssel füllen und mit Nüssen sowie restlichen Zwiebeln bestreuen. Zusammen mit dem Fleisch servieren.

Pakistan

DIETER
MÜLLER
MS EUROP
GAGGENAU
ANOLON

Dieter

DIETER MÜLLER schloss 1966 seine Kochlehre mit Auszeichnung ab. Seine Fertigkeiten entwickelte er unter anderem im *Hotel Schweizerhof* in Bern, auf Korfu sowie in den *Schweizer Stuben* in Wertheim-Bettingen weiter. Bereits 1974 erhielt er gemeinsam mit seinem Bruder Jörg den ersten Michelin-Stern, 1977 folgte der zweite. Später wurde er Küchenchef und Patron im Gourmetrestaurant *Dieter Müller* im *Schlosshotel Lerbach*, in dem er 1997 den dritten Michelin-Stern erhielt. 2010 eröffnete er das Restaurant *Dieter Müller* auf dem Kreuzfahrtschiff *MS Europa*. Zusätzlich führt er mit seiner Frau Birgit eine exklusive Kochschule im Odenthal.

HATTEN SIE MAL EIN BESONDERS EINPRÄGSAMES ERLEBNIS MIT EINEM FLÜCHTLING?

In Köln durfte ich an einem Event als Schirmherr teilnehmen, bei dem ein tolles Menü mit Gerichten aus den verschiedensten Flüchtlingsländern entstanden ist. Zwei bis drei Personen haben jeweils in einem Team gekocht. In den Teams waren Menschen aus zum Teil typischen Flüchtlingsländern vertreten, wie Syrien, Irak oder auch Gambia. Die Freude und der Eifer der teilnehmenden Flüchtlinge in der Küche wie auch im Service waren ansteckend und toll zu erleben!

WAS HAT SIE DAZU BEWEGT, BEI DIESEM PROJEKT MITZUWIRKEN?

Essen verbindet: Essen, Kochen und gemeinsames Genießen schaffen es, verschiedenste Kulturen einander näherzubringen und gemeinsam Spaß zu haben, sich auszutauschen und auch voneinander gegenseitig zu profitieren bzw. Neues kennenzulernen.

HABEN SIE EIN LEBENSMOTTO ODER SPRICHWORT, DAS SIE BESONDERS BEGLEITET?

Kochen: ein Handwerk mit Herz und Leidenschaft, um möglichst vielen Menschen eine Freude zu bereiten.

DIETER MÜLLER

Linsen-Tanduri-Suppe

MIT RINDERFILETSPIESS

Für 4 Personen

FÜR DIE LINSENCREMESUPPE:
80 g Linsen
20 g Weißes vom Lauch
⅓ Knoblauchzehe
Pflanzenöl
30 ml Weißwein
750 ml Geflügelfond
250 g Sahne
½ EL gelbe Tanduripaste
1 Spritzer Limetten-Olivenöl
½ TL weißer, lieblicher Balsamicoessig
Salz und weißer Pfeffer
Kresse zum Servieren (nach Belieben)

FÜR DIE EINLAGE:
je 1 rote und gelbe Spitzpaprika
Limetten-Olivenöl
Salz
120 g Rinderfilet (küchenfertig)
8 dünne Bauchspeckscheiben (nach Belieben)
Pfeffer

Für die Suppe die Linsen in kaltem Wasser einweichen und über Nacht stehen lassen. Am nächsten Tag den weißen Teil des Lauchs in Scheiben schneiden und mit dem geschälten Knoblauch in Öl andünsten. Die Linsen gut abtropfen, dazugeben und mit Weißwein sowie Fond auffüllen. Etwa 15 Minuten weich köcheln lassen. Die Sahne zugießen, nochmals aufkochen, anschließend im Mixer sehr fein pürieren. Durch ein Sieb passieren und mit Tanduripaste und Limettenöl, weißem Balsamico, Salz und Pfeffer würzig abschmecken. Vor dem Servieren kurz aufschäumen.

Für die Einlage die Paprika waschen, putzen und in Scheiben schneiden. Kurz in heißem Limettenöl schwenken und mit Salz würzen. Das Rindfleisch grob würfeln und nach Belieben in Speck einrollen. Je zwei Fleischstücke abwechselnd mit der Paprika auf vier Holzspieße stecken. Das Fleisch zum Servieren in heißem Limettenöl rundum saftig braten und mit Salz und Pfeffer würzen.

Die aufgeschäumte Suppe in Glasschalen oder Tassen anrichten, die Fleischspieße anlegen und nach Wunsch mit Kresse garniert servieren.

Arne

Arne

ARNE ANKER begann 2003 die Kochlehre im Landgasthof ***Der Alte Auf*** in Fiefbergen. Verschiedene Stationen im In- und Ausland, prägend insbesondere die Zeit im ***Oud Sluis*** bei Sergio Herman, führten ihn im Juni 2015 als Maître de Cuisine in den ***Pauly Saal*** nach Berlin. Mit großer Liebe zum Detail widmet sich seine modern inspirierte Küche stark den regionalen Produkten – eng abgestimmt mit den Produzenten und ihren frischen Waren.

WELCHEM LAND IST IHR GERICHT ZUZUORDNEN?
Das Gericht, das wir uns ausgesucht haben, ist bewusst keinem Land eindeutig zuzuordnen. Es ist ein Gericht, das sowohl einen deutschen Hintergrund als auch Einflüsse aus dem asiatischen Raum hat. Es soll zeigen, dass moderne, weltoffene Küche keine Zugehörigkeit haben muss, sondern von den verschiedensten Kulturräumen beeinflusst sein kann. Vor allem die verwendeten Gewürze machen es dann länderspezifisch.

GIBT ES ZUTATEN AUS DEN FLÜCHTLINGSLÄNDERN, DIE SIE HÄUFIGER BENUTZEN?
Definitiv. Meine Küche basiert auf regionalen Produkten, die im Zusammenspiel mit den unterschiedlichsten Gewürzen wie Koriander, Anis, Ras el Hanout, Ducca, Sumach und Curry stimmige Gerichte ergeben.

WAS HAT SIE ZU IHREM GERICHT INSPIRIERT?
Mir ist es wichtig, Klassiker wie das Sauerkraut in die heutige Zeit zu holen und zu zeigen, dass es mit den unterschiedlichsten Länderküchen harmoniert, modern interpretiert werden kann und nicht einem einzigen Land zugeordnet werden muss.

Spitzkohl

SAUERKRAUT | LAUCH | SAMBAL | MASALA

ARNE ANKER

Spitzkohl

SAUERKRAUT | LAUCH | SAMBAL | MASALA

Für den Merengue das Eiweiß mit dem Puderzucker in einer Rührmaschine langsam aufschlagen. Den Zucker mit dem Sauerkrautsaft auf 110 °C aufkochen. Anschließend den Eischnee hinzugeben. So lange schlagen, bis es wieder auf Zimmertemperatur heruntergekühlt ist.
Zum Schluss ganz vorsichtig das Sauerkraut einrühren und die Masse auf einem mit Backpapier ausgelegten Backblech ausstreichen. Bei 90 °C (Umluft) im Backofen ca. 3 Stunden lang trocknen. Dabei immer wieder kurz die Ofentür öffnen, damit die Feuchtigkeit entweichen kann.

Für die Würzpaste die Schalotten schälen und in Julienne schneiden. Den Knoblauch schälen und hacken. Die Chilischote waschen, entkernen und klein schneiden. Das Zitronengras putzen und den weichen inneren Teil fein hacken. Schalotten, Knoblauch, Chili, Zitronengras und Limettenblatt farblos anschwitzen. Dann Garam Masala und Tomatenpüree dazugeben und mit Sushi Su sowie Geflügelfond ablöschen. Alles etwa 1 Stunde lang einkochen, bis eine feste Masse entstanden ist und die Schalotten weich sind. Mit Salz und Pfeffer abschmecken.

Für die Lauchcreme Frühlingszwiebeln und Lauch waschen. Die Limetten waschen, abtrocknen und die Schale fein abreiben. Dann die Früchte halbieren und den Saft auspressen. Alles zusammen mit dem Eiweiß in den Mixer geben, anschließend mit Traubenkernöl aufmontieren. Mit Salz und Pfeffer abschmecken.

Für die Sauerkrautcreme etwas Olivenöl erhitzen und 200 g Sauerkraut, Lorbeer, Wacholder und Senfkörner darin anbraten. Dann zusammen mit den restlichen Zutaten (mit Ausnahme des Traubenkernöls) im Mixer fein pürieren. Die glatte Masse anschließend mit dem Traubenkernöl verrühren. Zum Schluss mit Salz und Pfeffer abschmecken.

Für die Vinaigrette alle Zutaten miteinander vermischen und fein durch ein Sieb passieren. Bei Verwendung von Agar-Agar alles einmal kurz aufkochen.

Für den Salat den Weißkohl waschen, putzen und möglichst fein schneiden. Dann mit etwas Olivenöl im Topf anschwitzen und mit Salz und Kirschblütenessig abschmecken.

Die Spitzkohlblätter ca. 1 Minute in kochendem Salzwasser blanchieren. Danach auf dem Grill bis zur gewünschten Bräune rösten. Mit etwas Vinaigrette marinieren.

Die Frühlingszwiebeln waschen und putzen. Das Weiße vom Grün trennen und etwa 1 Minute blanchieren, anschließend kurz grillen und mit etwas Vinaigrette marinieren. Das Grün in feine Julienne schneiden und in Eiswasser legen.

Den Lauch putzen und gründlich waschen, das Weiße vom Grün abtrennen und ebenfalls in Julienne schneiden. Anschließend gut trocken tupfen. Das Öl in einem Topf auf ca. 180 °C erhitzen und die Julienne goldgelb frittieren.

Für den Lauchschaum die Zwiebeln schälen, mit dem Lauchgrün klein schneiden und farblos anschwitzen. Mit Weißwein ablöschen und um die Hälfte einkochen lassen. Dann den Geflügelfond zugießen und erneut langsam auf die Hälfte reduzieren. Die Sahne hinzugeben, mit dem Pürierstab zu einer Sauce verarbeiten, dann fein passieren. Abschließend mit Salz, Pfeffer und Zitronensaft abschmecken.

Die marinierten Frühlingszwiebeln auf vier Tellern anrichten. Den gegrillten Spitzkohl zusammenrollen und daneben legen. Von Sauerkraut- und Lauchcreme je drei Punkte setzen. Die Sambal-Masala-Creme in einer feinen Nocke platzieren. Frittierten Lauch, Frühlingszwiebelgrün und Weißkohlsalat auf den Frühlingszwiebeln drapieren. Den Merengue in Stücke brechen und obendrauf legen. Zum Schluss Vinaigrette, Lauchschaum und Kräuter auf den Tellern verteilen und servieren.

Für 4 Personen

FÜR DEN SAUERKRAUT-MERENGUE:

30 g Bio-Eiweiß
10 g Puderzucker
50 g Zucker
25 ml Sauerkrautsaft
15 g Sauerkraut

FÜR DIE SAMBAL-MASALA-WÜRZPASTE:

125 g Schalotten
1 Knoblauchzehe
1 rote Chilischote
½ Stängel Zitronengras
1 Kaffirlimettenblatt
15 g Garam Masala (indische Gewürzmischung)
1 EL Tomatenpüree
50 ml Sushi Su (Würzessig für Sushireis)
100 ml Geflügelfond
Salz und Pfeffer

FÜR DIE LAUCHCREME:

1 Bund Frühlingszwiebeln
1 Stange Lauch
2 Bio-Limetten
100 g Bio-Eiweiß
400 ml Traubenkernöl
Salz und Pfeffer aus der Mühle

FÜR DIE SAUERKRAUTCREME:

Olivenöl
400 g Sauerkraut ohne Saft
1 Lorbeerblatt
1 Wacholderbeere
5 g Senfkörner
50 g Bio-Eiweiß
15 ml Apfelbalsam
15 ml Apfelessig
15 ml weißer Balsamessig
25 ml Sushi Su (Würzessig für Sushireis)
400 ml Traubenkernöl
Salz und Pfeffer

FÜR DIE SAUERKRAUT-VINAIGRETTE:

500 ml Sauerkrautsaft
2 g Xanthan (Geliermittel), alternativ Agar-Agar
25 ml weißer Balsamessig
25 ml Apfelessig
25 ml Apfelbalsam
Salz und Pfeffer

FÜR DEN WEISSKOHLSALAT:

300 g Weißkohl
Olivenöl
Salz
Kirschblütenessig, alternativ Garam-Masala-Essig

FÜR GEMÜSE UND SCHAUM:

4 Spitzkohlblätter
Salz
4 Frühlingszwiebeln
1 Stange Lauch
300 ml Pflanzenöl
2 Zwiebeln
200 ml Weißwein
1 l Geflügelfond
300 g Schlagsahne extra (Konditorsahne, 40 % Fett)
Pfeffer
frisch gepresster Saft von 2 Zitronen
verschiedene Kräuter zum Servieren

Waseem

Geboren wurde ich, WASEEM, vor 42 Jahren in Pakistan als eines von fünf Kindern in einer gut situierten Familie. In meiner Kindheit war mein Leben noch wohlbehütet, Pakistan ist ein schönes Land. Wir hatten eine große Familie und viele Freunde. Unsere Familie betrieb einen Großhandel, mein Vater hatte eine gute Beamtenposition. So führten wir fast ein normales Leben. Als Mitglieder der »Ahmadiyya Muslim Jamaat«-Gemeinde wurden wir allerdings immer mehr unterdrückt und angefeindet. Unsere Gemeinde hat einen eigenen Kalifen und den einfachen Leitspruch »Liebe für alle und Hass für keinen«. Sie sucht daher auch den Frieden mit anderen Religionen wie Christentum und Judentum. Das war damals allen, die Religion mit einem weltlichen Alleinvertretungsanspruch verbinden, ein Dorn im Auge. So wurden Ahmadiyya-Muslime immer mehr ausgegrenzt. Das bedeutete für uns, dass wir in Pakistan keine Menschenrechte wie Meinungs- und Religionsfreiheit oder das Wahlrecht hatten. Als die Anfeindungen immer bedrohlicher wurden, man uns mit Messern angriff und unsere Häuser niederbrannte, beschloss mein Vater, Pakistan zu verlassen, um seine Familie zu schützen. Es war ihm klar, dass er alles verlieren würde und mit Nichts ein völlig neues Leben in der Fremde anfangen müsste. Aber Überleben war wichtiger.

Bei unserer Abreise dann der Schock: Als wir am Flughafen Islamabad für den Flug nach Frankfurt einchecken wollten, durften wir, meine Schwester und ich, als minderjährige Kinder nicht ausreisen. Das war eine einschneidende Trennung, denn plötzlich waren unsere Eltern weg, wir wussten nicht, wo sie landen würden und ob wir uns je wiedersehen würden. Wir kamen vorerst bei Verwandten unter.

Ein Jahr später, 1990, konnten wir im Rahmen der Familienzusammenführung doch nach Deutschland nachkommen. Wir lebten zunächst in Emden. Ohne Eltern hatten wir in Pakistan Angst, die Geborgenheit und das »Heimatgefühl« waren weg. Wir haben deshalb tagelang vor Glück geweint, als wir uns in Deutschland wiedergesehen haben. Wo die Familie war, war unser Zuhause, Deutschland war deshalb für mich sofort positiv besetzt, ein neues Zuhause. Aber dann kamen die Schwierigkeiten, alles war ungewohnt, die Sprache, das Wetter, die Sitten, die Gebräuche. Der größte Rückschlag war, dass ich kein Abitur machen durfte. Die Aufnahmeprüfungen für das Gymnasium hatte ich bereits bestanden, doch wegen des noch laufenden Asylverfahrens wurde ich abgelehnt. Das habe ich nicht verstanden und es hat mich sehr demotiviert. Ich war so aufgewachsen, dass gute Bildung die wichtigste Grundlage für das Erwachsenenleben ist.

Beschämt hat uns, dass wir abhängig von Sozialhilfe lebten, weil wir nicht arbeiten durften. Wir wollten wie in Pakistan selbst für uns sorgen können. Nach Abschluss des Asylverfahrens 1995 zogen wir nach Mannheim. Um nicht mehr vom deutschen Staat abhängig zu sein, verzichtete ich auf Schule und Ausbildung und machte verschiedene einfache Jobs, Pizza ausfahren zum Beispiel. Später bewarb ich mich bei der Hamburg-Mannheimer Versicherung. Und ja, meine Familie und ich schafften es, uns eine wirtschaftliche Grundlage zu erarbeiten.

Vor 20 Jahren gründete ich mein erstes Geschäft in Heidelberg, einen kleinen Asia-Lebensmittelladen. Weitere Geschäfte folgten. Endlich konnte ich der Gesellschaft etwas zurückgeben. Ich schaffte Arbeits- und Ausbildungsplätze und wurde in verschiedenen Vereinen aktiv.

Nach einiger Zeit engagierte ich mich auch politisch. Am eigenen Leib hatte ich die Fehler der Integrationspolitik erfahren. Nun wollte ich mithelfen, bei der Integration die Potenziale der Menschen in den Mittelpunkt zu stellen und Zugewanderte nicht in die Abhängigkeit der Sozialsysteme zu drängen. Zunächst arbeitete ich im Migrationsrat, der eine harte, aber gute politische Schule ist. Als erster Deutscher mit pakistanischen

Waseem

Wurzeln wurde ich schließlich 2014 in den Heidelberger Gemeinderat gewählt. Vom Flüchtling zum Stadtrat – das erfüllt mich bis heute mit Stolz.

Endlich hatte ich es geschafft, und ich bin Deutschland noch immer dankbar, dass man uns aufgenommen hat. Ohne die Unterstützung vieler Nachbarn und Freunde, die an uns geglaubt und uns über die bürokratischen Hürden geholfen haben, wäre so ein Weg jedoch unmöglich gewesen. Ich bin mir sicher, dass jeder Mensch, der sich auf eine Flucht begibt, eine Chance verdient hat. Jedem Geflüchteten muss aber bewusst sein, dass wir alle gemeinsam auf dieser Welt leben. Ein gegenseitiges Geben und Nehmen sollte selbstverständlich sein.

Mein Lieblingsgericht ist *Chicken Korma* mit Zutaten wie Kokoscreme, Mandelsplitter, Chili, Kurkuma und Koriander, dazu *Chapati* oder Basmatireis. Bei uns kochen sowohl Männer als auch Frauen. Meine Mutter zum Beispiel hat das Kochen von meinem Vater gelernt. Hier in Deutschland lieben wir es, international zu kochen, vor allem pakistanisch, italienisch und deutsch, also sehr abwechslungsreich und sehr weltoffen.

Chapati

Für 4 Personen

200 g Weizenmehl
½ TL Salz
1 EL Ghee, alternativ Pflanzenöl

Das Mehl mit Salz und Ghee vermischen, etwas Wasser hinzufügen und zu einem Teig verkneten. So lange Wasser zugeben, bis ein gebundener, gut formbarer Teig entstanden ist, der nicht mehr klebt.

Den Teig zu acht etwa gleich großen Kugeln formen und diese mit dem Nudelholz zu sehr dünnen Fladen ausrollen.

Die Chapatis in einer heißen, beschichteten Pfanne ohne Öl ausbacken. Sobald der Teig anfängt Blasen zu werfen, wenden und auf der anderen Seite ebenfalls kurz anbraten.

Chicken Korma

Die Zwiebeln schälen, in Streifen schneiden und in etwas Öl anbraten. Sobald sie eine braune Farbe angenommen haben, aus der Pfanne nehmen. Auskühlen lassen und mit dem Joghurt mischen.

Ingwer und Knoblauch schälen und fein würfeln. Die Nelken mit Kardamom und Koriandersamen in der Pfanne etwa 30 Sekunden anrösten. Das Hähnchenfleisch vom Knochen lösen und in grobe Würfel schneiden, ebenfalls in die Pfanne geben. Sobald das Fleisch rundum weiß geworden ist, Ingwer, Knoblauch, Safran und gemahlenen Koriander zugeben, dann mit Chilipulver, Garam Masala, Kurkuma sowie etwas Salz und Pfeffer abschmecken. Das Fleisch dabei weiterbraten und gut mit den Gewürzen vermengen, bis es rundum damit überzogen ist.

Nun den Joghurt zusammen mit 200 ml Wasser einrühren. Die Sauce aufkochen und bei schwacher Hitze ca. 30 Minuten weiterköcheln lassen, bis eine sämige Konsistenz erreicht ist.

Vor dem Servieren ein paar Tropfen Kewrawasser untermischen.

Für 4 Personen

2 Zwiebeln
Pflanzenöl
250 g Joghurt
1 cm frischer Ingwer
1 Knoblauchzehe
5 ganze Gewürznelken
1 TL Kardamomkapseln
1 TL Koriandersamen
500 g Hähnchenbrust mit Knochen
ein paar Safranfäden
1 TL gemahlener Koriander
Chilipulver
Garam Masala (indische Gewürzmischung)
gemahlene Kurkuma
Salz und Pfeffer
einige Tropfen Kewrawasser

Ph. Stein

Philipp

PHILIPP STEIN ist einer der jüngsten Sterneköche Deutschlands. Aufgewachsen in ***Steins Traube***, dem Restaurant seiner Eltern, begab er sich später auf Wanderschaft zu namhaften Köchen wie Dieter Müller, Michael Kammermeier und Helmut Thieltges. Seit Januar 2014 ist er Küchenchef im ***Favorite Restaurant Mainz***, in dem er sich mit nur 24 Jahren seinen ersten Michelin-Stern erarbeitet hat. Sein Stil ist international und saisonal mit einer klassischen Basis, bei der der Fokus auf dem Produkt liegt.

ARBEITEN BEI IHNEN FLÜCHTLINGE IM BETRIEB?

Ja, dieses Jahr hat ein junger Afghane seine Lehre bei uns begonnen.

WAS HAT SIE DAZU BEWEGT, BEI DIESEM PROJEKT MITZUWIRKEN?

Als Koch hat man selten die Möglichkeit, mit seinem beruflichen Können anderen zu helfen, aber wenn sich dann einmal die Chance ergibt, wie es bei diesem großartigen Projekt der Fall ist, halte ich es für selbstverständlich, dass man diese auch nutzt!

HABEN SIE EIN LEBENSMOTTO ODER SPRICHWORT, DAS SIE BESONDERS BEGLEITET?

Bleibe niemals stehen. Wenn du aufhörst, besser werden zu wollen, beginnst du, dich zu verschlechtern.

Meeresfrüchte »Shakshuka«

PAKISTANISCHER TOMATEN-GEMÜSE-EINTOPF MIT MEERESFRÜCHTEN UND POCHIERTEM EI

PHILIPP STEIN

Für 4 Personen

FÜR DIE TOMATENSAUCE:
1 Knoblauchzehe
1 kleine Chilischote
3 EL Olivenöl
1 TL Fenchelsamen
1 TL Koriandersamen
1 EL Schalottenwürfel
1 TL Selleriewürfel
1 EL Karottenwürfel
1 l passierte Tomaten
1 Msp. Safran
1 Msp. Garam Masala (indische Gewürzmischung)
3 Stängel Koriandergrün
3 Stängel Majoran

FÜR DIE EIER:
4 Bio-Eier
3 EL schwarze Quinoa
3 EL weiße Quinoa
grobes Meersalz
300 ml halbflüssiges Frittierfett

FÜR DIE MEERESFRÜCHTE:
200 g Vongole (Venusmuscheln)
50 g Fenchelwürfel
30 g Karottenwürfel
30 g Schalottenwürfel
Butter
100 ml Weißwein
100 g Calamaretti
200 g kleine Wildgarnelen
Salz und Pfeffer

FÜR DIE SAUCENEINLAGE:
je 1 rote und gelbe Paprikaschote
1 Aubergine
2 Schalotten
Olivenöl
Salz und Pfeffer
5 Stängel Koriandergrün
4 Stängel glatte Petersilie

Meeresfrüchte »Shakshuka«

PAKISTANISCHER TOMATEN-GEMÜSE-EINTOPF MIT MEERESFRÜCHTEN UND POCHIERTEM EI

Für die Sauce den Knoblauch schälen und hacken, die Chilischote waschen, entkernen und würfeln. Das Olivenöl in einem Topf erwärmen. Fenchel- und Koriandersamen hineingeben und schonend anrösten, dann Knoblauch, Chili, Schalotte, Sellerie und Karotte farblos anschwitzen. Mit den passierten Tomaten aufgießen, Safran und Garam Masala einrühren und um ein Drittel einkochen. Dann alles fein pürieren. Die Kräuter fein schneiden, hineingeben, 5 Minuten ziehen lassen und durch ein grobes Sieb passieren.

Die Eier in der Schale für 1 Stunde bei 65 °C im Dämpfer garen, alternativ bei 65 °C (Ober-/Unterhitze) im Ofen dämpfen, und bis zum Anrichten warm halten. Beide Quinoasorten in der Zwischenzeit separat in leicht gesalzenem Wasser weichkochen. Danach auf ein Backpapier geben und bei 70 °C (Umluft) im Ofen trocknen. Sobald die Quinoa getrocknet ist, das Frittierfett in einem Topf auf 220 °C erhitzen und die Körner ganz kurz hineingeben, bis sie (wie Popcorn) aufpoppen. Dann direkt mit einer Schaumkelle herausheben und auf Küchenpapier abtropfen lassen, gegebenenfalls leicht salzen.

Die Vongole in kaltem Wasser gut durchwaschen, kaputte Muscheln aussortieren. Die Gemüsewürfel farblos in einem Topf mit etwas Butter anschwitzen, dann die Muscheln dazugeben, mit Weißwein ablöschen, einen Deckel daraufsetzen und schonend dünsten, bis alle Schalen aufgesprungen sind. Den entstandenen Fond durch ein feines Sieb passieren, das Muschelfleisch aus der Schale holen und in den Fond geben, damit es schön saftig bleibt.
Nun die Calamaretti putzen, indem man Beine und Augen von der Tube abtrennt. Anschließend die Tube von allen Innereien befreien, um diese dann in feine Streifen zu schneiden. Die Garnelen aus der Schale brechen und entdarmen.

Für die Sauceneinlage Paprika und Aubergine waschen, putzen und in haselnussgroße Würfel schneiden. Die Schalotten schälen und hacken. Etwas Olivenöl erhitzen und das Gemüse darin farblos anbraten. Mit Salz und Pfeffer würzen und das Gemüse in die zubereitete Tomatensauce geben. Die Kräuter waschen, zupfen, hacken und beiseitestellen.

Zum Servieren Garnelen und Calamaretti salzen und pfeffern, dann in einer heißen Pfanne scharf anbraten. In der Zwischenzeit die Tomatensauce mit dem Gemüse erneut kurz erhitzen. Nun alle Meeresfrüchte, inklusive der Muscheln mit Fond, und die geschnittenen Kräuter in den Eintopf geben. In tiefen Tellern anrichten und je ein geschältes pochiertes Ei daraufgeben. Mit Meersalz würzen und die Quinoa darüberstreuen.

Kresse

Tim

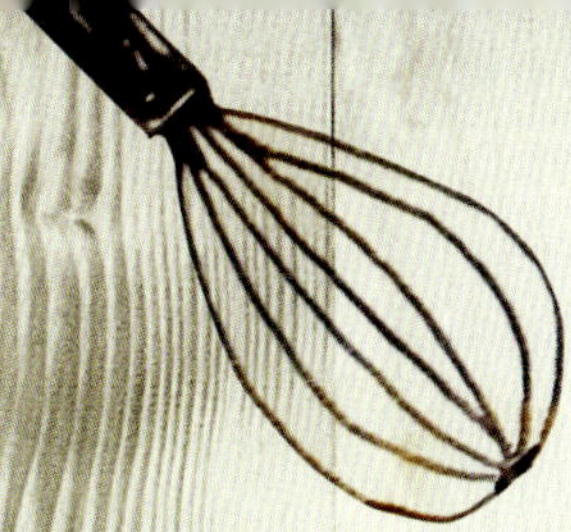

TIM KRESSE startete 2003 mit einer Konditorlehre in Hameln. Von 2007 bis 2013 arbeitete er im Rheingau im ***Burg Schwarzenstein***. Dort startete er als Commis und erarbeitete sich unter Sven Messerschmidt die Position des Chef Pâtissier. 2013 übernahm er im ***Gut Lärchenhof*** in Pulheim bei Köln in gewohnter Rolle die süße Seite der Küche. 2015 erfand er sich noch einmal neu und modernisierte seinen Stil, um die Gäste fortan mit leichten, verführerischen Desserts zu verwöhnen.

WAS HAT SIE DAZU BEWEGT, BEI DIESEM PROJEKT MITZUWIRKEN?

Mich freut, dass ein Teil des Verkaufspreises des Buches am Ende dem guten Zweck zukommt und viele noch junge Flüchtlingsprojekte damit unterstützt werden.

WAS HAT SIE ZU IHREM GERICHT INSPIRIERT?

Da ich bei uns in der Küche für den süßen Part verantwortlich bin, war es klar, dass ich auch hier für diesen Bereich etwas beisteuere. Ich wollte etwas Ungewöhnliches kombinieren und ein eher herzhaftes Gericht in ein Dessert verwandeln. Da mich die Verwendungsvielfalt der Tomate sehr beeindruckt, habe ich mich darauf konzentriert.

HABEN SIE EIN LEBENSMOTTO ODER SPRICHWORT, DAS SIE BESONDERS BEGLEITET?

Wer etwas in seinem Leben erreichen will, muss hart dafür arbeiten.

Taboulé-Dessert

TIM KRESSE

Taboulé-Dessert

Für das Mus Paprikasaft, 30 g Zucker, Agar-Agar, Zitronenabrieb und Salz aufkochen. Grieß sowie Eigelb einrühren und quellen lassen. Das Eiweiß mit dem restlichen Zucker steif schlagen und unter die zimmerwarme Grießmasse heben. Nun die Sahne steif schlagen, unterheben und das Mus in Förmchen füllen. Erkalten lassen, zum Herausnehmen leicht anfrieren.

Für das Sorbet die Tomaten waschen und entstrunken. Mit den Kräutern zusammen mixen. Ein Sieb mit einem sauberen Küchentuch auslegen, die Tomatenmischung hineingießen und über Nacht im Kühlschrank abhängen. Mit Salz, Zucker und Zitronensaft abschmecken. 350 ml des entstandenen Tomatenfonds mit dem Geliermittel aufkochen, den restlichen Tomatenfond zugeben und alles in einer Eismaschine abdrehen. Alternativ im Tiefkühler gefrieren, dabei immer wieder umrühren, damit möglichst kleine Eiskristalle entstehen.

Für das Tomatengel alle Zutaten miteinander aufkochen, erkalten lassen, fein mixen und zum Servieren in einen Spritzbeutel füllen.

Für den Puder die Minze bei 50 °C für 6 Stunden in einen Dörrautomat geben. Alternativ im Backofen bei 50 °C (Umluft) trocknen, dabei einen Holzlöffel in die Ofentür klemmen, damit die feuchte Luft entweichen kann. Anschließend mörsern, sieben und trocken stellen.

Für die Knusperchips den Amaranth mit 600 ml Wasser aufkochen, dann bei geringer Hitze weich garen. Mixen, auf eine Silikonbackmatte aufstreichen und bei 50 °C im Dörrautomaten 12 Stunden trocknen. Alternativ wie oben beschrieben in den Backofen geben. Anschließend in 200 °C heißem Fett aufpuffen, auf einem Küchenpapier abtropfen lassen und nochmals 2 Stunden in den Dörrautomaten bzw. Backofen legen.

Für die Tomatenchips die Tomaten waschen, pellen und die Haut bei 50 °C im Dörrautomat, alternativ im Backofen, 6 Stunden trocknen.

Für die Petersilienchips einen Teller mit Frischhaltefolie bespannen, mit etwas Öl einstreichen und die Petersilienblätter nebeneinander darauflegen. Für 10 Sekunden bei voller Kraft in die Mikrowelle stellen. Die frittierten Blätter auf Küchenpapier abtropfen lassen.

Für die Zitronenperlen alle Zutaten mit Ausnahme des Pflanzenöls zusammen aufkochen, dann leicht abkühlen lassen und in eine Spritzflasche füllen. Die Flüssigkeit langsam in das kalte Öl tropfen und darin fest werden lassen. Anschließend durch ein Sieb abgießen und die Perlen auf Küchenpapier abtropfen. Dabei ab und an das Papier wechseln. Die Perlen in einer kleinen Schüssel im Kühlschrank aufbewahren.

Den Paprikagrieß auf den Teller setzen, die Gurkenscheiben einrollen und je 3 Stück an das Grießmus setzen. Die Röllchen mit Tomatengel füllen und die Petersilienchips hineinstecken. Ein paar Zitronenperlen anlegen, eine Nocke Tomatensorbet auf den Grieß setzen, etwas Minzpuder über das Gericht streuen und mit Tomaten- und Amaranthchips garnieren.

Für 6 Personen

FÜR DAS PAPRIKAGRIESSMUS:
250 ml frischer Paprikasaft
50 g Zucker
1 ½ g Agar-Agar
abgeriebene Schale von 1 Bio-Zitrone
1 Prise Salz
45 g Grieß
40 g Eigelb
60 g Eiweiß
250 g Sahne

FÜR DAS TOMATENSORBET:
1 kg Tomaten
20 g Koriandergrün
20 g Minze
20 g Petersilie
10 g Salz
80 g Zucker
frisch gepresster Zitronensaft (nach Geschmack)
3 g Pectagel Rose (Geliermittel)

FÜR DAS TOMATENGEL:
500 ml Tomatensaft
6 ½ g Agar-Agar
1 Prise Salz
1 Prise Zucker

FÜR DEN MINZPUDER:
80 g Minze

FÜR DIE KNUSPERCHIPS:
150 g Amaranth
Frittierfett oder Pflanzenöl

FÜR DIE TOMATENCHIPS:
4 Tomaten

FÜR DIE PETERSILIENCHIPS:
Pflanzenöl
12 Stängel Petersilie

FÜR DIE ZITRONENPERLEN:
200 ml frisch gepresster Zitronensaft
80 g Zucker
20 g Vanillezucker
1 Prise Salz
4 g Agar-Agar
2 l kaltes Pflanzenöl

ZUM SERVIEREN:
1 Bio-Salatgurke, in hauchdünne Scheiben geschnitten

beliebige Förmchen

Nep

schwarzer Knoblauch
Dal Bhat
Linsen mit Reis
Nepal
Momos
Shakti
Paneer Korma
gekeimte Linsen
Lachs

Nepal

EINFACHE HOCHKÜCHE AM HIMALAYA

Tibet liegt am höchsten. Doch gleich an zweiter Stelle kommt Nepal und beeindruckt mit seinen Höhensuperlativen: Fast die Hälfte des Landes liegt über 3.000 Meter hoch, und der Mount Everest, den die Nepalesen Sagarmatha nennen, ist mit rund 8.850 Metern der höchste Berg der Welt. Er gehört zur Reihe der zehn Achttausender, die sich majestätisch zum Himalaya-Gebirge erheben. Acht dieser Berge liegen in Nepal, an der Grenze zum tibetischen Hochplateau Chinas, durch das sich tiefe Schluchten ziehen. Sie entstanden nicht nur durch Erosion, sondern wurden vor allem durch mehrere Flüsse gegraben, die allesamt in den Ganges münden. Nepal ist für viele Menschen ein Sehnsuchtsort. Vor Jahrzehnten waren es die Hippies, die in Scharen vor allem in die Hauptstadt Kathmandu einfielen und um die Wette kifften. Der traditionelle Cannabiskonsum hat im hinduistisch geprägten Nepal allerdings eine religiöse Komponente, denn für die Ureinwohner Kathmandus, die Newar, ist Hanf schon seit Jahrtausenden ein heiliges Kraut, das sie zu Ehren der Götter rauchen. Der Konsum nahm aber so überhand – eine der Hauptstraßen Kathmandus nannte man nur noch »Freak Street« –, dass in den 1970er-Jahren Cannabis verboten wurde. Offiziell wird nur noch einmal im Jahr zu Ehren der Göttin Shiva geraucht, inoffiziell wächst Cannabis im ganzen Land wie Unkraut, das Yaks gerne wegfuttern. Heute ist Nepal mit seiner zerklüfteten Bergwelt vor allem ein Sehnsuchtsort für Trekkingtouristen.

Nepal ist gerade mal so groß wie Österreich und die Schweiz zusammen, und doch ist dieses relativ kleine Land ein wahres Mosaik verschiedenster Ethnien. Über 100 Volksgruppen mit noch mehr Sprachen und Dialekten hat man dort inzwischen erfasst; fast alle heutigen Nepalesen stammen von Flüchtlingen bzw. Einwanderern ab, die entweder aus dem tibetischen Hochland im Norden oder aus dem südlich angrenzenden Indien kamen. Eine der bekanntesten und heute auch eine der größten Volksgruppen in Nepal, die Scherpas, wanderten im 16. Jahrhundert aus der chinesischen Provinz Sichuan nach Nepal aus. Man kennt dieses Phänomen auch aus anderen Teilen der Erde: Gebirge bieten ideale Rückzugsräume für Minderheiten. Die nepalesischen Volksgruppen sind überwiegend ländlich und bäuerlich geprägt, nur etwa ein Fünftel der Bevölkerung lebt in Städten. Die meisten Nepalesen sind Hindus, rund zehn Prozent der Bevölkerung sind Buddhisten. Eine klare Abgrenzung beider Glaubensformen gibt es in Nepal nicht, viele religiöse Feste überlagern sich oder werden gemeinsam gefeiert.

Dieses geografische und soziale Gefüge erklärt auch, warum die nepalesische Küche einfach ist und oftmals nur schwer abgrenzbar von der tibetischen und indischen. Nepal ist zudem ein sehr armes Land, das Nationalgericht *Dal Bhat* besteht nur aus Reis und Linsen. Es wird in ganz Nepal aus diesen beiden Grundzutaten zubereitet, aber in jeder Region anders gewürzt, meist mit Currys, die sehr unterschiedlich gemischt sein können. Jeder Händler und jeder Koch hat sein eigenes Geheimnis. In Nepal werden Currys in der Regel im Mörser frisch zerrieben. Was jedoch für alle Gewürzmischungen gilt: Zu viel macht das Essen bitter, nicht würziger. Sehr beliebt sind übrigens auch Knoblauch, Pfeffer, Chili, Ingwer, Senföl und zerlassene Yakbutter.

Nur die wenigsten Nepalesen können sich zu *Dal Bhat* Gemüse, Fisch oder gar Fleisch gönnen. Kommt also das beliebte *Dal Bhat* mit Spinat und Hühnchencurry auf den Tisch, ist es ein besonderes Festmahl, das es für viele Nepalesen nur einmal im Jahr gibt: anlässlich des »Dashain«, des größten hinduistischen Ernte- und Opferfests zu Ehren der Göttin Durga. Als Beilagen zu *Dal Bhat* werden meistens Zwiebeln gereicht oder unreife Mangos und Rettich, die in scharfe Chutneys mit Salz, Chili und Knoblauch getunkt werden. *Mula Ko Achar*, Rettich in Sesam und Öl eingelegt, ist eine beliebte Beilage. Wie viele Asiaten lieben auch Nepalesen scharfes Essen, wobei weniger das Essen selbst scharf ist, sondern die dazu gereichten Chutneys.

Nepal

Eine weitere nepalesische Spezialität ist außerdem *Sukuti*, getrocknetes Fleisch vom Yak oder Wasserbüffel, das mit Zwiebeln, Knoblauch, Chili und Koriander, manchmal auch mit Tomaten angebraten wird. Das Fleisch hängt zum Trocknen über offenem Feuer oder einige Tage in der Sonne. Beliebt sind aber auch *Choyla*, gegrilltes und scharf gewürztes Fleisch, *Alu Tama*, Kartoffeln mit Bambussprossen, *Chatamari*, ein flaches Brot aus Reismehl, das mit verschiedenen Zutaten, meist Gemüse, aber auch Hackfleisch belegt wird und an eine Pizza erinnert, sowie *Tarkari*, jegliche Art von Gemüse mit Curry, von dem es Tausende Variationen geben soll. Und neben *Dal Bhat* sind vor allem die *Momos* ein beliebter Snack, auch wenn sie nicht typisch nepalesisch sind, sondern aus Tibet kommen. Es sind kleine Teigtaschen, die mit Fleisch oder Gemüse gefüllt sind und gedämpft oder gebraten werden. Generell wird zu Mahlzeiten Reis oder auch *Tsampa* gereicht, ein Brei aus geröstetem Getreide, üblicherweise Gerste, den man mit der Hand zu kleinen Kugeln formt und dann isst.

Auch das eint die Inder und Tibeter mit den Nepalesen: ihre Liebe zum Tee. Ein typischer Tee aus Nepal ist der *Chai*, wie man ihn auch in Indien kennt, ein schwarzer Tee aufgekocht mit frisch geriebenem Ingwer, einer Zimtstange, Kardamom, Lorbeerblättern, Pfefferkörnern und natürlich Milch. Gesüßt wird mit Zucker oder Honig. Ebenso beliebt ist das Joghurtgetränk *Lassi*, angereichert mit Früchten der Saison. Das ist nicht nur erfrischend, sondern gibt zusammen mit *Dal Bhat* auch Kraft für die vielen Achttausender des Himalaya.

Sunil

Ich heiße SUNIL, bin 48 Jahre alt und komme aus Nepal, aus der Stadt Kathmandu. Mit über anderthalb Millionen Einwohnern ist Kathmandu die größte Stadt und gleichzeitig die Hauptstadt Nepals.

Am 25. April 2015 wurde meine schöne Heimat von einem sehr schweren Erdbeben getroffen. Über mehrere Wochen, bis in den Juni hinein, gab es immer wieder Nachbeben. Auch in Nachbarländern bebte die Erde, aber das Epizentrum lag rund 80 Kilometer nordwestlich von Kathmandu, mein Land und meine Stadt waren am stärksten betroffen. Fast 8.000 Menschen kamen ums Leben, wahrscheinlich sind es aber noch mehr, so genau weiß man das gar nicht, viele Gebäude und Häuser stürzten ein. Erdbeben sind wir zwar in Nepal gewohnt, weil das Land direkt an der Kante zweier großer tektonischer Platten liegt, die sich jedes Jahr um mehrere Zentimeter verschieben – so entstand auch mal das Himalaya-Gebirge. Aber dieses Erdbeben, oder besser, diese Serie von Erdbeben war die schlimmste, die Nepal je erlebt hat. Ganze Dörfer wurden zerstört, man sagt, über 600.000 Häuser sind eingestürzt. Die Vereinten Nationen gehen davon aus, habe ich gelesen, dass mehr als acht Millionen Menschen in Ländern wie Nepal, China und Indien davon betroffen sind und sehr viele von ihnen auf internationale Hilfe, vor allem auf Lebensmittel, angewiesen sind.

Auf dem Mount Everest hat das Erdbeben eine Lawine ausgelöst und das Basislager getroffen, mehrere Bergsteiger sind dabei ums Leben gekommen, darunter auch einige Ausländer. Kulturgüter sind ebenfalls betroffen; einige von ihnen zählen zum UNESCO-Weltkulturerbe. Viele Pagoden, Tempel und Paläste wurden beschädigt, der berühmte 61 Meter hohe Dharahara-Turm stürzte ein. Dies alles ist eine Katastrophe für das Land und vor allem für Kathmandu. Die allgemeine Versorgung war schon vor dem Erdbeben manchmal sehr schwierig; nur für wenige Stunden am Tag gab es Strom, Wasser wurde oft mit Tankwagen herangeschafft. Jetzt ist die Situation noch schwieriger. Eigentlich muss ein ganzes Land wieder aufgebaut werden. Der Tourismus, von dem Nepal stark abhängig ist, ist fast komplett zusammengebrochen, nur langsam erholt er sich wieder.

Kathmandu ist wie Nepal insgesamt sehr hinduistisch. Aber es gibt auch ein Nebeneinander von Hinduismus und Buddhismus, das kann man schön an manchen Tempelanlagen sehen. Auch Christen und Muslime gibt es in Kathmandu, aber sie bilden nur eine sehr kleine Minderheit. Ich selbst bin auch Hindu. Lange Zeit habe ich schon in Nepal als Koch gearbeitet, aber Nepal ist ein armes Land, man lebt oft in die Ungewissheit hinein. Eines Tages verlor ich leider meinen Job. Immer wieder bewarb ich mich um eine neue Stelle und hatte auch Vorstellungsgespräche, aber leider ohne Erfolg. Mir war klar, dass ich meine Familie nicht mehr würde ernähren können, wenn das so weiterginge. Mein Traum war es eigentlich immer, ein guter Koch zu werden und ein eigenes Restaurant zu eröffnen, in dem ich meine Gäste mit meinen Kreationen verwöhnen kann. Freunde sagten mir, ich solle doch nach Deutschland gehen, dort könne man richtig gut kochen lernen. Woher sie das wussten, weiß ich nicht. Aber ich glaubte ihnen. Und da ich noch besser kochen lernen wollte, um meiner Frau und meinem Sohn ein sorgenfreies Leben zu ermöglichen, habe ich so lange gespart, bis ich mir ein Flugticket leisten konnte, und machte mich allein auf die Reise nach Deutschland.

Sunil

Das war im Jahr 2007, und es war eine Reise in ein Land, von dem ich eigentlich nichts wusste. Allerdings habe ich einen Freund, den ich schon lange aus Kathmandu kenne und der seit einigen Jahren in Berlin ein eigenes indisch-nepalesisches Restaurant betreibt. Er war es eigentlich, der mich nach Deutschland gelockt hatte, mir gleich zu Beginn mit Behördengängen half und mich auf das Leben in Deutschland, das mir doch sehr fremd war, vorbereitete. Da ich aus Nepal alle Papiere mitgebracht hatte und im Restaurant meines Freundes einen Job bekam, ging es mit der Aufenthaltserlaubnis ziemlich schnell.

Ich habe mich von Anfang an in Deutschland wohlgefühlt, die Deutschen sind sehr nett zu mir. Wobei ich gestehen muss, dass ich nur wenige Deutsche kenne, ich habe vor allem nepalesische Freunde, die alle in Berlin leben. Was ich toll finde in Berlin, sind die vielen Bars und vor allem die Vielfalt an Restaurants, das kenne ich aus Nepal nicht, das fasziniert mich, und gerade in den Restaurants kann ich einiges dazulernen. Schade nur, dass in Deutschland nicht das berühmte nepalesische Fest »Dashain« gefeiert wird, das vermisse ich sehr. Es ist das größte und schönste hinduistische Fest in Nepal, man freut sich das ganze Jahr darauf, alle Menschen kommen zusammen und feiern. Ich glaube, das ist so ähnlich wie hier Weihnachten.

Ich hatte meiner Familie immer versprochen, zurückzukommen, ich vermisste sie sehr. Meine Aufenthaltsgenehmigung wurde regelmäßig für ein weiteres Jahr verlängert, nach vier Jahren war sie allerdings endgültig abgelaufen. Das war nicht schlimm, denn ich wollte sowieso nach Nepal zurück. Ich habe die Zeit bei meiner Familie und in meiner geliebten Heimat sehr genossen, aber leider konnte ich wieder keine Arbeit finden, obwohl ich lange gesucht habe. Und jetzt nach dem Erdbeben ist die Situation nicht einfacher geworden, im Gegenteil. So bin ich nun erneut in Deutschland gelandet und arbeite wieder im Restaurant meines Freundes.

Ich bin glücklich hier in Berlin, aber natürlich möchte ich irgendwann wieder zurück nach Nepal, denn meine Frau und mein inzwischen 16-jähriger Sohn wollen in Nepal bleiben. Wir telefonieren sehr häufig, aber es ist nicht dasselbe, wie bei ihnen zu sein, ich vermisse sie sehr. Wenn ich mich besonders an sie und an Kathmandu erinnern möchte, dann esse ich mein Lieblingsgericht *Dal Bhat Tarkari*, eine Linsensuppe kombiniert mit einem Gemüsecurry und Reis, dazu gibt es *Mula Ko Achar*, eingelegter Rettich in Sesam und Öl. Wenn ich das esse, träume ich davon, ein ganz normales Leben zu führen, gemeinsam mit meiner kleinen Familie.

Dal Bhat Tarkari

Für 4 Personen

FÜR DAS DAL (LINSENSUPPE):

30 g Butterschmalz oder Pflanzenöl
2 TL gemahlener Koriander
2 TL gemahlener Kreuzkümmel (Cumin)
1 TL gemahlene Kurkuma
1 Zwiebel
2 Knoblauchzehen
1 Chilischote
4 Tomaten
½ Bund Koriandergrün
150 g rote Linsen
Salz und Pfeffer

FÜR DAS BHAT (REIS):

300 g Basmatireis
Salz

FÜR DAS TARKARI (GEMÜSECURRY):

50 g Butterschmalz
1 TL gemahlener Koriander
2 TL gemahlener Kreuzkümmel (Cumin)
1 TL gemahlene Kurkuma
20 g frischer Ingwer
1 Zwiebel
3 Knoblauchzehen
2 Tomaten
2 festkochende Kartoffeln
1 Blumenkohl
Salz und Pfeffer
frisch gepresster Saft von 1 Limette
½ Bund Koriandergrün

Für die Suppe das Butterschmalz in einem Topf erhitzen und die Gewürze kurz darin anrösten. Zwiebel und Knoblauch schälen und fein würfeln, dann zugeben und glasig anschwitzen. Die Chili halbieren, in feine Streifen schneiden und mitbraten. Die Tomaten waschen, vierteln und vom Kerngehäuse befreien. Die Tomatenfilets und Koriandergrün klein schneiden und 1 Minute mitköcheln lassen. Das Innere der Tomaten anderweitig verarbeiten. Die Linsen einrühren, mit Salz und Pfeffer würzen und 300 ml Wasser aufgießen. Den Topfinhalt einmal aufkochen, dann bei schwacher Hitze ca. 45 Minuten köcheln lassen, bis die Linsen gar sind. Mit Salz und Pfeffer abschmecken.

Den Reis mit reichlich Wasser waschen, danach gut abtropfen lassen. In einem Topf mit 600 ml Salzwasser ca. 30 Minuten quellen lassen. Den Reis einmal aufkochen, dann bei schwacher Hitze 20 Minuten köcheln. Anschließend vom Herd nehmen und abgedeckt 10 Minuten ziehen lassen.

Für das Curry das Butterschmalz in einem Wok oder Topf erhitzen und die Gewürze darin anrösten. Ingwer, Zwiebel und Knoblauch schälen, fein hacken und glasig mitschwitzen. Die Tomaten vierteln, vom Kerngehäuse befreien, fein würfeln und 1 Minute mitköcheln lassen. Das Innere der Tomaten anderweitig verarbeiten. Die Kartoffeln schälen und in 1 cm große Würfel schneiden, den Blumenkohl waschen und in kleine Röschen teilen. Beides vorsichtig einrühren, dann 200 ml Wasser aufgießen und köcheln lassen, bis das Gemüse gar ist. Bei Bedarf Wasser nachgießen. Mit Salz, Pfeffer sowie Limettensaft abschmecken. Zum Schluss den Koriander hacken und untermischen.

Benjamin

BENJAMIN MAERZ absolvierte ab 2008 die Ausbildung zum Koch im elterlichen *Hotel und Restaurant Rose*. 2010 übernahm er die Küchenleitung, Anfang 2011 dann auch die Geschäftsführung des Unternehmens. Seit 2013 leiten er und sein Bruder Christian den Betrieb komplett und er erhielt den ersten Stern im *Guide Michelin*. Seine junge Küche begeistert erfahrene Gourmets ebenso wie Novizen in Sachen »Fine Dining«. Er lässt sich liebend gern von Gewürzen und Produkten aus aller Welt inspirieren.

GIBT ES ZUTATEN AUS DEN FLÜCHTLINGSLÄNDERN, DIE SIE HÄUFIGER BENUTZEN?
Wir arbeiten grundsätzlich mit vielen Produkten und Gewürzen aus der ganzen Welt und sind da sehr offen eingestellt. Es ist schwer, sich auf nur wenige, bestimmte Länder zu beschränken.

WAS HAT SIE DAZU BEWEGT, BEI DIESEM PROJEKT MITZUWIRKEN?
Ich finde es einfach eine großartige Sache. Wenn ich mir die Liste aller Spitzenköche anschaue, die sich an diesem Buch beteiligt haben, ist es doch ein Zeichen, wie unsere Gesellschaft der Flüchtlingskrise wirklich gegenübersteht und dass wir hier alle gemeinsam auf einem guten Weg sind. Oftmals hat man den Eindruck, dass jeder Einzelne mehr tun kann als die gesamte Politik zusammen.

WAS HAT SIE ZU IHREM GERICHT INSPIRIERT?
Ich habe mich bei dem Rezept von einem nepalesischen Gericht inspirieren lassen und es mit meinen Lieblingsprodukten ergänzt. In Nepal werden Linsen oftmals in Form eines *Dals* gekocht. Wir haben diesen Eintopf in eine leichte Variante umgewandelt, indem wir die Linsen lediglich gekeimt und dann später angemacht haben. So behalten die Linsen einen festen Biss und haben im Nachgeschmack immer noch eine »grüne« Note.

BENJAMIN MAERZ

Lachs

GEKEIMTE LINSEN | BLUMENKOHL | EIGELB | BUTTERMILCH

Die Linsen für 12 Stunden in Wasser einweichen. Anschließend abseihen und 3 Tage bei Raumtemperatur in einem Einmachglas keimen lassen. Danach noch mal komplett durchspülen. Das Vadouvan im Mörser fein mahlen, dann die Linsen mit Essig, Gewürzen und Öl abschmecken.

Für den Lachs aus Salz, Zucker, Ingwer, Sojasauce und Yuzusaft eine Beize anrühren und den Lachs hineinlegen. Alles vakuumieren oder in einen Gefrierbeutel füllen, die Luft gut herausstreichen und verschließen. Für 24 Stunden ziehen lassen.

Für die Eigelbe das Salz in eine flache Schale füllen und vier Mulden hineindrücken. Die Eigelbe in die Vertiefungen gleiten lassen und mit Salz bedecken. Für 24 Stunden im Kühlschrank abgedeckt ziehen lassen. Danach die Eigelbe vorsichtig abwaschen, trocken tupfen und 3 Stunden im Ofen bei 75 °C (Ober-/Unterhitze) trocknen.

Für den Sud Buttermilch und Senf zusammen mit Xanthan aufmixen, bis die gewünschte Konsistenz erreicht ist. Mit Salz abschmecken und den Säuregrad nach Belieben durch Zitronensaft oder Ponzu anpassen.

Den Blumenkohl waschen, putzen und in dünne Scheiben schneiden und flach auf ein Blech legen. Die Gewürze mit Essig, Öl und dem Zitronenabrieb zu einer Vinaigrette verrühren und die Blumenkohlscheiben damit einpinseln.

Zum Servieren den Lachs aus dem Beutel nehmen, abwaschen, trocken tupfen und in der Mitte des Tellers anrichten. Darauf die gekeimten Linsen platzieren. Den Blumenkohl drapieren, das Eigelb darüberreiben und den Buttermilchsud angießen.

Für 4 Personen

FÜR DIE LINSEN:
100 g schwarze Belugalinsen
1 TL gemahlenes Vadouvan (französisch-indische Gewürzmischung)
2 EL Reisessig
Salz und Pfeffer
2 EL Albaöl (Rapsöl mit Butteraroma)

FÜR DEN LACHS:
500 g Salz
25 g Zucker
etwas frisch geriebener Ingwer
25 ml helle Sojasauce
25 ml Yuzusaft (Yuzu = japanische Zitrusfrucht)
400 g Lachsfilet ohne Haut

FÜR DIE EIGELBE:
250 g Salz
4 sehr frische Bio-Eigelb

FÜR DEN BUTTERMILCHSUD:
200 g Buttermilch
50 g feiner französischer Senf
Xanthan (Geliermittel), alternativ Johannisbrotkernmehl
Salz
Zitronensaft oder Ponzusauce (japanische Sauce, nach Belieben)

FÜR DEN BLUMENKOHL:
150 g Blumenkohl
1 Msp. Ducca (äthiopische Gewürzmischung)
Salz
1 EL Reisessig
1 EL Albaöl (Rapsöl mit Butteraroma)
abgeriebene Schale von 1 Bio-Zitrone

Sebastian

SEBASTIAN SANDOR

erlernte die Grundlagen der klassischen Küche im ***Wald & Schlosshotel Friedrichsruhe*** und in ***Rüssels Landhaus St. Urban***. Bei Robert Stolz lernte er eine sehr regionale und naturbezogene Küche kennen und lieben, in Kyoto und Tokio eignete er sich Grundlagen und Techniken der japanischen Küche an. Im ***De Pastorale*** in Reet, Belgien, schafft er die Verbindung und setzt regionale wie saisonale Zutaten mit japanischen Akzenten in Szene – wobei immer das Produkt im Mittelpunkt steht.

GIBT ES ZUTATEN AUS DEN FLÜCHTLINGSLÄNDERN, DIE SIE HÄUFIGER BENUTZEN?
Eine Vielzahl an Gewürzen wie zum Beispiel Rosenwasser, Garam Masala, Koriander, Macis und viele weitere.

WAREN SIE SELBST SCHON IN EINEM FLÜCHTLINGSLAND?
Ich war vor fünf Jahren einmal auf einem dreiwöchigen Trip durch Nepal und Indien.

HABEN SIE EIN LEBENSMOTTO ODER SPRICHWORT, DAS SIE BESONDERS BEGLEITET?
Wege entstehen dadurch, dass wir sie gehen.

Momos

MIT GOLBERA ACHAR UND SCHWARZEM KNOBLAUCH

SEBASTIAN SANDOR

Momos

MIT GOLBERA ACHAR UND SCHWARZEM KNOBLAUCH

Für die Momos die Zwiebel schälen und würfeln. Die Tomate waschen, entstrunken und klein schneiden. Die Blätter vom Koriander abzupfen. Hackfleisch, Zwiebel, Tomate, Koriandergrün und sämtliche Gewürze vermengen und gut salzen.

Für den Teig das Mehl mit 1 ½ TL Salz und 100 ml Wasser in eine Küchenmaschine geben und mit den Knethaken etwa 15 Minuten zu einem geschmeidigen Teig verarbeiten. In Frischhaltefolie eingewickelt etwa 2 Stunden ruhen lassen. Aus dem Teig anschließend in 20–25 g schwere Kugeln formen und mit etwas Mehl etwa 2 mm dünn ausrollen. Mit einem Servierring gleichmäßige Stücke ausstechen, je 1 EL der Hackfleischmasse in die Mitte setzen und den Teig zusammenfalten. Die Momos vor dem Servieren ca. 8 Minuten in einem Topf mit Dämpfeinsatz garen.

Für das Golbera Achar Zwiebel und Knoblauch schälen und klein schneiden. Tomaten und Chili waschen, entstrunken bzw. entkernen und fein würfeln. Zusammen mit den restlichen Zutaten und 1 EL Wasser in einen Topf geben. Bei niedriger Temperatur unter gelegentlichem Umrühren ca. 45 Minuten köcheln lassen. Dann pürieren und durch ein sehr feines Sieb passieren.

Für das Knoblauchpüree den schwarzen Knoblauch schälen und mit Salz sowie 10 ml Wasser zu einer feinen Paste mixen.

Für den Tomatensalat ein paar Tomaten waschen, filetieren und zu einem feinen Concassé schneiden. Mit Salz, Pfeffer, geschnittenem Koriander und Gewürzöl abschmecken.

Zum Anrichten etwas Tomatensalat in der Mitte des Tellers platzieren und die gedämpften Momos daraufsetzen. Das Golbera Achar daneben verstreichen und verschiedene kleine Tomaten darauf verteilen. Diese mit Gewürzöl und Salz marinieren. Einige Tupfer schwarzen Knoblauch dressieren und alles mit Korianderblättern und Chiliringen garnieren.

Für 4 Personen

FÜR DIE MOMOS:

1 große Zwiebel
1 große Tomate
1 Bund Koriandergrün
200 g frisches Lammhack (oder Rinderhack; in Nepal und Tibet wird Yakfleisch verwendet)
1 TL frisch geriebener Ingwer
1 TL Currypulver
1 TL Garam Masala (indische Gewürzmischung)
1 TL Zitronenpfeffer
Salz
150 g Mehl, plus etwas mehr zum Arbeiten

FÜR DAS GOLBERA ACHAR:

1 Zwiebel
2 Knoblauchzehen
6 mittelgroße Tomaten
1 frische oder getrocknete Chilischote
2 Gewürznelken
1 Lorbeerblatt
1 TL frisch geriebener Ingwer
¼ TL gemahlene Kurkuma
½ TL gemahlener Koriander
1 TL Currypulver
1 TL Salz

FÜR DAS SCHWARZE KNOBLAUCHPÜREE:

50 g fermentierter Knoblauch (schwarzer Knoblauch, aus dem Asia- oder Feinkostladen)
Salz

FÜR DEN TOMATENSALAT:

Tomaten
Salz und Pfeffer
Koriandergrün
Gewürzöl

ZUM SERVIEREN:

verschiedenfarbige Tomaten
Gewürzöl
Salz
Korianderblätter
Chiliringe

Servierring (11 cm Ø)

Sudeep
MONTEREY
POP FESTIVAL

Mein Name ist SUDEEP und ich komme aus Kathmandu in Nepal. Ich bin 34 Jahre alt, aber ich fühle mich mindestens fünf Jahre jünger. In politischer Hinsicht macht Nepal seit vielen Jahren einen Veränderungsprozess durch. Zehn Jahre lang, zwischen 1996 und 2006, befand sich die Kommunistische Partei Nepals in einem Bürgerkrieg gegen die Monarchie, es gab sehr viele Tote. Besonders tragisch war es 2001, als unser König Birenda Bir Bikram Shah Dev bei einem Massaker, das sein eigener Sohn anrichtete, ermordet wurde. Der Sohn brachte auch noch seine Mutter, einige Geschwister und schließlich sich selbst um. Die Aufständischen des Massakers galten alle als Terroristen, es gab in den weiteren Protesten und Konflikten mehr Tote als in den sechs Jahren davor.

Immerhin, 2007 wurde die Monarchie offiziell durch das Parlament abgeschafft und 2008 eine demokratische Bundesrepublik ausgerufen. Viel besser ist es allerdings nicht geworden. Es gibt Dutzende von Parteien, und jede versucht »besser« oder »populärer« zu sein als die andere, doch in unseren Augen sind sie vor allem eines: korrupt. Außerdem gibt es durch unser Kastensystem ähnlich wie in Indien noch immer große Probleme. Minderheiten, untere Kasten oder Kastenlose, aber auch Frauen und Kinder werden oft diskriminiert und ausgebeutet, obwohl sie von der Verfassung geschützt werden. Jedes Jahr werden allein Tausende von jungen Mädchen verkauft und landen meistens in Bordellen in Indien. Amnesty International protestiert regelmäßig gegen diese menschenverachtenden Zustände, aber die Regierung interessiert das wenig.

Doch immer mehr Menschen, vor allem junge Leute, gehen auf die Straßen und protestieren für Veränderungen. Immer mehr Frauen sind auch mutig genug, für mehr Gleichheit und ein besseres Gesundheitssystem zu kämpfen. Leider haben die schweren Erdbeben 2015 das Land in seiner Entwicklung weit zurückgeworfen (siehe dazu auch das Porträt über Sunil, Seite 261). Dieses Mal jedoch, das wird sehr deutlich, haben die Nepalesen verstanden, dass man ein Land nur einen und zusammenhalten kann, wenn man sich gegenseitig hilft. Auch wenn das noch ein langer Weg sein wird. Aber hier im Westen, also vor allem in Deutschland, stelle ich fest, dass noch immer die Wunden des Zweiten Weltkrieges verarbeitet werden. In Nepal schauen wir immer nach vorne, wir denken immer an das Morgen. Wir sagen: Mit jedem Tag beginnt ein neuer Anfang.

Ich bin seit März 2015 in Deutschland, ich war seither nicht wieder in Nepal. Ich bin mit einer Deutschen verheiratet, ich habe sie in Kathmandu kennen- und liebengelernt. Wir haben dort eine Weile zusammengelebt, jetzt macht sie ihren Master in Deutschland, ich habe sie begleitet. Von Deutschland wusste ich nicht viel; in Südostasien ist Deutschland vor allem bekannt für Hitler, Fußball und Autos. Natürlich erlebe ich Deutschland jetzt anders. Das Erste, woran ich mich erinnere, als ich zum ersten Mal hier ankam: die Kälte! Damit meine ich hauptsächlich das Wetter, aber auch ein bisschen die Menschen und ihre Herzen. Auf mich machen die Deutschen zwar einen sehr zielstrebigen, aber auch sehr introvertierten Eindruck. Ich bin es aus Nepal gewohnt, dass das Leben sich draußen abspielt, dass man sich auf der Straße grüßt. Hier in Deutschland schließt jeder die Tür hinter sich zu und lebt alleine. Aber das hat auch etwas Gutes. Zum Beispiel sind die Autos viel ruhiger, es gibt nicht so viel chaotischen Straßenverkehr wie in Kathmandu, es ist überhaupt alles ruhiger hier, das kann sehr entspannend sein. Und die vielen großen Parks, das viele Grün und die tollen Landschaften, das gefällt mir sehr.

Für mich war der Westen immer sehr reich im Vergleich zu den Entwicklungsländern in Südostasien, ich hatte daher erwartet, dass ich sehr viel mehr Geld an meine Familie in Nepal schicken könnte. Ich musste aber

Sudeep

feststellen, dass höhere Einkommen auch höhere Steuern und sonstige höhere Ausgaben bedeuten. Das war für mich anfangs sehr schwer und ungewohnt, denn ich komme schließlich aus einem Land, in dem kaum Steuern gezahlt werden. Gehälter werden einem bar in die Hand gedrückt. Aber jetzt habe ich mich damit arrangiert und bin sehr stolz, dass ich mit dem Verdienst in dem indisch-nepalesischen Restaurant *OM*, in dem auch Sunil arbeitet, meine Familie in Kathmandu unterstützen kann.

Ich hatte außerdem die Erwartung, dass ich der Armut und den Herausforderungen eines Entwicklungslandes »entfliehen« könnte mit meiner Reise nach Deutschland, das viel reicher und viel weiter entwickelt ist als Nepal. Aber ich sehe auch, dass Deutschland seine ganz eigenen Herausforderungen meistern muss, es ist nicht alles Gold, was glänzt. Insofern wurden meine Erwartungen zwar erfüllt, aber anders, als ich zunächst dachte. Jetzt versuche ich, das Beste aus beiden Ländern für meine Frau, mich und meine Familie zu erreichen. Nach dem Motto: Reduziere deine Erwartungen, dann wirst du immer zufrieden sein.

Die Arbeit im Restaurant *OM* hier in Berlin macht mir zwar viel Spaß, aber ich mache sie vor allem wegen des Verdienstes. Meine große Leidenschaft ist nämlich die Musik, und ich gebe hier, wie auch schon in Nepal, Gitarrenunterricht. Manchmal spiele ich in Parks oder anderen Orten in der Stadt, das ist mein Hobby zur Entspannung. Meine Frau und ich werden eines Tages zurückgehen nach Nepal, wir möchten dort ein Spracheninstitut für Deutsch gründen, um eine kulturelle Brücke zu bauen, Studenten zu helfen und sie auf einen Aufenthalt in Deutschland vorzubereiten. Denn das habe ich hier ebenfalls gelernt: Unterrichtsmethoden, die Kreativität fördern und den Studenten eine gute Balance zwischen Geben und Nehmen vermitteln.

Kochen und Essen spielen eine große Rolle in meinem Leben. Wie eigentlich alle Nepalesen liebe ich *Dal Bhat Tarkari*, also Linsen mit Reis und vielen verschiedenen Gemüsearten, nicht umsonst ist es unser Nationalgericht. *Momos*, die gefüllten Teigtaschen, dürfen auch nicht fehlen. Das essen wir in Nepal zweimal am Tag, zum Mittag- und Abendessen. In Deutschland kochen wir das vor allem für das große Fest »Mha Puja«, und inzwischen sind offenbar auch viele Deutsche fasziniert von der Vielfalt des *Tarkari*. In Nepal ist die Zubereitung von *Dal Bhat Tarkari* eigentlich Frauensache, es kochen die Mütter, Schwestern oder Ehefrauen, die Männer halten sich da eher zurück. Hier in Berlin ist es natürlich anders. Im Restaurant *OM* bereitet der Koch wirklich das beste *Dal Bhat Tarkari* von Berlin zu, ich schwöre! Inzwischen koche ich auch, meine Frau sagt, ich mache Fortschritte.

Hier in Deutschland liebe ich vor allem Nudeln mit Gorgonzolasauce, wie meine Schwiegermutter sie macht! Aber ich bin vor allem ein großer Fan der »Kaffee-und-Kuchen-Zeit«, die es offenbar, so mein Eindruck, in jeder deutschen Familie gibt. Deutschland hat eine so große Vielfalt an Kuchen, Gebäck und Broten! Meine Favoriten sind Käsekuchen und Schwarzwälder Kirschtorte. Aber auch Apfel-Crumble ist nicht schlecht, und vor allem mag ich Erdbeerkuchen. Oh ja, deutsche Kuchen liebe ich!

Momos

Für den Teig alle Zutaten mit 100 ml Wasser in einer Schüssel vermengen und durchkneten. Den Teig 30 Minuten bei Zimmertemperatur ruhen lassen, dann erneut durchkneten. Sollte er zu klebrig sein, noch etwas Mehl einarbeiten, ist er zu trocken und reißt schnell, etwas mehr Wasser zugießen. Auf einer bemehlten Arbeitsfläche etwas dünner als Nudelteig (ca. 2 mm dick) ausrollen und mit der Form Kreise ausstechen. Wer keinen Ausstecher in passender Größe hat, kann auch ein Glas mit entsprechendem Durchmesser zu Hilfe nehmen.

Für die Füllung Ingwer, Schalotten und Knoblauch schälen. Die Chili waschen, putzen und entkernen. Alles zusammen mit dem Koriandergrün fein hacken. Alle Zutaten in einer Schüssel vermengen und gut durchkneten. Mit Salz und Pfeffer abschmecken. Die Masse schmeckt roh milder als im gegarten Zustand. Wer sich unsicher ist, formt einen kleinen Kloß und gart ihn zur Probe in siedendem Wasser.
Wenn die Würze stimmt, je 1 gehäuften EL der Füllung auf die Teigkreise geben. Den Teig oberhalb der Füllung zusammenklappen und fest zusammendrücken, damit er beim Garen nicht aufgeht. Einen breiten Topf mit Wasser füllen, einen Dämpfeinsatz einhängen, die Momos mit Öl einpinseln und nebeneinander auf den Dämpfeinsatz legen. Ca. 10 Minuten garen.

Die Momos eignen sich wunderbar als Einlage in pikanten Hühnerbrühen, können aber auch mit nepalesischer Tomatensuppe oder Chutney serviert werden.

Für 4 Personen

FÜR DEN TEIG:
150 g Weizenmehl, plus mehr bei Bedarf
1 EL Olivenöl, plus mehr zum Garen
1 Prise Salz

FÜR DIE FÜLLUNG:
40 g frischer Ingwer
4 Schalotten
3 Knoblauchzehen
1 Chilischote
½ Bund Koriandergrün
500 g Hackfleisch (Rind, Schwein oder Hühnchen)
1 TL gemahlene Koriandersamen
1 TL gemahlener Kreuzkümmel (Cumin)
2 EL Butterschmalz
Salz und Pfeffer

Mehl zum Arbeiten
runde Ausstechformen (5 cm ∅)

Christoph

CHRISTOPH BRAND begann seine Ausbildung in einem kleinen Restaurant in seiner Heimatstadt Fritzlar. Zehn Jahre später machte er sich mit seinem Cateringunternehmen *Fliegende Köche* selbstständig. Seither arbeitet und kocht er sowohl mit bekannten Gesichtern der Branche als auch für Musiker und Künstler, darunter Marteria, Xavier Naidoo, Tim Bendzko, Otto und viele mehr. Dabei bleibt er seinem Motto »Du musst das Kochen lieben, als wärst du immer Gast geblieben« stets treu.

GIBT ES ZUTATEN AUS DEN FLÜCHTLINGSLÄNDERN, DIE SIE HÄUFIGER BENUTZEN?
Ich verwende sehr gerne Bulgur und Couscous, genauso wie Koriander, Chili, Kardamom, Ingwer und diese unfassbar große Vielfalt an Aromen und Gewürzen.

WAS HAT SIE DAZU BEWEGT, BEI DIESEM PROJEKT MITZUWIRKEN?
Es ist ein toller Weg, ein wenig die Distanz zu verkürzen und insgesamt zum besseren Verständnis beizutragen. Und wo geht das besser als beim Kochen bzw. Essen? Die Gastronomie ist auf der ganzen Welt wahrscheinlich das Berufsfeld mit der größten Mischung an Nationalitäten. Wenn es da funktioniert, wieso nicht auch überall sonst!

WAS HAT SIE ZU IHREM GERICHT INSPIRIERT?
Nepal fand ich besonders spannend, da Freunde, die gerade von einer Nepalreise zurückgekommen waren, mir von einem Gericht vorgeschwärmt haben. Da war ratzfatz klar, dass ich aus den Erzählungen etwas Eigenes kreieren wollte.

CHRISTOPH BRAND

Dal Bhat

LINSEN MIT REIS

Für den Fond Chili, Zitronengras und Blumenkohl waschen und putzen. Die Chili entkernen und fein schneiden. Das Zitronengras andrücken. Den Blumenkohl in Röschen teilen. Die Currypaste in einem Topf kurz anrösten, dann Öl sowie alle anderen Zutaten, mit Ausnahme der Gemüsebrühe und des Blumenkohls, dazugeben. Alles gut anschwitzen, dann mit Brühe ablöschen. 15 Minuten köcheln lassen, anschließend durch ein feines Sieb passieren. Den durchgesiebten Fond erneut aufkochen und den Blumenkohl darin blanchieren, sodass er noch etwas Biss hat. Dann herausnehmen und beiseitestellen. Den Fond um ein Drittel reduzieren lassen, mit Speisestärke leicht abbinden sowie mit Salz nachschmecken.

Für die Linsen die Schalotten schälen und fein würfeln. Jeweils die Hälfte der Schalotten in zwei separaten Töpfen in etwas Olivenöl anschwitzen und mit grobem Curry würzen. Die roten und schwarzen Linsen in je einen der Töpfe geben. Kurz mit anschwitzen, dann jeweils mit der Brühe aufgießen. Langsam köcheln lassen, dabei immer im Auge behalten, da die Linsen leichten Biss haben, aber weder zu matschig noch zu hart sein sollten. Die Orange waschen, abtrocknen und die Schale fein abreiben. Dann die Frucht halbieren und den Saft auspressen. Die Linsen mit Salz, Pfeffer, Orangensaft und -abrieb sowie etwas Honig abschmecken.

Den Basmatireis kochen (das geht am besten mit einem Reiskocher, funktioniert aber auch im normalen Topf). Die Dorade in vier Portionen teilen und in einer heißen Pfanne mit ein wenig Öl zuerst auf der Haut kross braten, dann wenden und noch kurz auf der anderen Seite ziehen lassen. Mit Meersalz würzen.

Zum Servieren Erbsen, Babymöhren und Zwiebelringe kurz in Butter anschwitzen, leicht salzen und zuckern, bei Bedarf in der gleichen Butter noch mal den Blumenkohl erhitzen. Alles in tiefen Tellern anrichten, den sensationell gelb leuchtenden Fond angießen und mit verschiedenen Kräutern dekorieren.

Für 4 Personen

FÜR FOND UND BLUMENKOHL:
1 Chilischote
1 Stängel Zitronengras
½ Blumenkohl
1 TL gelbe Currypaste
2–3 EL Pflanzenöl
1 EL brauner Zucker
2 Scheiben frischer Ingwer
1 Msp. Safran
2 EL Sweet Chilisauce
6 EL helle Sojasauce
500 ml Gemüse- oder Hühnerbrühe
etwas angerührte Speisestärke und Salz

FÜR DIE LINSEN:
4 Schalotten
Olivenöl
2 TL grobes Currypulver
4 EL rote Linsen
4 EL schwarze Linsen
800 ml Gemüsebrühe
1 Bio-Orange
Salz und schwarzer Pfeffer
Honig

AUSSERDEM:
250 g Basmatireis
400 g Doradenfilet mit Haut
Pflanzenöl
gutes Meersalz

ZUM SERVIEREN:
1 Handvoll Erbsen
4 blanchierte Babymöhren
ein paar rote Zwiebelringe
1 EL Butter
Salz und Zucker
frische Kräuter (z. B. Schnittlauch, Borretsch, Pimpinelle, Kerbel, Sauerampfer, Petersilie, Kresse)

Boris

BORIS ROMMEL, 1984 in Karlsruhe geboren, startete seine Karriere mit einer Ausbildung zum Koch im *Hotel-Restaurant Erbprinz* (1 Michelin-Stern) in Ettlingen. Es folgten Stationen unter anderem bei Claus-Peter Lumpp im *Restaurant Bareiss* in Baiersbronn (3 Michelin-Sterne) sowie im *Schlosshotel Bühlerhöhe* (2 Michelin-Sterne). Seit Anfang 2016 ist er Küchenchef im *Wald & Schlosshotel Friedrichsruhe*, wo er innovative Menüs mit »französischem Charme« und regionalen Einflüssen kreiert.

GIBT ES ZUTATEN AUS DEN FLÜCHTLINGS-LÄNDERN, DIE SIE HÄUFIGER BENUTZEN?

Die Gewürze dieser Länder, wie zum Beispiel Kardamom, Kreuzkümmel und Safran, werden des Öfteren in unsere Gerichte integriert. Sie sind sehr intensiv und für die meisten Deutschen bisher eher ungewöhnlich. Dies mit unserer klassischen Küche zu kombinieren, ist eine tolle Herausforderung.

ARBEITEN BEI IHNEN FLÜCHTLINGE IM BETRIEB?

Ja, am 1. September startete ein junger Afghane seine Ausbildung bei uns in der Küche im *Wald & Schlosshotel Friedrichsruhe*. Wir sind sehr gespannt, wie er sich entwickelt, und freuen uns sehr, ihm eine Perspektive bieten zu können.

HABEN SIE EIN LEBENSMOTTO ODER SPRICHWORT, DAS SIE BESONDERS BEGLEITET?

»Der Erfolg ist nicht danach zu beurteilen, was ein Mensch im Leben erreicht, sondern nach den Hindernissen, die er auf dem Weg zum Erfolg überwunden hat.« (Booker T. Washington)

Shahi Paneer Korma

MIT CHAPATI

BORIS ROMMEL

Für 4 Personen

FÜR DEN PANEER:
1 l Milch
Salz
25 ml frisch gepresster Zitronensaft

FÜR DIE EINGELEGTE ZWIEBEL:
50 ml Reisessig
50 ml Mirin (japanischer Reiswein)
1 EL Zucker
1 rote Zwiebel

FÜR DAS CURRY:
20 Mandeln
150 g Zwiebeln
1 grüne Chilischote (nach Belieben)
3 cm frischer Ingwer
5–6 Knoblauchzehen
½ TL Shahi Jeera (Schwarzkümmel)
3 cm Zimtstange
3 Kardamomkapseln
4 Gewürznelken
3 Muskatblüten (Macis)
2 EL geklärte Butter oder Ghee
¼ TL schwarzer Pfeffer
½ TL gemahlener Koriander
100 g griechischer Joghurt
3 TL Sahne
Salz
1 TL Rosenwasser

ZUM SERVIEREN:
griechischer Joghurt
grüne Mandeln, alternativ geröstete Mandeln
Safranfäden
frische Korianderblätter
getrocknete Rosenblütenblätter
Curry-Gewürzöl
Chapati

Shahi Paneer Korma

MIT CHAPATI

Für den Paneer die Milch langsam auf 93 °C erhitzen. Mit Salz abschmecken und unter vorsichtigem Rühren den Zitronensaft einfließen lassen. Beständig weiterrühren, bis die Milch gerinnt.
Die geronnene Milch vorsichtig mit einer Kelle aus dem Topf nehmen und in ein mit einem Leinentuch ausgelegtes Sieb füllen. Mit dem Tuch zudecken und mit einer Schüssel Wasser beschwert etwa 1 Tag im Kühlschrank abhängen lassen.

Für die eingelegte Zwiebel Reisessig, Mirin und Zucker zusammen aufkochen. Die rote Zwiebel schälen, in feine Streifen schneiden und mit der heißen Flüssigkeit übergießen. Mindestens 6 Stunden ziehen lassen.

Für das Curry 60 ml Wasser aufkochen und über die Mandeln gießen. Diese etwa 45 Minuten einweichen, dann abgießen, die Flüssigkeit dabei auffangen, und schälen. Die geschälten Mandeln mit etwa 4 EL des Einweichwassers zu einer feinen Paste mixen.Die Zwiebeln schälen, in feine Würfel schneiden und in 200 ml Wasser weich köcheln. Anschließend mit etwa 3 EL des Kochwassers zu einer Paste pürieren. Die Chili, falls verwendet, waschen, putzen, entkernen und fein schneiden.

Ingwer und Knoblauch schälen, dann in einem Mörser fein zerstoßen. Schwarzkümmel, Zimt, Kardamom, Nelken und Macis in der geklärten Butter anrösten, bis sich die Aromen entfalten. 2 EL von der Knoblauch-Ingwer-Paste zugeben und kurz mitdünsten. Zwiebel- und Mandelpaste zugeben und 3–4 Minuten köcheln lassen. Anschließend Pfeffer, Koriander sowie nach Belieben die Chili zugeben und weitere 30 Sekunden köcheln. Unter ständigem Rühren nach und nach Joghurt, Sahne und 200 ml Wasser zugeben. Mit Salz und Rosenwasser abschmecken und durch ein feines Sieb passieren.

Zum Anrichten den Paneer rund ausstechen und in der Mitte des Tellers platzieren. Einige Tupfer Joghurt über den Käse geben und mit gehobelten grünen Mandeln, Safranfäden, der eingelegten Zwiebel sowie Koriander- und Rosenblütenblättern ausgarnieren. Etwas Currysud angießen und mit dem Curry-Gewürzöl beträufeln. Mit frischem Chapati servieren.

Pimientos Creme
Salz Zitronen
Erdnuss
Milch
Paprika-Safran
Zweierlei Lamm
Couscous
Glasierte Möhren
dreierlei Himbeere
Brioche
Arme Ritter meets
Mara
Garnele mit Holunder und Melone

Marokko
Lamm am Knochen
Kichererbsencouscous
Paprika
Tajine
Kaninchen-Bohnen-Eintopf
mit Zatar
Aubergine
Marrakesch
Hummus
Makrele
Petersilie
Hachis Parmentier
Buchweizen
Quinoa
Akazienhonig
kko
Rote Garnele
Zucchini
Grünes Curry
Banane
Hirse
Kaffe
Weihrauch

Marokko

LAND DER KULINARISCHEN VIELFALT

Al-Maghreb, »wo die Sonne untergeht«, so nannten die Araber die Region ganz im Westen, als sie Nordafrika im 8. Jahrhundert eroberten und ihr Reich bis nach Spanien ausdehnten. Vom arabischen »al-Maghreb« bekam Marokko seinen Namen. Kaum ein anderes Land Nordafrikas ist von so vielen verschiedenen Kulturen beeinflusst: von Berbern und Schwarzafrikanern, von muslimischen Arabern und Juden ebenso wie von der französischen Kolonialzeit. Einzigartig ist auch seine Landschaft, die sich von den saftig-grünen Hügeln im Norden über die oft schneebedeckten Berge des Atlas und die malerischen Küsten des Mittelmeeres und des Atlantiks bis in die Ausläufer der Sahara im Süden erstreckt. Hier gedeiht fast alles, was das Herz begehrt: Orangen, Zitronen, Grapefruits, Kirschen, Äpfel, Aprikosen, Pflaumen, Birnen und Quitten, um nur einige der Obstbäume zu nennen. Zitronen werden gerne in Salzwasser eingelegt. Auch die Blüten der Früchte werden noch verarbeitet, etwa zu Rosenblütenwasser oder dem fast noch schmackhafteren Orangenblütenwasser, das vielen Desserts erst ihren besonderen Geschmack verleiht. Marokkanischer Safran, die Stängel der Krokusblüte vor allem aus dem südmarokkanischen Ort Taliouine, zählt neben dem iranischen zum weltbesten. Dazu kommen Mandeln, Oliven, Datteln, Mispeln, Walnüsse, Melonen, Kaktusfrüchte sowie unzählige Gemüsesorten, Gewürze und Kräuter. Am wichtigsten für die Küche sind Minze, glatte Petersilie und Koriander. Minzetee ist ein Nationalgetränk in Marokko: »Das erste Glas ist stark wie das Leben, das zweite süß wie die Liebe, das dritte bitter wie der Tod«, sagen die Marokkaner.

Durch Handel und kulturellen Austausch wurde die Küche des Landes reich beschenkt, und so entstand nach und nach eine kulinarische Tradition, die heute aufgrund ihres Abwechslungsreichtums und ihres Raffinements zu den besten der Welt gezählt wird. Eindrucksvoll kann man das in Marrakesch auf dem »Platz der Gehenkten« erleben, dem Djemaa el-Fna im Zentrum der Stadt. Bis Anfang des 20. Jahrhunderts wurden hier Verbrecher hingerichtet. Heute bekommen Besucher andere, weniger martialische Schauspiele geboten. Quacksalber breiten am Morgen ihre Tücher auf dem Boden aus und verkaufen ihre Heilmittelchen gegen alle Leiden dieser Welt, Wunderheiler bieten ihre Dienste als selbst ernannte Zahnärzte an, und gleich daneben springen kleine Affen rückwärts von den Schultern ihrer Bändiger, die dafür einen Obolus erbeten. Artisten, Schlangenbeschwörer und Feuerschlucker beeindrucken mit nicht minder artistischen Einlagen, während Wahrsager und Märchenerzähler mit ihren Geschichten die Zuhörer in ihren Bann ziehen.

Gegen Abend verändert sich die Szenerie auf der Djemaa el-Fna wie von Geisterhand. Dann entsteht das größte Schlemmerparadies unter freiem Himmel, Köche in weißen

Kitteln bauen ihre mobilen Garküchen auf dem Platz auf und bieten ihre Leckereien feil, die in ganz Marokko beliebt sind: Couscous mit Gemüse oder Hühnchen, kräftige Suppen wie die *Harira*, gegrillter Fisch oder Hammelwürstchen, Schnecken, *Tajine*-Gerichte und vieles mehr. Wenn es dunkel wird, zischeln Flammen in die Höhe, und weiße Rauchschwaden tauchen die Menge in ein surreales Gewand, das nur durch die Lichter der Glühlampen und die Rufe der Köche durchbrochen wird. Erst zu später Nacht kehrt Ruhe ein. In einigen der palastartigen Häuser Marrakeschs, in Marokko »Riads« genannt, finden sich hervorragende Restaurants, die eine im Orient einmalige Besonderheit haben: Wenn Marokkaner auswärts essen gehen, dann dort, wo sie sicher sein können, dass die Küche von einer Chef*köchin* geführt wird. Steht ein Mann am Herd, spricht das ihrer Ansicht nach nicht für die Qualität des Restaurants. Das *Al-Fassia*, sehr bekannt in Marrakesch, wird sogar komplett von Frauen geführt, der einzige Mann fungiert als »Putzfrau«.

ALLES IST WÜRZIG IN DEN SUQS

Marrakesch ist wie ein Mikrokosmos von Marokko – ein Gewirr aus Häusern, Läden, Werkstätten und Gassen, die so schmal sind, dass Autos und selbst Motorräder kaum eine Chance haben, durchzukommen; dazwischen herrscht

Marokko

quirliges Treiben. Elias Canetti schreibt in seinem Buch *Die Stimmen von Marrakesch* meisterhaft: »Es ist würzig in den Suqs, es ist kühl und farbig. Der Geruch, der immer angenehm ist, ändert sich allmählich, je nach der Natur der Waren. Es gibt keine Namen und Schilder, es gibt kein Glas. Alles, was zu verkaufen ist, ist ausgestellt ... Man findet alles, aber man findet es immer vielfach.«

Vor allem findet man im ganzen Land viel Leckeres. Eines der beliebtesten Gerichte wird im *Tajine*-Topf zubereitet. Es ist ein geniales Prinzip: Geschützt von zentimeterdickem Ton köcheln Fisch, Fleisch, Gemüse oder Früchte stundenlang auf Holzkohleglut oder im Ofen vor sich hin. Wie der Topf selbst, so heißt auch das Gericht, das in Dutzenden Varianten zubereitet wird. Der Ton schützt das Essen vor dem Verbrennen und leitet die Hitze gleichmäßig weiter, sodass der Inhalt schonend gegart wird. Der Topf besteht aus einer Schale, in der die Zutaten übereinandergelegt werden, und einem spitzen Deckel, der die Hitze konstant hält. Das Prinzip ist dem des Römertopfes sehr ähnlich.

Auf die Berber und die Schwarzafrikaner gehen vor allem einfache Gerichte auf der Grundlage von Grieß zurück wie zum Beispiel das marokkanische National- und Feiertagsgericht *Couscous*. Mit den muslimischen Arabern kamen die östlichen arabischen Küchen in den Westen, wie sie maßgeblich am Kalifenhof von Bagdad entwickelt worden waren. Das Würzen mit Safran, Ingwer und Muskat geht auf diese Einflüsse zurück. Die sogenannten Andalusier, muslimische Araber und Juden also, die im Zuge der Reconquista bis Ende des 15. Jahrhunderts von der Iberischen Halbinsel vertrieben wurden und in das heutige Marokko auswanderten, haben die marokkanische Küche ebenfalls stark beeinflusst. Sie »erfanden« vor allem die pikant-süßen marokkanischen Gerichte wie Tauben-*Pastilla* mit Mandeln und Puderzucker oder *Tajine* mit Pflaumen und Mandeln. Die Osmanen konnten ihr Reich zwar nicht bis Marokko ausdehnen, aber ein kulinarisches Erbe wie das *Mashwi*, allerlei gegrilltes Fleisch, konnten sie dennoch hinterlassen. Zu guter Letzt brachten die französischen Kolonialherren, die große Teile des Landes von 1912 bis 1955 besetzt hielten, ihre kulinarischen Feinheiten mit.

Syrer und Marokkaner können sich nicht einigen, wer von beiden die feinere orientalische Küche anzubieten hat. Doch für den Genießer ist die Antwort darauf nicht so wichtig – beide zählen auf jeden Fall zu den besten und raffiniertesten des Orients.

فوطوكوبي
الصور السريعة
تغليف الوثائق
التعبئة السريعة

Jörg

JÖRG LAWERENZ entdeckte seine Passion für die Kochkunst schon früh am Herd seiner Mutter und Großmutter, heute arbeitet der Spitzenkoch im ***Schlosshotel Kronberg*** in Frankfurt am Main. Seine beiden Michelin-Sterne erkochte er sich in der ***Oberländer Weinstube*** in Karlsruhe und dem ***Walk'schen Haus*** in Weingarten. Getragen von der Lust auf Neues und Weiterentwicklung ist es ihm das Wichtigste, seinen Gästen ein wunderbares Geschmackserlebnis zu bereiten und sie glücklich nach Hause gehen zu lassen.

GIBT ES ZUTATEN AUS DEN FLÜCHTLINGSLÄNDERN, DIE SIE HÄUFIGER BENUTZEN?
Ja, einige. Ich arbeite sehr gerne mit verschiedenen Gewürzen wie Zatar und Safran, Pasten wie Harissa sowie auch mit Berberitzen, Kichererbsen und Bulgur.

HABEN SIE EINE BESONDERE VERBINDUNG ZU DER GEWÄHLTEN KÜCHE?
Ich mag gerne die Frische der Salate, zum Beispiel bei *Taboulé*, und auch die Schärfe einiger Gerichte, zum Beispiel Lamm, kombiniert mit säuerlich-frischen Minz- oder Korianderdips.

ARBEITEN BEI IHNEN FLÜCHTLINGE IM BETRIEB?
Wir haben bei uns in der Küche einen Azubi im ersten Lehrjahr, der aus Damaskus stammt.

WAS HAT SIE ZU IHREM GERICHT INSPIRIERT?
Die Vorstellung eines Sommergerichts mit rohen Meeresfrüchten oder auch Fisch für einen optimalen Start in ein Menü.

Garnele

MIT HOLUNDER UND MELONE

JÖRG LAWERENZ

Garnele

MIT HOLUNDER UND MELONE

Für den Essig die Holunderblüten am besten in ein Weckglas geben und mit dem Weißweinessig gerade so bedecken. Das Glas mit einem Tuch abdecken und an einem warmen Ort ca. 4–5 Wochen ziehen lassen. Danach passieren und in eine Flasche abfüllen. Kalt stellen.

Für den Sirup die Zitronen waschen und in Spalten schneiden. Holunderblüten und Minze mit Weißwein und 200 ml Wasser (wichtig ist das 1:1-Verhältnis) gerade so bedecken und die Zitronenspalten dazugeben. Das Ganze abgedeckt im Kühlschrank ca. 4–5 Tage ziehen lassen. Anschließend passieren und den Fond aufkochen. Mit Zucker je nach Geschmack süßen, den Sirup heiß in eine ausgespülte Glasflasche abfüllen und verschließen. Der Sirup ist gekühlt nun einige Monate haltbar.

Für das Eis das Zitronengras putzen, klein schneiden und ohne Fett hell anschwitzen. Dann mit dem Alkohol ablöschen und den Krustentierfond angießen. Diesen auf die Hälfte reduzieren lassen, dann mit Sahne, Curry, einer Prise Salz und fein geschnittenen Limettenblätter noch einmal aufkochen. Das Ganze ca. 20 Minuten ziehen lassen, anschließend durch ein feines Sieb passieren. Eigelb und Zucker unterrühren, bis sich die Masse »zur Rose« abziehen lässt, dann erneut passieren und in der Eismaschine gefrieren lassen. Alternativ in den Tiefkühler geben. Dabei immer wieder umrühren, damit sich möglichst kleine Eiskristalle bilden.

Für die Chips Zucker, Glukose, Isomalt und Puderzucker mit 100 ml Wasser in einem Topf auf 165 °C aufkochen, dann auf ein Blech gießen und auskühlen lassen. Die Masse mit den Norialgen in der Küchenmaschine fein mixen und gleichmäßig auf ein mit Backpapier ausgelegtes Backblech sieben. Im Ofen oder unter dem Salamander bei 180 °C (Oberhitze) schmelzen, dann abkühlen lassen. Die Chips anschließend in die gewünschte Größe brechen.

Für die Mousse die Gelatine einweichen und mit ein wenig Holunderblütensirup vermischen. Danach durch ein feines Sieb passieren und zu dem restlichen Sirup geben. Den Essig zugießen und über einem Eiswasserbad rühren, bis die Gelatine anfängt zu gelieren. Die Sahne steif schlagen und 40 g davon mit einem Schneebesen unter die gelierte Masse rühren. Den Rest der Sahne unterheben. Die Mousse in eine Schüssel füllen und erkalten lassen.

Für das Carpaccio die Garnelen pulen und entdarmen. Dann waschen, trocken tupfen, fein schneiden und mit einem Dessertring (ca. 11 cm ∅) mittig auf den Tellern platzieren. Mit Meersalz würzen. Holunderblütensirup und -essig mit dem Arganöl mischen und die Garnelen mit der Marinade beträufeln. Die Melonenwürfel in der heißen Grillpfanne trocken karamellisieren, salzen und auf Küchenpapier legen. Je 3 Melonenwürfel abwechselnd mit ein wenig Holunderblütenmousse auf dem Carpaccio verteilen, eine Nocke Krustentiereis mittig platzieren und mit Algenchips, Dill und Blüten garnieren.

Für 4–6 Personen

Tipp:
Dieses Gericht funktioniert auch sehr gut mit anderen Krustentieren oder Fischen. Entscheidend für den Erfolg ist die Frische. Das Holunderblütenmousse passt hervorragend zu Krustentieren aller Art, Gurke und Melone.

FÜR DEN HOLUNDERBLÜTENESSIG:
100 g Holunderblüten
50 ml Weißweinessig

FÜR DEN HOLUNDERBLÜTENSIRUP:
2 Bio-Zitronen
300 g Holunderblüten
150 g Marokkanische Minze
200 ml Weißwein
Zucker (nach Geschmack)

FÜR DAS KRUSTENTIEREIS:
100 g Zitronengras
40 ml Noilly Prat (französischer Wermut)
20 ml weißer Portwein
500 ml Krustentierfond
250 g Sahne
¼ TL Currypulver
Salz
5 Kaffirlimettenblätter
120 g Bio-Eigelb
100 g Zucker

FÜR DIE ALGENCHIPS:
250 g Zucker
125 g Glukosepulver
50 g Isomalt (Zuckeraustauschstoff)
50 g Puderzucker
5 Noriblätter

FÜR DIE HOLUNDERBLÜTENMOUSSE:
4 Blatt Gelatine
250 g Holunderblütensirup (s. l.)
25 ml Holunderblütenessig (s. l.)
125 g Sahne

FÜR DAS GARNELEN-CARPACCIO:
16 Garnelen (White Tiger Shrimps à 35 g, am besten von Cristalle Garnelen)
1 Prise Meersalz
6 TL Holunderblütensirup (s. l.)
2 TL Holunderblütenessig (s. l.)
2 TL Arganöl
12 Wassermelonenwürfel (à 1 ½ cm)
Dill und Blüten zum Garnieren

Weckglas (à 250 ml)
Glasflasche (à 750 ml)

P. Rümmele

Philip

PHILIP RÜMMELE startete seine Laufbahn als Koch mit einer Ausbildung in Steinheuers Restaurant ***Zur Alten Post*** in Bad Neuenahr (2 Michelin-Sterne). Nach Station im ***Waldhotel Sonnora*** in Dreis bei Wittlich (3 Michelin-Sterne) und einem längeren Aufenthalt in Kitzbühel landete er 2013 in München. Dort war er Küchenchef unter Bobby Bräuer im Restaurant ***EssZimmer*** (2 Michelin-Sterne). Seit 2015 ist er Küchenchef im Restaurant ***Schwabenstube*** des ***Hotel Adler*** in Asperg (1 Michelin-Stern).

ARBEITEN BEI IHNEN FLÜCHTLINGE IM BETRIEB?

Wir haben viele verschiedene Menschen aus unterschiedlichen Kulturen bei uns beschäftigt, unter anderem bilden wir gerade einen Koch aus, der aus Afghanistan stammt. Er hat sich super eingelebt, möchte sich einbringen und ist sehr dankbar für die Chance, die er hier in Deutschland erhält. Seine Entwicklung ist sehr schön zu sehen.

WAS HAT SIE DAZU BEWEGT, BEI DIESEM PROJEKT MITZUWIRKEN?

Ich finde es immer super, wenn Menschen eine Idee haben und dann nicht nur davon erzählen, sondern sie in die Tat umsetzen. Und dieses Projekt ist einfach sensationell. Wenn wir uns da bei der Umsetzung einbringen können, dann tun wir das sehr gerne.

WAS HAT SIE ZU IHREM GERICHT INSPIRIERT?

Es ist immer spannend, mit verschiedenen Gewürzen und Aromen zu experimentieren. Es klappt nicht immer gleich alles beim ersten Mal, aber wenn dann etwas funktioniert und gut harmoniert, weiß man wieder, was unseren Beruf so toll und spannend macht.

HABEN SIE EIN LEBENSMOTTO ODER SPRICHWORT, DAS SIE BESONDERS BEGLEITET?

Nutze und lebe jeden Tag. (Ich denke, das ist in der heutigen Zeit leider wichtiger denn je.)

Rote Garnele

ZUCCHINI | AUBERGINE | GRÜNES CURRY

PHILIP RÜMMELE

Für 4 Personen

FÜR DAS ZUCCHINIPÜREE:

4 Schalotten
1 Knoblauchzehe
2 Zucchini
6 weiße Champignons
1 Lorbeerblatt
20 g Butter
Salz
60 ml Weißwein
300 ml helle Hühnerbrühe
100 g Sahne
Pfeffer
frisch gepresster Zitronensaft

FÜR DEN ZUCCHINICRUNCH:

1 Zucchini
Pflanzenöl zum Frittieren
Salz
abgeriebene Schale von 1 Bio-Zitrone
Piment d'Espelette

FÜR DIE GARNELEN:

4 rote Garnelen (Carabineros)
Salz
frisch gepresster Zitronensaft
Butter

FÜR DEN GRÜNEN CURRYSCHAUM:

6 Schalotten
1 Knoblauchzehe
6 weiße Champignons
1 Stängel Zitronengras
¼ Ananas
½ Mango
½ Banane
2 Kaffirlimettenblätter
Schalen und Kopf vom Ausbrechen der Garnelen (s. o.)
50 g Butter
100 ml Noilly Prat (französischer Wermut)
60 ml Riesling
300 ml kräftiger Fischfond
300 ml Kokosmilch
1 EL grüne Currypaste
Salz
frisch gepresster Zitronensaft
etwas angerührte Speisestärke, bei Bedarf

FÜR DAS AUBERGINENTATAR:

1 Aubergine
Olivenöl
je 1 Zweig Thymian und Rosmarin
Knoblauch
Salz und Pfeffer
1 Prise Ras el Hanout (nordafrikanische Gewürzmischung)
Zucker
Chardonnayessig

ZUM SERVIEREN:

Mini-Pak-Choi
frische Kokosnuss, in dünne Scheiben geschnitten
Papadams (dünne frittierte Fladen aus Linsenmehl)
fermentierter schwarzer Knoblauch
Olivenkraut

Rote Garnele

ZUCCHINI | AUBERGINE | GRÜNES CURRY

Für das Zucchinipüree Schalotten und Knoblauch schälen und in Scheiben schneiden. Die Zucchini schälen und würfeln, die Champignons putzen und in Scheiben schneiden. Das Gemüse mit dem Lorbeer in der Butter farblos andünsten. Leicht salzen. Mit Weißwein ablöschen und reduzieren lassen. Dann mit Hühnerbrühe auffüllen und fast komplett einkochen. Die Sahne angießen. Wenn die Zucchini weich sind und die Flüssigkeit fast komplett reduziert ist, die Masse in einem Standmixer pürieren und mit Salz, Pfeffer und Zitronensaft abschmecken. Das fertige Püree durch ein feines Sieb streichen und bis zur weiteren Verwendung in eine Spritzflasche füllen.

Für den Crunch die Zucchini waschen und in feine Scheiben schneiden. Dann in reichlich 140 °C heißem Öl goldgelb frittieren. Auf einem Küchentuch gut abtropfen und durchtrocknen lassen. Die knusprigen Zucchinischeiben mit einem Messer fein hacken. Mit Salz, Zitronenabrieb und Piment d'Espelette abschmecken.

Die Garnelen vom Kopf trennen. Die Schale von den Schwänzen lösen. Dabei das hinterste Teil nicht entfernen. Den Kopf auswaschen und mit den restlichen Schalen für die Sauce bereithalten. Die Garnelen mit Salz und Zitrone würzen. In einer Pfanne etwas Butter aufschäumen und die Garnelen langsam, bei nicht zu viel Hitze, gar ziehen lassen. Zum Anrichten so zurechtschneiden, dass man sie aufstellen kann.

Für den Curryschaum Schalotten und Knoblauch schälen, Champignons und Zitronengras putzen und alles in Scheiben schneiden. Ananas, Mango und Banane schälen und würfeln. Alles zusammen mit Limettenblättern und Garnelenschalen in Butter anschwitzen. Mit Noilly Prat und Riesling ablöschen. Reduzieren lassen. Dann mit Fischfond auffüllen und um die Hälfte einkochen. Die Kokosmilch angießen. Die Currypaste zugeben und auflösen. Mit Salz und Zitronensaft abschmecken. Durch ein feines Sieb passieren und mit einem Stabmixer pürieren. Gegebenenfalls mit etwas Speisestärke abbinden. Kurz vor dem Servieren erneut aufschäumen.

Für das Tatar die Aubergine waschen, putzen und in ca. 4 mm dicke Scheiben schneiden. In einer Pfanne reichlich Olivenöl erhitzen und mit Thymian, Rosmarin und geschältem Knoblauch aromatisieren. Die Auberginenscheiben darin goldgelb anbraten. Dann herausnehmen und auf Küchenpapier abtropfen lassen. Die Auberginen schälen und fein hacken. Mit Salz, Pfeffer, Ras el Hanout, Zucker und Essig abschmecken.

Zum Anrichten eine Nocke des Auberginentatars auf den Teller setzen. Davor, darauf und dahinter Punkte aus Zucchinipüree platzieren. Darüber den Zucchinicrunch verteilen. An Tatar und Püree Pak Choi, Kokosnussscheiben und gebrochene Papadams anrichten. An den Tellerrand einige Punkte schwarzen Knoblauch setzen. Die Garnele in der Tellermitte platzieren, Olivenkraut darauf anrichten. Die Currysauce aufschäumen und außenrum verteilen. Etwas Olivenöl auf den Teller tropfen und das Gericht heiß servieren.

[NH]
NILS HENKEL

Nils

NILS HENKEL begann seine Karriere 1986 in Schleswig-Holstein und kam 1997 nach verschiedenen Stationen zu Dieter Müller ins Schlosshotel Lerbach, das er 2008 als Küchenchef übernahm. Mit seinem »Pure Nature«-Kochstil serviert er seinen Gästen eine neue deutsche Küche, die einfallsreich mit unterschiedlichen Texturen und aromatischen Überraschungen spielt und jahreszeitlichen Kräutern sowie Gemüsen ganz besondere Aufmerksamkeit widmet. Im Frühjahr 2017 startet der ehemalige 3-Sterne-Koch ein neues Restaurantprojekt.

GIBT ES ZUTATEN AUS DEN FLÜCHTLINGS-LÄNDERN, DIE SIE HÄUFIGER BENUTZEN?

Ich arbeite gern mit regionalen Produkten. Da ich aber trotzdem weltläufig koche, arbeite ich auch gern mit Gewürzen und Spezialitäten aus der ganzen Welt.

HABEN SIE EINE BESONDERE VERBINDUNG ZU DER GEWÄHLTEN KÜCHE?

Ich bin vor vielen Jahren einen Monat mit dem Rucksack in Marokko unterwegs gewesen. In dieser Zeit habe ich die Küche dort sehr schätzen und lieben gelernt, und das findet sich auch immer wieder in meinen Gerichten.

WAS HAT SIE ZU IHREM GERICHT INSPIRIERT?

Ich habe in der Zeit in Marokko viele Gewürze kennengelernt und auch meine frühere Abneigung gegen Koriander überwunden. Heute liebe ich ihn, und so finden sich mit der Makrele auch frischer Koriander sowie eine marokkanische Gewürzmischung auf dem Teller, die ich selbst herstelle.

Makrele Marrakesch

AUBERGINE | KICHERERBSENCOUSCOUS | PAPRIKA

NILS HENKEL

Makrele Marrakesch

AUBERGINE | KICHERERBSENCOUSCOUS | PAPRIKA

Die Makrele ausnehmen, filetieren und mit einer Pinzette die Gräten ziehen. Die Makrelenfilets mit dem abgekühlten und passierten Escabechefond (150 ml für den Couscous zurückhalten) bedecken und 24 Stunden im Kühlschrank marinieren. Die Calamaretti säubern und in Streifen schneiden. Die Spitzpaprika mit einer Lötlampe abflämmen und die Haut abziehen, dann aus der Paprika runde Scheiben ausstechen.

Die Aubergine schälen, längs in 1 cm dicke Scheiben schneiden und in Olivenöl braten. Die Gewürzmischung leicht anrösten und fein mahlen. Dann die Auberginenscheiben mit Gewürzmischung, Piment d'Espelette und dem Confit bestreichen und mit beiden Sorten Olivenöl sowie der fein gehobelten Knoblauchzehe vakuumieren. Die Auberginenscheiben im Wasserbad bei 65 °C etwa 2 Stunden garziehen lassen. Alternativ alles in einen Gefrierbeutel mit Zipverschluss geben, die Luft herausstreichen, den Beutel verschließen und 2 Stunden in einem Topf mit 65 °C warmem Wasser garen. Anschließend mindestens 24 Stunden kühl stellen.

Für die Roulade die Blattgelatine einweichen. Das Paprikapüree mit Paprikaessig, geräuchertem Olivenöl und pflanzlicher Gelatine verrühren und gut mit Salz und Piment d'Espelette abschmecken. Dann aufkochen, etwa 2 Minuten köcheln lassen und die eingeweichte Blattgelatine darin auflösen. Den Fond auf einem vorgewärmten Metalltablett (25 × 18 cm) gleichmäßig ausgießen. Das Gelee durchkühlen lassen, dann mit pflanzlicher Asche bestäuben, zu einer Roulade aufrollen und in Scheiben schneiden.

Die Gurke schälen und ein Drittel davon in etwa 12 cm lange und 2 mm dicke Streifen schneiden. Aus dem Rest der Gurke mit einem Perlausstecher etwa 12 kleine Kugeln ausstechen. Das Übrige für den Couscous fein würfeln. Die Kugeln und Streifen mit Gurkenessig, Salz, Pfeffer und Korianderöl etwa 1 Stunde marinieren, besser noch vakuumieren.

Für den Couscous den Fond mit 10 g Koriandergrün aufkochen und 15 Minuten ziehen lassen. Den Fond heiß durch ein Sieb auf den Couscous passieren. Zugedeckt quellen lassen, zwischendurch zwei- bis dreimal auflockern. Die Kichererbsen klein hacken und kurz vor dem Servieren Gurken- und Paprikawürfel untermischen. Mit Gewürzen abschmecken. Den restlichen Koriander fein hacken und unterheben.

Für die Joghurtmurmeln die Blattgelatine einweichen. Die Hälfte des Ziegenjoghurts mit dem Limettensaft erhitzen. Die eingeweichte sowie die Instantgelatine darin auflösen. Restlichen Joghurt und Gurkensaft zufügen und mit Salz, Zucker und Pfeffer abschmecken. Die Masse durch ein feines Sieb passieren und in Kugelformen einfüllen. Die gefüllten Matten gefrieren, anschließend die Kugeln aus den Formen drücken. Die Masse reicht für 2 Matten mit je 32 Kugeln.

Für die Ziegenjoghurtcreme alle Zutaten verrühren und würzig abschmecken.

Zum Servieren die eingelegte Makrele in je zwei schöne Längsstreifen schneiden. Mit Salz, Pfeffer und etwas Olivenöl würzen. Die Makrele im Backofen bei 60 °C etwa 10 Minuten temperieren, dann die Hautseite mit einer Lötlampe knusprig abflämmen. Die Calamaretti mit Salz und Pfeffer würzen und kurz in Olivenöl sautieren. Die konfierten Auberginenscheiben ebenfalls in Olivenöl braten, mit Salz und Pfeffer würzen und in tiefe Teller legen. Die Ziegenjoghurtcreme mit einem Pinsel als Bogen auftragen und je einen Löffel Kichererbsencouscous in der Tellermitte anrichten. Je drei Joghurtmurmeln und Gurkenkugeln an den Couscous legen und das Makrelenfilet mit den Calamaretti darauf platzieren. Die temperierte Paprikaroulade und die angebratenen Paprikascheiben anrichten. Etwas Escabechesud mit Korianderöl und rotem Gewürzöl verrühren und angießen. Mit Kräutern und Blüten vollenden.

Für 4 Personen

FÜR DIE MAKRELE:

1 frische Makrele (ca. 500 g)
1 Grundrezept Escabechefond (s. r.)
4 frische Calamaretti (à 50 g)
1 rote Spitzpaprika
Salz und Pfeffer
natives Olivenöl extra, am besten der Sorte »Arbequina«

FÜR DIE KONFIERTE AUBERGINE:

1 Aubergine
Olivenöl
1 TL Gewürzmischung (Kreuzkümmel, Kümmel, Anis, Koriandersamen, Kardamomsamen zu gleichen Teilen mischen)
1 Msp. Piment d'Espelette
15 g Confit Piment d'Espelette
20 ml natives Olivenöl extra, am besten der Sorte »Arbequina«
15 ml geräuchertes Olivenöl
½ Knoblauchzehe
Salz und Pfeffer

FÜR DIE PAPRIKAROULADE:

2 Blatt Gelatine
100 g geräuchertes Paprikapüree
10 ml Paprikaessig
5 ml geräuchertes Olivenöl
5 g vegetarische Gelatine
Salz
Piment d'Espelette
pflanzliche Asche, z. B. Holzkohlepulver

FÜR DIE MARINIERTE GURKE:

1 Gurke
15 ml Gurkenessig
Salz und Pfeffer
25 ml Korianderöl (Rapsöl mit Koriandergrün gemixt, gekühlt, passiert)

FÜR DEN KICHERERBSENCOUSCOUS:

150 ml Escabechefond (s. r.)
30 g Koriandergrün
100 g mittelgrober Couscous
75 g gekochte und geschälte Kichererbsen
50 g Gurkenwürfelchen
50 g Paprikawürfelchen
6 g Melange Marrakesch (Gewürzmischung), alternativ geräuchertes Paprikapulver
6 g Ras el Hanout (nordafrikanische Gewürzmischung)
Salz

FÜR DIE JOGHURTMURMELN:

3 Blatt Gelatine
200 g Ziegenjoghurt
10 ml frisch gepresster Limettensaft
8 g Instantgelatine
50 ml Gurkensaft
Salz, Zucker und weißer Pfeffer

FÜR DIE ZIEGENJOGHURTCREME:

200 g Ziegenjoghurt
30 ml Gurkensaft
Gurkenessig
1 Msp. Ras el Hanout (nordafrikanische Gewürzmischung)
Salz, Zucker und weißer Pfeffer

ZUM SERVIEREN:

50 ml Korianderöl (Rapsöl mit Koriandergrün gemixt, gekühlt, passiert)
50 ml rotes Gewürzöl
Korianderblättchen und Blüten
Oreganoblüten
Schafgarbe
Giersch

Lötlampe, alternativ Bunsenbrenner
2 Kugelmatten aus Silikon (1 ½ cm ∅)

FÜR DEN ESCABECHEFOND:

180 g Fenchelknolle
80 g Lauch
50 g Schalotten
2 Knoblauchzehen
100 ml Olivenöl
300 ml Weißwein
300 ml Noilly Prat (französischer Wermut)
300 ml Fischfond
300 ml Geflügelfond
60 ml Weißweinessig
2 Zweige Thymian
2 Zweige Rosmarin
3 Lorbeerblätter
1 EL Fenchelsamen
1 TL Kreuzkümmel (Cumin)
20 Pfefferkörner
20 Koriandersamen
2 EL Zucker
1 EL Meersalz
1 Msp. Safran

Das Gemüse waschen, putzen, bei Bedarf schälen und in Streifen schneiden. In Olivenöl anschwitzen, dann Weißwein, Noilly Prat, Fisch- und Geflügelfond sowie Weißweinessig angießen. Kurz aufkochen lassen, Kräuter und Gewürze zufügen und ohne Hitzezufuhr ziehen lassen, bis der Fond auf Zimmertemperatur gefallen ist. Nun die Makrelenfilets damit bedecken und mindestens 24 Stunden marinieren.

Pokito Hamza

Mein Name ist HAMZA, ich bin 26 Jahre alt und komme aus Rabat, der Hauptstadt Marokkos. Mit Fès, Meknès und Marrakesch gehört Rabat zu den vier Königsstädten meines Landes. Meine Freunde nennen mich aber fast alle Pokito, das aus dem Spanischen kommt und »der Kleine« bedeutet. Ich weiß gar nicht mehr, wie das kam, irgendeiner meiner Freunde nannte mich mal so, wahrscheinlich, weil Marokko über die Straße von Gibraltar eine Nähe zu Spanien hat, so kennt man das eine oder andere Wort Spanisch auch in Marokko. Und ich bin ja eher klein.

Ich bin 2014 nach Deutschland gekommen. Dass ich hier bleibe, war zunächst gar nicht geplant. Ich bin Filmemacher, Kameramann und Musiker. 2013 habe ich mit dem Menschenrechtsaktivisten und Regisseur Nadir Bouhmouch und der Aktivistin Houda Lamqaddam sowie einigen anderen Kreativen den Film *475: When Marriage becomes a Punishment* gemacht. Darin ging es um das Schicksal der 16-jährigen Amina Felali, die 2012 nach einer Vergewaltigung von einem Richter und mit dem Einverständnis ihres Vaters gezwungen wurde, ihren Peiniger zu heiraten! Amina wurde gar nicht gefragt. Und das war nicht mal illegal, denn in Marokko gab es zu diesem Zeitpunkt noch den Paragrafen 475, nach dem wir den Film benannt haben. Er besagte, dass im Falle einer Entführung der Täter sein Opfer heiraten kann, um dem Gefängnis zu entgehen und auch, damit die Ehre der Opferfamilie nicht beschmutzt wird. So wird also das Opfer noch mal zum Opfer! In Marokko handelt es sich bei den meisten Entführungsfällen um Vergewaltigungen – so auch im Falle von Amina. Der Richter hatte diesen Paragrafen erweitert und auf die Vergewaltigung angewandt. Amina wurde in der Familie ihres Vergewaltigers nicht akzeptiert, sie wurde gedemütigt und geschlagen. Ein paar Monate ertrug sie diese grauenvolle Situation, dann nahm sie sich mit Rattengift das Leben.

Der Fall löste weltweites Entsetzen aus. Es war nicht leicht, darüber einen Film zu drehen. Eine Genehmigung hätten wir dafür nicht erhalten, also haben wir es gar nicht erst versucht, aber es war uns auch egal. Deswegen heißt es im Vorspann: »Dieser Film wurde illegal produziert, als ein Akt des zivilen Ungehorsams, um nach Freiheit für Meinung und Kunst in Marokko zu rufen.« Wir haben das Kollektiv »Guerilla Cinema« gegründet und weltweit über eine Crowdfunding-Aktion Gelder gesammelt, um den Film professionell produzieren zu können. Seit 2011 ist die Gleichberechtigung von Mann und Frau in der marokkanischen Verfassung verankert, doch die Realität sieht bislang ganz anders aus. Wir wollten mit diesem Film und mit der gleichnamigen Internetaktion auf die prekäre Situation von Frauen in Marokko aufmerksam machen. Er wurde inzwischen auf vielen Festivals weltweit gezeigt, auf *YouTube* und *Vimeo* kann man ihn sich ansehen. Die Deutsche Welle hat uns sogar einen Preis verliehen für diese Internetaktion, darauf sind wir natürlich stolz.

Viel wichtiger ist jedoch, dass aufgrund der Protestaktionen der Paragraf 475 tatsächlich gekippt wurde – was nicht bedeutet, dass das Problem aus der Welt geschafft ist. Stattdessen bekamen wir noch ein ganz anderes Problem: Wir haben uns mit diesem Film, der in Marokko offiziell nicht gezeigt werden darf, aber natürlich im Internet zu sehen ist, wahrlich nicht nur Freunde geschaffen. Auf der Straße bin ich oft angesprochen und angepöbelt worden; man drohte mir und meinen Freunden, die an dem Projekt beteiligt waren, zunächst eher flapsig, dass sie uns die Haare abschneiden wollen und so etwas. Aber dann wurden die Bedrohungen aggressiver. An weitere Filme war nicht zu denken, die Situation wurde immer gefährlicher.

Pokito Hamza

Immerhin konnten wir reisen, nach Frankreich, nach Deutschland. Eine Weile pendelten wir und konnten unseren Film vorstellen und unsere Musik machen. Ein paar Monate war ich in Berlin, dann schließlich hatte uns die deutsch-palästinensische Sängerin Jamila Al-Yousef zu »Arab Underground« auf dem Fusion Festival am Müritzsee in Mecklenburg-Vorpommern eingeladen. Wir entschieden uns, in Deutschland zu bleiben, Marokko war uns zu unsicher geworden. Hier können wir die Kunst machen, von der wir immer träumten. Über Kontakte bin ich schließlich in Leipzig gelandet. Zusammen mit Youness Belghazi, der auch zur Filmcrew von *475* gehört, wohnen wir jetzt in einem Wohnprojekt, einer Art WG mit 20 Personen. Dort fühle ich mich sehr wohl, denn es sind alles Aktivisten, die politisch sehr engagiert sind. Nicht nur typische Linke oder so; auch Ärzte und Anwälte mit schönen Autos und vielen Kindern sind darunter. Aber eben engagiert. Da gibt es keine Ausländerhasser, keine Homophoben oder Islamophoben.

Anfangs waren wir illegal in Deutschland. Dann wurde ich mal von der Polizei kontrolliert, was ein Problem war, weil ich keine Papiere hatte. Ich habe dann Asyl beantragt, wir konnten ja unseren Film zeigen und dadurch verständlich machen, dass wir ein gravierendes Problem in Marokko haben. Aber: Das war im März 2015, seither warte ich auf eine Antwort. Warum das so lange dauert, weiß ich nicht. Diese Ungewissheit kann zermürben. Doch wir haben ein tolles Umfeld, und zusammen mit anderen Musikern haben wir die Band *System D* gegründet. Der Name kommt aus dem Französischen und bedeutet, ähnlich wie im Deutschen »Trick 17«, Probleme zu meistern oder sich gekonnt aus der Affäre zu ziehen. Die Musiker kommen aus Deutschland, Marokko, Jamaika und Sansibar. Eine schöne bunte Mischung also. Wir haben sogar ein Musikstudio zur Verfügung gestellt bekommen, in dem wir mit anderen

Flüchtlingen entweder zusammen Musik machen oder es ihnen für ihre Musik überlassen. Vielen Flüchtlingen hilft die Musik, ihr Schicksal für eine Weile zu vergessen.

Wir haben uns dem Reggae verschrieben, wir lieben ihn, ich fühle diese Musik. Dass ich so aussehe, wie ich aussehe mit meinen Haaren, hat aber nichts damit zu tun. Ich sah schon immer so aus. Reggae ist für mich ein stiller Protest, mit dem ich mich auch schützen kann. Reggae ist die Musik der Schwarzen, sie war und ist immer Protest. Eigentlich ist für mich der Reggae wie die neue Bibel oder der neue Koran. Die Heiligen Schriften wollen auch viele Bereiche des Lebens regeln, dem Menschen helfen im Alltag, aber es sind alte Schriften, nicht mehr zeitgemäß. Gibt es zum Beispiel Antworten auf den Krieg in Syrien? Nein. Reggae dagegen ist zeitlos und du kannst damit auch dein Leben regeln.

Durch die Auftritte mit meiner Band verdiene ich ein bisschen Geld, außerdem arbeite ich als Sozial- und Integrationshelfer im »Freiwilligendienst«, ich helfe anderen Flüchtlingen zum Beispiel bei Behördengängen. Ich spreche Arabisch und Englisch, auch ein bisschen Deutsch. Ich würde gerne mehr lernen, aber da mein Verfahren noch läuft, bekomme ich keinen Deutschkurs, und aus eigenen Mitteln kann ich ihn mir nicht leisten.

Natürlich möchte ich gerne wieder nach Marokko zurück, es ist meine Heimat, meine Familie und meine Freunde sind dort. Aber ich fühle mich wirklich wohl in Deutschland. Wobei die Deutschen manchmal auch ein bisschen komisch sind. Sie sind oft distanziert, und sie kommen mir manchmal vor wie Kinder, die alles nachplappern, keine eigene Meinung haben, nicht nachdenken wollen. Da sagt der eine: »Ich finde Marokkaner doof.« Dann sagt sein Kumpel: »Ich auch.« Auch wenn sie keinen Marokkaner kennen. Warum ist das so? Überhaupt merkt man, dass einige Deutsche offenbar ein Problem mit Ausländern haben. Oft zeigt sich das eher subtil, nicht direkt. Ich sitze in der vollen Tram, neben mir ist ein Platz frei, aber es setzt sich niemand dazu. Oder man wird auf der Straße angepöbelt. Aber was ich besonders skurril finde, ist der positive Rassismus. Da sitze ich in einer Kneipe und neben mir spendiert mir jemand ein Bier mit dem Satz »Ich bin gegen Pegida«. Das ist nett gemeint, ich weiß, doch es zeigt mir auch, dass mich jemand nur über mein Äußeres wahrnimmt, ohne mich zu kennen. Was aber noch skurriler und auch schon wieder irgendwie lustig ist: Fast auf jeder Party werde ich gefragt, ob ich Drogen dabeihabe. Wenn ich entrüstet sage »Nein!«, dann glauben mir manche nicht. Ist das nicht schräg? Ich habe ein Bob-Marley-Aussehen, bin Marokkaner, also verkaufe ich Drogen?

Wirklich Marokkaner bin ich beim Kochen! Ich liebe es, für andere zu kochen. Ich habe sogar schon mal in den Leipziger »Volksküchen« für Bedürftige gekocht. Aber natürlich koche ich auch gerne für meine Freunde, und dann am liebsten vegetarische *Tajine*! Wenn's ums Kulinarische geht, bin ich sehr neugierig. In Deutschland liebe ich besonders Apfel-Crumble! Ach, das ist nicht deutsch? Egal, ich liebe ihn trotzdem.

Tajine

Für 4 Personen

1 kg Lammfleisch
100 g Butter
8 Schalotten
8 Knoblauchzehen
1 Salzzitrone (gekauft oder selbst gemacht, s. u.)
½ Bund Koriandergrün
1 Bund Petersilie
3 TL gemahlener Kreuzkümmel (Cumin)
1 TL gemahlener Zimt
Salz und Pfeffer
Harissapaste (nach Belieben)

Den Backofen auf 120 °C (Ober-/Unterhitze) vorheizen. Das Fleisch in walnussgroße Würfel schneiden und mit der Butter in einem Bräter oder ofenfesten Topf anbraten. Schalotten und Knoblauch schälen, in feine Ringe schneiden und zugeben. Die Salzzitrone fein würfeln und untermengen. Die Kräuter hacken und mit Kreuzkümmel sowie Zimt auf das Fleisch streuen. Den Topf mit Wasser auffüllen, sodass das Fleisch bedeckt ist, dann den Topfinhalt einmal aufkochen und im Ofen ca. 3 Stunden schmoren. Falls die Sauce zu dünn ist, den Topfinhalt durch ein Sieb passieren und den Schmorfond einkochen, bis er leicht sämig wird. Mit Salz und Pfeffer abschmecken. Nach Belieben noch etwas Harissa unterrühren.

Salzzitronen

Wer keine Salzzitronen im Fachhandel auftreiben kann, kann diese schnell und einfach selbst herstellen, sie müssen jedoch 3–4 Wochen in der Lake ziehen.

5 Bio-Zitronen
5 EL grobes Meersalz

großes Einmachglas

Die Zitronen waschen und am Stielansatz kreuzförmig tief einritzen, jedoch nicht zerschneiden, und in ein Einmachglas geben.

Das Salz mit so viel Wasser aufkochen, dass die Zitronen im Glas damit bedeckt werden können. Das heiße Wasser über die Zitronen gießen und das Glas verschließen. Das Glas am besten vorher bereits leicht erwärmen und in einer Schüssel oder einem Suppenteller befüllen, da es durch die plötzliche Hitze sonst zerspringen kann.

Die Zitronen 3–4 Wochen bei Zimmertemperatur ziehen lassen. Nach dem Öffnen kalt stellen, sie sind mehrere Monate haltbar. Verwendet wird übrigens nur die Schale, das Fruchtfleisch wird ungenießbar.

Tajine (vegetarisch)

Die Kichererbsen über Nacht in Wasser einweichen. Am nächsten Tag in ein Sieb abgießen, unter fließendem Wasser abspülen und abtropfen lassen. Die Zwiebel schälen, halbieren und in Scheiben schneiden. Die Fenchelknollen waschen, von Grün sowie Strunk befreien und in Spalten schneiden. Das Fenchelgrün beiseitelegen. Die Paprika waschen, putzen und grob würfeln. Die Karotten schälen und vierteln.

Den Backofen auf 180 °C (Ober-/Unterhitze) vorheizen. In einem großen, feuerfesten Topf oder Bräter etwas Öl erhitzen und das Gemüse, mit Ausnahme der Karotten, darin anschwitzen. Die Cashewkerne zugeben und alles mit Salz und Pfeffer würzen. Die Zitrone warm waschen, abtrocknen und die Schale fein abreiben. Die Frucht halbieren und den Saft auspressen. Kichererbsen, Lorbeerblätter, Gewürze, Zitronensaft und -abrieb untermengen. Die Karottenviertel dekorativ auf den Eintopf legen und 150 ml Wasser aufgießen. Den Topf abdecken und im Ofen ca. 45 Minuten garen. Die Kräuter hacken und über den Eintopf streuen, sobald das Gemüse gar ist.

Für den Joghurt die Gurke schälen, entkernen und mit einer groben Reibe zerkleinern. Den Knoblauch schälen und hacken. Die Kräuter fein schneiden. Den Joghurt mit Gurke, Knoblauch, Kräutern und Olivenöl verrühren und mit Salz und Pfeffer abschmecken.

Für 4 Personen

FÜR DEN EINTOPF:

400 g getrocknete Kichererbsen
1 große Zwiebel
2 Fenchelknollen
3 rote Paprikaschoten
4 Karotten
Olivenöl
100 g Cashewkerne
Salz und Pfeffer
1 Bio-Zitrone
2 Lorbeerblätter
2 TL Ras el Hanout (nordafrikanische Gewürzmischung)
1 TL Pul Biber (türkisches Chiligewürz)
½ Bund Minze
½ Bund Petersilie

FÜR DEN JOGHURT:

1 Gurke
2 Knoblauchzehen
½ Bund Minze
½ Bund Petersilie
500 g Joghurt
2 EL Olivenöl
Salz und Pfeffer

Alfons

ALFONS SCHUHBECK,
geboren 1949 in Traunstein, übernahm 1980 den väterlichen Gastronomiebetrieb in Waging am See und erhielt 1983 im *Kurhausstüberl* seinen ersten Michelin-Stern. Im historischen Herzen Münchens bietet er zeitgemäß saisonal geprägte Küche, aber auch andere Gaumenfreuden in Form eines Tee- sowie eines Gewürzladens mit orientalischem Bazar. Die von ihm in beinahe vier Jahrzehnten geprägte neue bayerische Küche können die Gäste *In den Südtiroler Stuben* sowie in *Schuhbecks Orlando* genießen.

GIBT ES ZUTATEN AUS DEN FLÜCHTLINGSLÄNDERN, DIE SIE HÄUFIGER BENUTZEN?
Ja, vor allem ihre Gewürze wie zum Beispiel Baharat, Ras el Hanout oder auch Zatar. Ansonsten bin ich, soweit möglich, als Bayer ein Anhänger regionaler Produkte.

HABEN SIE EINE BESONDERE VERBINDUNG ZU DER GEWÄHLTEN KÜCHE?
Ihr Aromenreichtum war für uns Köche schon immer interessant. Seit er zunächst durch die Reisefreudigkeit und dann durch die Globalisierung ständig steigendes Interesse bei Restaurantgästen und Hobbyköchen hervorruft, ist es für mich zur Herausforderung geworden, all das aus der Gewürzvielfalt der Welt herauszuschmecken, was unsere Alltagsküche bereichern kann.

ARBEITEN BEI IHNEN FLÜCHTLINGE IM BETRIEB?
Derzeit arbeitet ein syrischer Flüchtling als Pâtissier in meinem Restaurant *In den Südtiroler Stuben*.

ALFONS SCHUHBECK

Kaninchen-Bohnen-Eintopf

MIT ZATAR

Die Zwiebel schälen, den Wurzelansatz und die Spitze entfernen. Die Zwiebel quer halbieren und in einer unbeschichteten Pfanne ohne Fett auf den Schnittflächen goldbraun anrösten. Die Karotte putzen, schälen, längs halbieren und schräg in ½ cm dicke Scheiben hobeln. Den Lauch putzen, gründlich waschen und in 1–2 cm dicke Ringe schneiden. Den Sellerie putzen, waschen und schräg in ½ cm breite Scheiben schneiden.

Die Kaninchenkeulen waschen und trocken tupfen. Das Öl in einer Pfanne erhitzen und die Keulen darin rundherum kurz anbraten.

Die Brühe in einem großen Topf zum Kochen bringen, Kaninchenkeulen und Zwiebelhälften hineingeben und knapp unter dem Siedepunkt 75 Minuten gar ziehen lassen.

Inzwischen in einem Topf mit Salzwasser den Bulgur 4–5 Minuten kochen, dann in ein Sieb abgießen. Die Bohnenkerne in kochendem Salzwasser 1–2 Minuten blanchieren, kalt abschrecken, abtropfen lassen und aus den Häuten drücken. Nach 1 Stunde Karotte und Lorbeerblatt zu den Kaninchenkeulen geben, nach weiteren 5–10 Minuten Lauch, Sellerie und Ingwer zufügen.

Am Ende der Garzeit die Zwiebelhälften entfernen. Die Kaninchenkeulen aus der Brühe nehmen und etwas abkühlen lassen. Das Fleisch vom Knochen lösen und in 2–3 cm große Stücke schneiden. Das Kaninchenfleisch wieder zurück in den Eintopf legen, Bulgur und Bohnenkerne dazugeben. Mit Salz, Zatar und 1 Prise Chilipulver abschmecken. Ingwer und Lorbeerblatt entfernen. Kurz vor dem Servieren Dill und Petersilie unterrühren.

Den Kaninchen-Bohnen-Eintopf in vorgewärmten tiefen Tellern anrichten.

Für 4 Personen

1 braunschalige Zwiebel
1 Karotte
½ dünne Stange Lauch
1 Stange Staudensellerie
4 Kaninchenkeulen
1–2 TL Pflanzenöl
2 l Gemüsebrühe
Salz
100 g feiner Bulgur
300 g grüne Saubohnenkerne (frisch oder TK)
1 Lorbeerblatt
2 Scheiben frischer Ingwer
1 TL Zatar (orientalische Gewürzmischung)
mildes Chilipulver
je 1 EL frisch geschnittene Dillspitzen und Petersilie

Tipp:
Wildhasen und Kaninchen sind von Marokko bis Syrien eine beliebte Bereicherung des Speiseplans. Ihr Fleisch lässt sich für den Eintopf aber auch durch Hähnchenkeulen ersetzen. Der Bulgur kann alternativ mit 250 ml Hühnerbrühe bedeckt bei milder Hitze 10–15 Minuten ausquellen. Als Faustregel für das Verhältnis von Bulgur zu Flüssigkeit gilt: Auf einen Teil Bulgur kommt immer die zweieinhalbfache Menge Brühe oder Salzwasser.

Michael

MICHAEL SZOFER absolvierte im Jahr 2000 seine Lehre im Hotel *Traube Tonbach*. Nach einigen Stationen in renommierten Hotels und Restaurants hat er nun, seit August 2016, seine Zelte in Berlin aufgeschlagen und ist Küchenchef im *Restaurant Grosz*. Er beschreibt seinen Küchenstil als modern europäisch mit klassischen, mediterran-französischen Einflüssen. »Berlin ist in seiner Vielfalt einfach inspirierend und ich freue mich sehr, hier angekommen zu sein.«

WAS HAT SIE DAZU BEWEGT, BEI DIESEM PROJEKT MITZUWIRKEN?

Ich denke, wir können (und dürfen) nicht wegschauen. Nur weil in den Medien mal mehr und mal weniger berichtet wird, heißt das ja nicht, dass auch Kriege, Hunger und Not weniger werden. Ich hoffe, dass dieses Buch einen Beitrag dazu leistet, dass mehr Menschen hinschauen und realisieren, wie gut wir es in Europa und der westlichen Hemisphäre haben, und vielleicht der eine oder andere auch sieht, dass in den Krisengebieten auch »nur« Menschen wie du und ich leben. Wer sich dieses Buch in sein Bücherregal stellt, gibt meiner Meinung nach damit auch gleichzeitig ein Statement zu Völkerverständigung, Nächstenliebe und Willkommenskultur. Als ich gefragt wurde, ob ich mitmachen möchte, musste ich daher nicht lange überlegen.

WAS HAT SIE ZU IHREM GERICHT INSPIRIERT?

Hakim, ein Spüler, den ich in München kennenlernen durfte, hat uns manchmal etwas aus seiner Heimat gekocht. Er stammt aus dem Irak, seine Mutter jedoch ist Marokkanerin. Ich fragte ihn nach seinem Rezept und er sagte nur, dass ich zuschauen muss. Es gäbe kein Rezept. Jede Familie macht ihr eigenes *Hachis*. So schaute ich und lernte. Seit damals ist dieses Gericht oft ein Bestandteil auf meiner Karte.

Hachis Parmentier

KICHERERBSE | PETERSILIE

MICHAEL SZOFER

Hachis Parmentier

KICHERERBSE | PETERSILIE

Hachis Parmentier *ist ein in Marokko und Frankreich bekanntes Lammragout mit gratinierter Kartoffelhaube. Für meine Interpretation habe ich jedoch Rinderschulter benutzt.*

Für die Kichererbsengerichte 175 g Kichererbsen 4 Stunden oder über Nacht in Wasser einweichen. Dann das Wasser abgießen, die Kichererbsen in einen Topf füllen und mit frischem Wasser bedecken. Zum Kochen bringen und ca. 1 Stunde köcheln, dann abgießen und abtropfen lassen.
Für die crunchy Kichererbsen 50 g Erbsen nun in einem Topf in 160 °C heißem Fett frittieren, bis sie knusprig sind, dann salzen und mit etwas Purple Curry vollenden.

Für den Hummus den Knoblauch schälen und fein hacken. Restliche Kichererbsen, Knoblauch, Tahin, Zitronensaft, Öl, 2 EL Wasser, etwas Kreuzkümmel und Salz in der Küchenmaschine zu einem glatten Püree verarbeiten.

Für das Hachis Parmentier den Backofen auf 150 °C (Umluft) oder 160 °C (Ober-/Unterhitze) vorheizen. Das Gemüse schälen, putzen und in etwa walnussgroße Würfel schneiden. Die Rinderschulter auslösen und das Fleisch zusammen mit den Knochen und dem Röstgemüse in einem Topf im Pflanzenöl anbraten. Alles mit einem Schuss Rotwein ablöschen und weitergaren. Diesen Vorgang mindestens dreimal wiederholen. Anschließend im Topf ca. 2 ½ Stunden im Ofen schmoren.

Das Fleisch herausnehmen, abkühlen lassen und in feine Würfel schneiden. Den Schmortopf erneut auf den Herd stellen, die Knochen mit dem restlichen Rotwein angießen, dann mit dem Kalbsfond auffüllen. Alles zusammen langsam aufkochen, anschließend reduzieren.

Karotte und Schalotten putzen, schälen und in sehr feine Würfel schneiden. Die Petersilie hacken. Karotte, Schalotten, Petersilie und Zitronenabrieb leicht anschwitzen und zu den Fleischwürfeln geben. Die reduzierte Sauce durch ein Sieb passieren und erneut aufkochen. Fleisch und Gemüse hinzugeben und alles reduzieren, bis es dickflüssig ist. Mit Salz und Pfeffer abschmecken.

Für die Haube die Kartoffeln mit Schale in Salzwasser kochen, dann pellen, mit einer Gabel fein zerdrücken und mit Olivenöl vermengen.

Für die Gremolata die Zitrone waschen, abtrocknen und die Schale fein abreiben. Die Frucht halbieren und den Saft auspressen. Den Knoblauch schälen und fein hacken. Die Petersilie schneiden, die Tomaten hacken. Zitronenabrieb, Knoblauch, Petersilie und Tomaten im Mörser zerstoßen, dabei das Olivenöl nach und nach angießen. Die Gremolata mit Meersalz und ein wenig Zitronensaft vollenden.

Zum Anrichten den Hummus leicht erwärmen und kreisförmig mittig auf dem Teller verstreichen. Das Hachis darauf platzieren und mit der Kartoffelhaube bedecken. Die Gremolata tröpfchenweise auf den Hummus laufen lassen (hierbei genügt ein Löffel) und alles mit den crunchy Kichererbsen garnieren.

Für 2 Personen

FÜR CRUNCHY KICHERERBSEN UND HUMMUS:

175 g Kichererbsen
500 g Pflanzenfett
Salz
Purple Curry
1 Knoblauchzehe
75 g Tahin (Sesampaste)
30 ml frisch gepresster Zitronensaft
30 ml Olivenöl
Kreuzkümmel (Cumin)

FÜR DAS HACHIS:

250 g Röstgemüse (Zwiebel, Knollensellerie und Karotte)
500 g Rinderschulter mit Knochen
4 EL Pflanzenöl
250 ml Rotwein
500 ml Kalbsfond
1 Karotte
2 Schalotten
1 Bund glatte Petersilie
abgeriebene Schale von 1 Bio-Zitrone
Salz und Pfeffer

FÜR DIE HAUBE:

5 Kartoffeln, am besten der Sorte »La Ratte«
Salz
50 ml Olivenöl

FÜR DIE GREMOLATA:

1 Bio-Zitrone
2 Knoblauchzehen
100 g Petersilie
2 getrocknete Tomatenfilets
100 ml kalt gepresstes Olivenöl
Meersalz

Dennis & Frank

DENNIS PETER BAHNMÜLLER, 2004 als Auszubildender zum Koch im ***Restaurant Zum Ochsen*** in Oberstenfeld gestartet, machte im Anschluss als Chef de Partie Station unter anderem im ***Landhaus Feckl***, Restaurant ***EssZimmer***, bei Silvio Nickol und in den ***Backnanger Stuben***. Aktuell kocht er in der ***Speisemeisterei*** in Stuttgart, am liebsten mit Produkten der Haute cuisine. Perfektion und eine unendliche Liebe zum Detail zeichnen seine Teller.

FRANK OEHLER absolvierte seine Ausbildung zum Koch von 1978 bis 1981 im ***Restaurant Benz*** in Kempten. Es folgten Stationen im ***Seehotel Silber*** in Konstanz, den ***Schweizer Stuben*** in Wertheim-Bettingen, bei Anton Mosimann in London und im ***Teufelshof Basel***. Heute betreibt er die ***Speisemeisterei*** in Stuttgart. Mehrmals ist es ihm gelungen, an den unterschiedlichsten Standorten in kürzester Zeit einen Stern zu erkochen. Sein Stil ist geprägt von der Tradition, dem Bewusstsein und der Liebe zum Produkt.

ARBEITEN BEI IHNEN FLÜCHTLINGE IM BETRIEB?

Frank: Aufgrund der Lage unseres Restaurants im Schloss Hohenheim und der dort beheimateten Universität haben wir schon seit Langem Küchenhilfen aus Nepal, Pakistan und Indien beschäftigt, die an der Uni studieren. Im September haben wir nun erstmals einen Algerier in unser Team aufgenommen.

WAS HAT SIE DAZU BEWEGT, BEI DIESEM PROJEKT MITZUWIRKEN?

Frank: Soziales Engagement. Da sind wir immer dabei. Auch wenn wir in der Spitzengastronomie wenig verdienen, so sichern wir Arbeitsplätze und können mit unserer Ausstrahlung einfach Vorbild sein. Und soziales Engagement ist Ehrensache.

HABEN SIE EIN LEBENSMOTTO ODER SPRICHWORT, DAS SIE BESONDERS BEGLEITET?

Frank:Jeder Tag ist ein guter Tag! Am besten für alle Menschen.

Zweierlei Lamm

KICHERERBSE | PAPRIKA

FRANK OEHLER & DENNIS PETER BAHNMÜLLER

Zweierlei Lamm

KICHERERBSE | PAPRIKA

Für 4 Personen

FÜR DIE GESCHMORTE LAMMSCHULTER:
500 g Röstgemüse (Zwiebel, Karotte, Sellerie, Fenchel, Lauch)
Olivenöl
1 EL Tomatenmark
200 ml Rotwein
200 ml Madeira (Likörwein)
2–3 Zweige Thymian
½ EL Fenchelsamen
½ EL Wacholderbeeren
½ EL Pimentkörner
1 Lammschulter (ca. 1 kg)
Salz und Pfeffer
Ras el Hanout (nordafrikanische Gewürzmischung)
1 l Lammfond

FÜR DIE GERÄUCHERTE KNOBLAUCHCREME:
1 Knoblauchknolle
Salz

FÜR DEN OLIVENKROKANT:
20 g Oliventapenade, alternativ Olivenpüree
40 g Butter
1 Bio-Eiweiß (Größe S)
20 g Mehl
10 g flüssige Glukose
1 Prise Salz

FÜR DAS PAPRIKA-CHUTNEY:
2 rote Paprikaschoten
3 Knoblauchzehen
Olivenöl
2 Zweige Thymian
Zucker, Salz und Pfeffer

FÜR DIE KICHERERBSEN:
400 g getrocknete Kichererbsen
Salz
1 Zweig Thymian
2 Knoblauchzehen

FÜR DIE PAPRIKA-SAFRAN-CREME:
2 gelbe Paprikaschoten
100 ml Olivenöl
Meersalz und schwarzer Pfeffer
1 Knoblauchzehe
1 Zweig Thymian
ein paar Safranfäden
Zucker

FÜR DEN HUMMUS:
150 g gekochte Kichererbsen (s. o.)
20 g Tahin (Sesampaste)
50 ml Olivenöl
50 g Sahne
Salz, Pfeffer und Chilipulver

FÜR DIE FALAFELN:
20 g Frühlingszwiebeln
1 Knoblauchzehe
50 ml Olivenöl
½ Chilischote
5 g Koriandergrün
Kreuzkümmel (Cumin)
150 g gekochte Kichererbsen (s. o.)
1 Bio-Ei
20 g Mehl
Salz und Pfeffer
50 g Kartoffelstärke
500 ml Rapsöl

FÜR DIE GLASIERTEN KICHERERBSEN:
100 g gekochte Kichererbsen (s. l.)
Knoblauch
½ Chilischote
20 g Frühlingszwiebeln
Paprikaschalen (vom Chutney)
Sesamöl
50 ml Kokosmilch
Butter
Salz, Pfeffer und Zucker
Chilipulver

FÜR DEN LAMMRÜCKEN:
½ Lammrücken ohne Knochen (ca. 600 g)
Salz und Pfeffer
Ras el Hanout (nordafrikanische Gewürzmischung)
Olivenöl
1 Knoblauchzehe
je 1 Zweig Rosmarin und Thymian

FÜR DIE PIMIENTOS:
4 Pimientos de Padrón (spanische Paprikaschoten)
1 TL Weißweinessig
2 TL Olivenöl
Salz, Zucker und Pfeffer
½ TL Zitronensaft

ZUM SERVIEREN:
Kresse
Kapuzinerblüten

200 g Buchenholzspäne zum Räuchern

Für die Lammschulter das Röstgemüse waschen, putzen, bei Bedarf schälen und in etwa walnussgroße Würfel schneiden. In etwas Öl in einem ofenfesten Bräter scharf anbraten. Sobald das Gemüse rundherum Farbe angenommen hat, das Tomatenmark mit anrösten, bis es leicht am Boden ansetzt. Mit Rotwein und Madeira ablöschen und auf ca. ein Drittel reduzieren lassen. Dann Thymian, Fenchel, Wacholder und Piment zugeben.

Den Backofen auf 180 °C (Umluft) vorheizen. Die Lammschulter mit Salz, Pfeffer und Ras el Hanout rundum würzen und in einer Pfanne in etwas Öl scharf anbraten. Auf das Gemüse in den Bräter setzen, mit dem Fond auffüllen und das Lamm ohne Deckel etwa 90 Minuten im Ofen schmoren.
Die Schulter aus dem Bräter nehmen und abkühlen lassen. Das Fleisch anschließend vom Knochen lösen, dabei grobe Sehnen entfernen, und in mundgerechte Stücke rupfen.

Den Schmorfond passieren und auf dem Herd bis zur gewünschten Konsistenz reduzieren. Das Fleisch vor dem Servieren im Fond erneut kurz erwärmen.

Für die Knoblauchcreme die Knoblauchzehen separieren, schälen, halbieren und die Keimlinge entfernen. In kochendem, leicht gesalzenem Wasser weich kochen und abgießen.

Buchenholzspäne in einem feuerfesten Gegenstand (z. B. einer Metallschüssel) anflämmen, bis der gewünschte Rauch entsteht. Die Knoblauchzehen in einer kleinen, ebenfalls feuerfesten Schüssel rasch auf die Späne stellen. Das Gefäß mit den Spänen schnell mit Alufolie luftdicht abdecken und 1 Minute räuchern lassen. Den Knoblauch anschließend sehr fein pürieren, kalt stellen und in einen Spritzbeutel füllen.

Für den Olivenkrokant die Oliventapenade mit Butter in einer Schüssel schaumig schlagen. Unter langsamem Rühren erst das Eiweiß, dann das Mehl hinzugeben. Die Glukose auf 120 °C erhitzen und sehr zügig einrühren. Die noch flüssige Masse leicht salzen und im Kühlschrank abkühlen lassen.
Die fest gewordene, leicht zähe Masse auf eine Silikonmatte oder ein mit Backpapier ausgelegtes Backblech hauchdünn aufstreichen und im noch heißen Ofen bei 180 °C (Ober-/Unterhitze) goldbraun backen. Anschließend abkühlen lassen, vorsichtig ablösen und in ungleichmäßige Stücke brechen.

Für das Chutney die roten Paprikaschoten waschen, schälen, entkernen und in feine Würfel schneiden. Die Schalen der Paprika für die glasierten Kichererbsen aufheben. Den Knoblauch schälen und andrücken. Die Paprika in einem Topf in etwas Olivenöl mit Knoblauch und Thymian leicht andünsten. Anschließend etwas Zucker hinzugeben und leicht karamellisieren lassen. Mit Salz und Pfeffer abschmecken.

Die Kichererbsen in 2 l Wasser mit Salz, Thymian und geschältem und zerdrücktem Knoblauch ca. 45 Minuten kochen, bis sie weich sind.

Für die Paprika-Safran-Creme die gelben Paprikaschoten waschen, vierteln, entkernen und großzügig mit Olivenöl einreiben. Mit grobem Meersalz und schwarzem Pfeffer würzen. Den Knoblauch schälen. Die Ofentemperatur auf 200 °C (Umluft) erhöhen. Ein Blech mit Olivenöl einreiben und die Paprika gleichmäßig darauf verteilen. Knoblauch und Thymian grob zerkleinern, darüberstreuen und ca. 20 Minuten garen, bis die Haut der Paprika leicht schwarz wird. Das Blech aus dem Ofen nehmen, mit Alufolie abdecken und 10 Minuten ruhen lassen. Anschließend die Haut abziehen, solange die Paprika noch warm sind. In einem hohen Gefäß mit Safran glatt mixen, dann mit Salz und Zucker abschmecken.

Für den Hummus 150 g der gekochten Kichererbsen mit Sesampaste, Olivenöl und Sahne sehr fein pürieren, anschließend passieren. Die aufgefangenen Häutchen entsorgen. Den durchgestrichenen Hummus mit Salz, Pfeffer und Chilipulver fein abschmecken, dann kalt stellen.

FORTSETZUNG NÄCHSTE SEITE

Zweierlei Lamm

KICHERERBSE | PAPRIKA

Für die Falafeln die Frühlingszwiebeln waschen, putzen und in feine Ringe schneiden. Den Knoblauch schälen und fein hacken. Beides in Olivenöl glasig anschwitzen, dann mit dem Stabmixer leicht anmixen. Die Chili entkernen und fein schneiden, den Koriander hacken. Kreuzkümmel, Koriander sowie Chili kurz mitrösten, dann auskühlen lassen. Die Kichererbsen grob zerkleinern. Mit Ei und Mehl in eine Schüssel geben und die gedünsteten Zutaten hinzufügen. Zu einer Masse verarbeiten, dann mit Salz und Pfeffer abschmecken. Aus der Masse walnussgroße Kugeln formen und in der Kartoffelstärke wälzen. Die rohen Falafeln vor dem Servieren in 160 °C heißem Öl goldbraun ausbacken.

Für die glasierten Kichererbsen 100 g der gekochten Kichererbsen vorsichtig enthäuten. Den Knoblauch schälen und fein würfeln, die Chili entkernen. Frühlingszwiebeln, Chili und die Schalen der roten Paprika in sehr feine Streifen schneiden.
Die Kichererbsen in etwas Sesamöl erhitzen, die Kokosmilch aufgießen und leicht kochen lassen, bis sich eine sämige Textur bildet. Ein Flöckchen Butter einrühren. Das Gemüse dazugeben und mit Salz, Pfeffer, Zucker und Chilipulver abschmecken.

Den Lammrücken mit Salz, Pfeffer und Ras el Hanout würzen. In einer Pfanne in etwas Olivenöl zusammen mit dem geschälten und zerdrückten Knoblauch sowie den Kräutern rundum scharf anbraten. Den Rücken aus der Pfanne nehmen und im Ofen bei 180 °C (Umluft) 8–10 Minuten fertig garen. Die Kerntemperatur des Fleisches sollte etwa 53–55 °C betragen. Das Fleisch anschließend 5 Minuten an einem warmen Ort ruhen lassen.
Vor dem Servieren den ganzen Rücken mit etwas Olivenöl kurz nachbraten, dann tranchieren.

Die Pimientos waschen und in fingerdicke Ringe schneiden, dabei die Kerne entfernen. Aus Weißweinessig, Olivenöl, Salz, Zucker, Pfeffer und Zitronensaft eine Marinade herstellen und über die Pimientos träufeln.

Zum Anrichten die Lammschulter dünn auftranchieren und mittig auf dem Teller platzieren, dahinter ein portioniertes Stück des Lammrückens legen. Eine Nocke des Paprika-Chutneys auf die Lammschulter geben. Den Hummus mithilfe eines Spritzbeutels in Punkten dressieren. Je zwei Falafelkugeln anrichten. Die Pimientos auf freien Stellen platzieren und ein paar glasierte Kichererbsen vor die Schulter setzen. Die geräucherte Knoblauchcreme mit einem Dressierbeutel auf die Falafeln spritzen. Je ein Olivenkrokantstück in die Creme stecken. Die Paprika-Safran-Creme abnocken und auf den Lammrücken setzen. Zuletzt etwas Schmorsauce angießen und das Gericht servieren.

Nasre

Mein Name ist NASRE, ich bin 25 Jahre alt und komme aus Marokko, aus der Stadt Fès. Mit etwa einer Million Einwohnern ist sie Marokkos größte und gehört als älteste Stadt zu den sogenannten vier Königsstädten. Die Altstadt von Fès ist seit 1981 UNESCO-Weltkulturerbe.

Auch ich bin ganz begeistert von dieser tollen Stadt und blicke auf viele schöne Spaziergänge mit meinen Eltern oder meinen Freunden zurück. Ich würde mich als liberalen Muslim bezeichnen, ich habe ein entspanntes Verhältnis zu Alkohol und mir ist es auch völlig egal, ob eine Frau ein Kopftuch trägt oder nicht. Das liegt bestimmt auch daran, dass ich aus liberalen Verhältnissen komme. Meine Eltern arbeiten beide, meine Mutter in einem Callcenter, mein Vater ist LKW-Fahrer. Er ist alles andere als ein Patriarch, wie wir es noch häufiger in Marokko haben. Er kocht und hilft sogar im Haushalt. Meine beiden Brüder und ich natürlich auch.

Ich bin im September 2015 nach Deutschland gekommen, um hier zu studieren. In Deutschland fasziniert mich das Bildungs- und Wirtschaftssystem. Bei uns in Marokko ist es zwar im Vergleich zu anderen arabischen Ländern auch gut, aber lange nicht auf so hohem Niveau. Ich studiere an der Hochschule für Technik und Wissenschaft in Berlin im Bereich Arbeits- und Personalmanagement. Mich interessiert dieser Bereich sehr, da ich gerne mit Menschen zu tun habe. Ich hatte mich auch in Marokko ehrenamtlich mit der Förderung von Bildung beschäftigt. Wir haben beispielsweise Bücher gesammelt und an junge Leute und Studenten verteilt, damit sie mehr lesen. Außerdem haben wir uns um junge Frauen gekümmert, die Opfer von häuslicher Gewalt wurden. Wir haben für sie Nähkurse angeboten und ihnen geholfen, ihre selbst genähten Kleider zu verkaufen, damit sie sich nach und nach eine unabhängige Existenz aufbauen konnten.

Als ich in Deutschland angekommen war, habe ich zunächst bei marokkanischen Freunden in Duisburg gewohnt. Eigentlich sollte es nur für ein paar Tage sein, schließlich wurden daraus Monate, die ich dazu genutzt habe, Deutsch zu lernen. Dann wollte ich für das Studium nach Berlin ziehen. Das war aber gar nicht so einfach, weil es sehr schwer war, eine Wohnung oder wenigstens ein WG-Zimmer zu finden. Sobald es nämlich um meine Herkunft ging und ich sagte, dass ich Marokkaner sei, war es leider oft schlagartig vorbei mit der Freundlichkeit, ganz gleich ob am Telefon oder bei direkten Begegnungen. Meistens gab es direkt eine Absage, ohne dass ich mich näher vorstellen konnte, es genügte, dass ich Marokkaner bin. Man sagte mir oft sehr deutlich, dass man nicht mit Marokkanern zusammenwohnen wolle. Nach zwei Monaten und vielen Absagen habe ich schließlich doch ein WG-Zimmer gefunden und wohne jetzt mit einem sehr netten und sympathischen jungen Deutschen zusammen.

Obwohl ich Deutschland sehr schätze, muss ich leider sagen, dass es einem als Ausländer – und vor allem als Marokkaner – nicht leicht gemacht wird, hier anzukommen. Ich fühle mich in Deutschland oftmals ausgegrenzt, teilweise auch alleingelassen. Dieses Gefühl hat sich nach der Silvesternacht von 2015/16 und den Ereignissen in Köln leider noch etwas verstärkt. Manchmal wurde ich grundlos in der Bahn oder im Bus von Passanten beschimpft, sie meinten, ich gehöre nicht hierher und solle dahin gehen, wo ich herkomme. Am Anfang habe ich das nicht alles verstanden, meine Deutschkenntnisse waren noch nicht so gut. Inzwischen verstehe ich alles.

Auf dem Nachhauseweg wurde ich auch schon mal von einem Fahrradfahrer doof angemacht, ohne dass ich ihn auch nur angeguckt habe. In einem Supermarkt bei mir zu Hause gab es eine Kassiererin, die sehr unfreundlich

Nasre

zu mir war, sie mochte mich ganz offensichtlich nicht, gab rassistische Äußerungen von sich und warf meine Einkaufsprodukte nach dem Scannen einfach in die Ecke. Eine sehr nette deutsche Frau hat mich dann verteidigt und die Kassiererin zurechtgewiesen. Ich hätte der Dame so gerne etwas gesagt und mich bei ihr richtig bedankt, aber ich war so geschockt und verängstigt, dass ich nur »Danke!« sagen konnte.

Mittlerweile bin ich nicht mehr so häufig unterwegs, ich habe Angst vor Anfeindungen und Rechtsextremismus. Ich verstehe auch nicht, warum viele Menschen so reagieren. Nur weil ich Marokkaner bin, weil ich Muslim bin? Oder anders gesagt: Ich verstehe sehr gut, wenn die Menschen Angst vor Salafismus und Islamismus haben. Denn wir Muslime haben selbst davor große Angst, ich natürlich auch. Aber ich bin kein Islamist, ich bin nur ein Muslim aus Marokko.

Allerdings muss ich sagen, dass ich solche rassistischen Erlebnisse vor allem in Duisburg hatte, warum, weiß ich nicht. Vielleicht gibt es in Duisburg zu wenige Ausländer, und die Leute sind den Umgang mit ihnen nicht gewohnt? Denn seit einigen Wochen lebe ich in Berlin, und ich muss sagen: In Berlin ist mir so etwas noch nicht passiert. Aber hier gibt es ja auch sehr viele Ausländer. Berlin wirkt auf mich sehr bunt und offen, vor allem die jungen Leute sind neugierig. Das gefällt mir sehr.

In meiner neuen WG fühle ich mich wirklich wohl, ich lese gerne, schaue gerne historische Filme. Und natürlich telefoniere ich viel mit meiner Familie, ich vermisse meine Eltern und meine Brüder sehr. Und ich vermisse vor allem den *Couscous* meiner Mutter! Keiner kann ihn so gut wie sie! Ich koche selbst auch sehr gerne, vor allem *Tajine*.

Couscous

350 ml Wasser mit einer Prise Salz in einem kleinen Topf aufkochen. Den Couscous zugeben, vom Herd nehmen und bei geschlossenem Deckel 5 Minuten quellen lassen. Den Couscous mit einer Gabel auflockern und das Olivenöl einrühren. Den Lauch längs halbieren, gründlich waschen und in feine Ringe schneiden. Die Zuckerschoten waschen, dann zunächst in 2–3 mm dicke Streifen schneiden und anschließend fein würfeln. Den Knoblauch schälen, die Paprika putzen und beides ebenfalls würfeln. Die Kräuter fein schneiden, dann zusammen mit dem Gemüse sowie Ras el Hanout unter den Couscous mengen. Mit Salz, Zitronensaft und nach Belieben etwas Pul Biber abschmecken.
Den Couscous warm oder auch kalt servieren.

Für 4 Personen

Salz
250 g Couscous
2 EL Olivenöl
1 Stange junger Lauch
5 Zuckerschoten
½ Knoblauchzehe
½ rote Paprikaschote
2 Stängel Petersilie
je 1 Stängel Minze und Koriandergrün
2 TL Ras el Hanout (nordafrikanische Gewürzmischung)
frisch gepresster Zitronensaft
Pul Biber (türkisches Chiligewürz, nach Belieben)

Le Nouveau Chef
Steinberg
Le Nouveau Chef

Sascha

SASCHA STEMBERG ist Küchenchef und Inhaber des Restaurants *Haus Stemberg* in Velbert. Gemeinsam mit seiner Frau Coren und seinen Eltern führt er das Haus von 1864 nun bereits in fünfter Generation. Trotz des 2013 verliehenen Michelin-Sterns ist das Restaurant unkompliziert geblieben und bietet durch den Mix aus regionaler wie weltoffener Küche einen Einstieg in die gehobene Gastronomie.

GIBT ES ZUTATEN AUS DEN FLÜCHTLINGSLÄNDERN, DIE SIE HÄUFIGER BENUTZEN?
Ja, Gewürze wie zum Beispiel Ras el Hanout, Kreuzkümmel und Kardamom. Oder auch Zutaten wie Couscous, Granatapfel und Orangen.

WAS HAT SIE DAZU BEWEGT, BEI DIESEM PROJEKT MITZUWIRKEN?
Ich finde die Idee sehr schön, durch den Geschmack ihrer Lieblingsgerichte die Erinnerung an etwas Gutes hervorzurufen, das die Geflüchteten mit ihrem Herkunftsland verbinden. Wenn man mit etwas so Alltäglichem wie Kochen etwas Positives bewirken kann, dann ist das eine tolle Sache.

WAS HAT SIE ZU IHREM GERICHT INSPIRIERT?
Marokko halte ich kulinarisch für ein sehr interessantes Land. Die Küche und die Aromen liegen mir, und ich bin ein großer Fan von Sharing Dishes, also gemeinsam mit Familie und Freunden am Tisch zu sitzen und sich die Schalen und Töpfe zu reichen. Gutes Essen erreicht die Seele und schweißt zusammen.

Time to share:

Lamm am Knochen

PETERSILIE | GRANATAPFEL | MÖHREN MIT KREUZKÜMMEL GLASIERT | AUBERGINE MIT ROSINEN UND ZIMT

SASCHA STEMBERG

Time to share:

Lamm am Knochen

PETERSILIE | GRANATAPFEL | MÖHREN MIT KREUZKÜMMEL GLASIERT | AUBERGINE MIT ROSINEN UND ZIMT

Den Backofen auf 130 °C (Ober-/Unterhitze) vorheizen. Den Knoblauch schälen und möglichst fein hacken. Aus Knoblauch, 4 EL Öl, Zitronenabrieb und den Gewürzen im Mörser eine Paste herstellen und die Haxen damit einreiben. Die Haxen in eine mit Olivenöl ausgestrichene Backform legen und für ca. 2 ½ Stunden im Ofen garen. Das Fleisch sollte anschließend fast von selbst vom Knochen rutschen.

Für den Salat Schalotten und Knoblauch schälen. Schalotten in sehr feine Würfel schneiden, Knoblauch fein hacken. Die Granatäpfel öffnen und die Kerne vorsichtig herauslösen. Die Petersilie putzen und die Blätter abzupfen. Aus sämtlichen Zutaten einen lockeren, gut abgeschmeckten Salat mit leichter Säure herstellen. Vor dem Servieren 1 Stunde ziehen lassen.

Die Möhren in kochendem Salzwasser für ca. 1 Minute blanchieren, danach sofort in gesalzenem Eiswasser auskühlen lassen.

Mit einem feinen Messer vorsichtig die Schale abschaben und ca. 1 cm Grün stehen lassen. In einer Sauteuse oder einem Topf mit hohem Rand Butter, Olivenöl und Brühe erwärmen, sodass die Zutaten leicht binden. Mit Zucker und den Gewürzen gut abschmecken. Die Möhren in dieser Glasage kurz vor dem Servieren wieder erwärmen.

Die Aubergine waschen, putzen und in ca. 2 cm große Würfel schneiden. Das Öl in einem Topf auf ca. 180 °C erhitzen. Die Auberginenwürfel darin frittieren, bis sie leicht goldbraun sind. Sofort herausnehmen und auf Küchenpapier abtropfen lassen. Nach ca. 10 Minuten mit allen weiteren Zutaten in einer Schüssel marinieren und gut abschmecken.

Dieses Gericht wird zum miteinander Teilen am Tisch serviert. Hierfür alle Beilagen in Schüsseln anrichten und die Haxen auf einem Brett in die Mitte des Tisches stellen.

Es gibt doch nichts Schöneres, als sich mit netten Menschen ein gutes Essen zu teilen.

Für 4 Personen

FÜR DIE LAMMHAXEN:
1 Knoblauchzehe
Olivenöl
abgeriebene Schale von 1 Bio-Zitrone
1 Msp. Kreuzkümmel (Cumin)
Salz und Pfeffer
4 kleine Lammhaxen mit Fett

FÜR DEN PETERSILIENSALAT:
2 Schalotten
1 Knoblauchzehe
2 Granatäpfel
1 Bund glatte Petersilie (ca. 100 g)
2 EL Olivenöl
2 EL Weißweinessig
Salz und Pfeffer
frisch gepresster Saft und abgeriebene Schale von ½ Bio-Limette

FÜR DIE GLASIERTEN MÖHREN:
20 Babymöhren mit Grün
Salz
20 g Butter
1 EL Olivenöl
40 ml Hühnerbrühe
10 g brauner Zucker
1 Msp. Kreuzkümmel (Cumin)
Pfeffer

FÜR DIE AUBERGINE:
1 Aubergine
500 ml Erdnussöl (mit hohem Rauchpunkt)
2 EL gelbe Rosinen
2 EL Sojasauce
1 EL Reisessig
1 Msp. gemahlener Zimt
1 Msp. gemahlener Koriander
Salz und Pfeffer

Roman

Der gebürtige Bozner ROMAN ASTER besuchte zunächst die Landesberufsschule für das Gastgewerbe Savoy in Meran. Nach mehreren Praktika folgten berufliche Stationen unter anderem im Restaurant *Trenkerstube* in Tirol (2 Michelin-Sterne) und im Restaurant *EssZimmer* in München (2 Michelin-Sterne). Seit April 2016 ist Roman Aster Chef Pâtissier im Restaurant *la vie* in Osnabrück. Besonders spannend findet er unter anderem das Zusammenspiel aus gegensätzlichen, beispielsweise salzigen und süßen Noten in der Küche.

WAS HAT SIE DAZU BEWEGT, BEI DIESEM PROJEKT MITZUWIRKEN?

Für mich ist es eine besondere Herausforderung und Freude, bei einem solchen Projekt dabei zu sein. Da ich auch persönlich immer gerne für solche Projekte zu haben bin, ist es für mich eine einfache Entscheidung gewesen.

WAS HAT SIE ZU IHREM GERICHT INSPIRIERT?

Ich wollte ein Gericht kreieren, das einfach und verständlich ist und trotzdem die Gäste auch ein bisschen fordert. Die ausgewählten Produkte und Kräuter sollten ein stimmiges und in sich geschlossenes Geschmacksbild erzeugen, ohne dabei zu viel in die süßliche Dessert-Schiene zu fallen.

HABEN SIE EIN LEBENSMOTTO ODER SPRICHWORT, DAS SIE BESONDERS BEGLEITET?

Ich habe eigentlich kein Motto, das mich inspiriert, aber es gibt einen Spruch, der mir immer wieder einfällt: Alles im Leben hat zwei Seiten, suche die beste.

Buchweizen

QUINOA | AKAZIENHONIG | VERBENE | WALDBEEREN

ROMAN ASTER

Für 6 Personen

FÜR DEN HONIGRING:

1 ½ Blatt Gelatine
280 ml Milch
40 g Akazienhonig
50 g gefriergetrockneter Honig, alternativ 40 g mehr Akazienhonig
80 g Bio-Eigelb
100 g weiße Kuvertüre
120 g Sahne
200 ml Beerensaft (frisch gepresst oder gekauft)
1 g vegetarische Gelatine

FÜR DAS BUCHWEIZENEIS:

220 g Buchweizen
1 Blatt Gelatine
420 ml Vollmilch
110 ml Mandelmilch
60 g Magermilchpulver
45 g Glukose
40 g Agavendicksaft
120 g Sahne
½ g Super Neutrose (Geliermittel)

FÜR DEN CEREALIEN-CRUNCH:

120 g Buchweizen
120 g verschiedenfarbige Quinoa
Salz
Pflanzenöl
40 g Zucker
20 g Butter

FÜR DIE VERBENECREME:

480 ml Mandelmilch
40 g Zitronenverbene
60 g Agavendicksaft
9 g Agar-Agar
abgeriebene Schale von ½ Bio-Zitrone
1 Prise Salz

FÜR DAS BEEREN-FLUIDGEL:

420 ml Beerensaft (frisch gepresst oder gekauft)
9 g Agar-Agar
30 ml Himbeergeist
2 g Zitronensäure

FÜR DEN MANDELSCHAUM:

2 Blatt Gelatine
220 g Mandelmilch
80 g Sahne
5 Tropfen Mandelaroma

ZUM SERVIEREN:

frische Waldbeeren, z. B. Erdbeeren, Himbeeren, Blaubeeren
frische Kräuter, z. B. Sauerklee, Wiesenkerbel, Agatasche, Ehrenpreis, Zitronenverbene

Donutförmchen aus Silikon

Buchweizen

QUINOA | AKAZIENHONIG | VERBENE | WALDBEEREN

Für den Honigring die Gelatine einweichen. Die Milch zusammen mit dem Honig kurz aufkochen. Das Eigelb in einen zweiten Topf geben, die Honigmilch zugießen und auf 80 °C erhitzen. Die Kuvertüre in der warmen Milch schmelzen lassen und die eingeweichte Gelatine darin auflösen. Die Eigelb-Honigmasse über einem Eiswasserbad rühren, bis sie kalt ist und die Creme leicht stockt. Dann die Sahne steif schlagen, unterheben, die Creme in die Förmchen füllen und gefrieren.
Für den Überzug den Saft zusammen mit dem Gelatinepulver kalt verrühren, dann aufkochen und für 2 Minuten stehen lassen. Je zwei gefrorene Honigringhälften durch leichtes Antauen der geraden Flächen miteinander verkleben und den Ring durch das Beerengelee ziehen.

Für das Eis den Backofen auf 220 °C (Umluft) vorheizen und den Buchweizen für 10 Minuten rösten. Die Gelatine einweichen. Den gerösteten Buchweizen mit der Vollmilch vermengen und 10 Minuten ziehen lassen. Anschließend mixen, passieren und in einem Topf mit Mandelmilch, Magermilchpulver, Glukose und Agavendicksaft auf 95 °C erwärmen. Zum Schluss Sahne, eingeweichte Gelatine sowie Geliermittel hinzufügen. Die Creme abkühlen lassen und in einer Eismaschine gefrieren. Alternativ für 24 Stunden in den Tiefkühler stellen, dabei immer wieder umrühren, damit sich möglichst kleine Eiskristalle bilden.

Für den Crunch die Getreidesorten separat in leicht gesalzenem Wasser weich kochen. Anschließend 24 Stunden im Ofen bei 50 °C (Umluft) trocknen und in einem kleinen Topf in 235 °C heißem Öl backen. Den Zucker mit 30 ml Wasser aufkochen und die gepufften Kerne hinzufügen. Bei mittlerer Hitze so lange rühren, bis alles karamellisiert ist. Zum Schluss die Butter und etwas Salz hinzufügen, alles vermengen und auskühlen lassen.

Für die Creme die Mandelmilch auf 60 °C erwärmen, die Verbeneblätter zerstoßen und in der Milch 20 Minuten ziehen lassen. Anschließend passieren und die Milch zusammen mit den restlichen Zutaten aufkochen. Die Masse auf ein Blech gießen, auskühlen und im Mixer zerschlagen.

Für das Fluidgel alle Zutaten zusammen aufkochen, dann abkühlen und im Mixer zerschlagen.

Für den Mandelschaum die Gelatine einweichen, die Milch aufkochen und die Gelatine darin auflösen. Auskühlen und mit Sahne und Mandelaroma vermengen. In eine iSi-Flasche füllen und in flüssiges Nitrogen sprühen. Im gefrorenen Zustand zerbrechen und bis zum Gebrauch im Gefrierschrank lagern. Alternativ in einen Sahnesiphon füllen und bis zum Servieren kalt stellen.

Zum Anrichten den Cerealien-Crunch kreisförmig in der Mitte eines Tellers anlegen. Darauf den Honigring, die Verbenecreme und das Beerengel platzieren. Verschiedene Beeren und Kräuter auf dem Teller verteilen, zum Schluss das Eis und den gefrorenen Mandelschaum dressieren und servieren.

Stephan Haup
JEUNES RESTAU
POMMER

Stephan

Bevor es STEPHAN HAUPT in die gehobene Küche zog, machte er eine Ausbildung in einem familiär geführten Landhotel nahe Mainz. Mittlerweile ist er Souschef in ***Scharffs Schlossweinstube*** im ***Heidelberger Schloss***, in dessen Küche er sich in der Pâtisserie kreativ ausleben kann. Inspirationen zum Kochen sammelt er am liebsten in der Natur und in seiner zweiten Heimat, dem Allgäu.

WAS HAT SIE DAZU BEWEGT, BEI DIESEM PROJEKT MITZUWIRKEN?

Ich fand die Idee und den Gedanken hinter dem Projekt super und auch passend zu der derzeitigen Situation. Und mal mit anderen oder neuen Gerichten und Zutaten zu arbeiten und sich dazu etwas zu überlegen, macht immer Spaß.

WAS HAT SIE ZU IHREM GERICHT INSPIRIERT?

Inspiriert hat mich der Gedanke, das Dessert oder besser gesagt den Kuchen auf eine moderne und europäische bzw. deutsche Art umzusetzen. Die zündende Idee hat mir dann der Arme Ritter gegeben, der ja auch mit Milch getränkt und dann ausgebacken wird.

HABEN SIE EIN LEBENSMOTTO ODER SPRICHWORT, DAS SIE BESONDERS BEGLEITET?

Wenn du nicht zu 100 Prozent mit deinem Werk zufrieden bist, fang von vorne an.

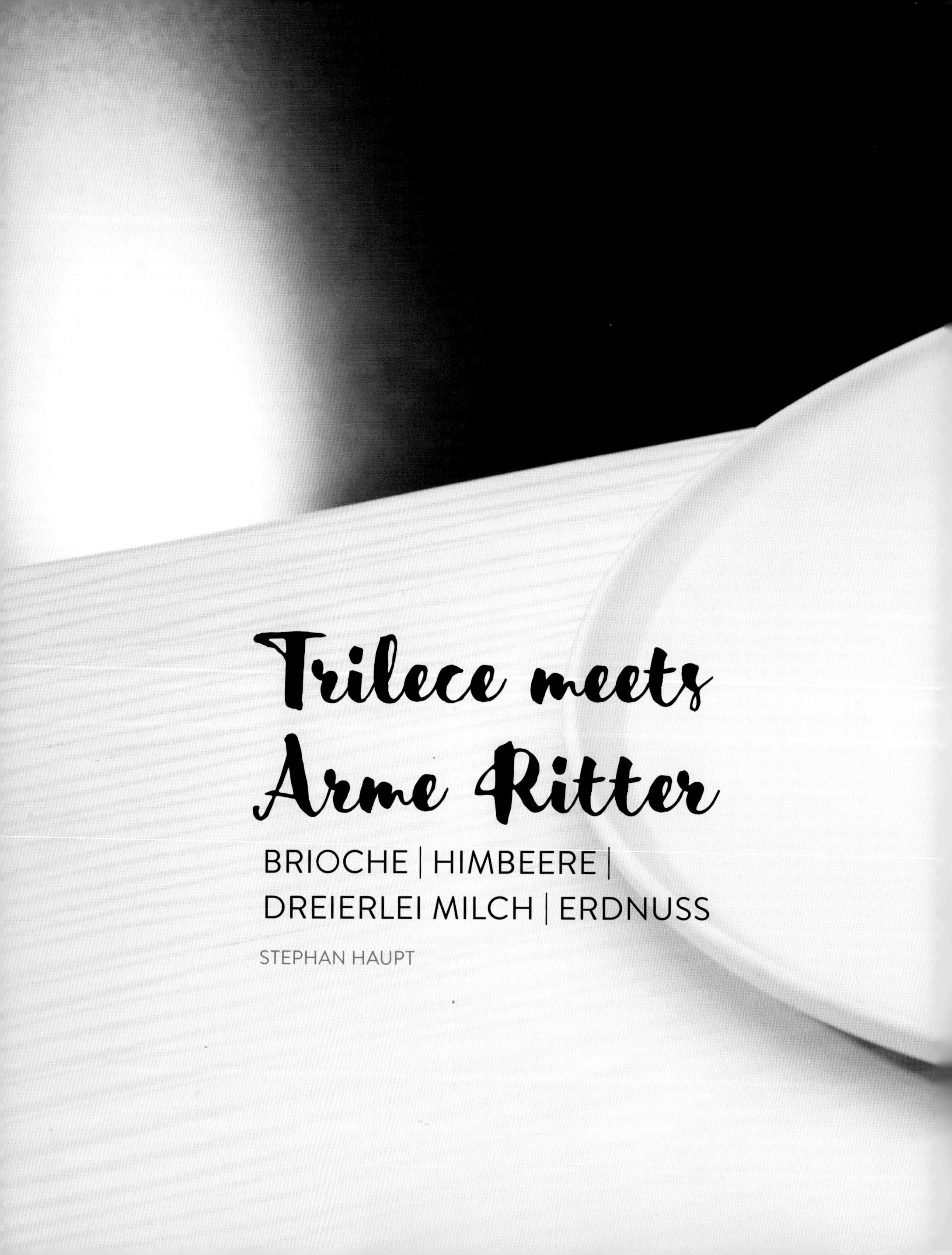

Trilece meets Arme Ritter

BRIOCHE | HIMBEERE | DREIERLEI MILCH | ERDNUSS

STEPHAN HAUPT

Trilece meets Arme Ritter

BRIOCHE | HIMBEERE | DREIERLEI MILCH | ERDNUSS

Mein Dessert stammt ursprünglich aus dem Kosovo und Albanien, ich habe es jedoch durch allerlei nordafrikanische Zutaten abgewandelt. »Trilece« bedeutet frei übersetzt »dreierlei Milch«. Traditionell ist es ein Biskuitboden, der mit drei verschiedenen Milchsorten (Kondensmilch, gezuckerte Kondensmilch und Vollmilch, wahlweise auch Büffelmilch) getränkt und mit einer Karamellschicht überzogen wird. Der Kuchen ist als »Tres leches« auch in Südamerika bekannt.

Für 4 Personen

FÜR DIE BRIOCHE:
200 g Butter, plus etwas mehr zum Braten
250 g Mehl
10 g Salz
15 g Hefe
1 TL gemahlene Bockshornkleesamen
20 g Zucker
200 ml Vollmilch
150 g Vollei
100 g Buttermilch
50 ml Ziegenmilch
1 Bio-Eigelb

FÜR DIE KARAMELLISIERTE MILCHCREME:
400 g gezuckerte Kondensmilch (aus der Dose)
1 Spritzer Limettensaft
1 Prise frisch geriebene Muskatnuss

FÜR DAS BUTTERMILCHSORBET:
45 g Zucker
etwas gemahlene Bockshornkleesamen
45 g Glukosepulver
½ TL Milchpulver
60 g Light-Joghurt (0,1 % Fett)
150 g Buttermilch
1 Bio-Limette

FÜR DIE ERDNUSSCREME:
50 g Zucker
100 ml Vollmilch
1 g Agar-Agar
1 Prise Salz
45 g cremige Erdnussbutter

FÜR DAS HIMBEERGEL:
150 g Himbeeren
50 ml Apfelsaft
1 Schuss weißer Balsamicoessig
50 g Zucker
1 Spritzer Limettensaft
3 g Agar-Agar

FÜR DIE HIMBEERSAUCE:
75 ml süßer Rotwein
75 ml Apfelsaft
40 g Zucker
1 Stängel Marokkanische Minze
200 g Himbeeren
etwas Cabernetessig (oder ein anderer guter fruchtiger Essig)
frisch gepresster Limettensaft
Himbeersaft
etwas angerührte Speisestärke oder Xanthan
100 g weiße Kuvertüre
100 g Kakaobutter

FÜR DIE KARAMELLISIERTEN ERDNÜSSE:
60 g Zucker
1 TL Ras el Hanout (nordafrikanische Gewürzmischung)
100 g Erdnüsse

FÜR DIE MARINIERTEN HIMBEEREN:
Honig
Himbeersaft
Essig
Himbeeren

ZUM SERVIEREN:
Blutampfer oder Sauerklee

runde Ausstechform (4 cm Ø)
Halbkugelformen (3 cm Ø)

Für die Brioche die Butter erhitzen, zu Nussbutter bräunen und kalt stellen. Mehl und Salz vermischen. Die Hefe in 125 ml lauwarmem Wasser auflösen und zusammen mit dem Bockshornklee zum Mehl geben. Zucker, 40 ml Milch und Vollei nach und nach einkneten. Wenn der Teig geschmeidig ist, an einem warmen Ort 30 Minuten abgedeckt ruhen lassen.
Die kalte Nussbutter in Würfel schneiden und in den Teig einarbeiten. Den Teig in eine rechteckige Form füllen, auf die doppelte Menge gehen lassen, abschlagen und ein weiteres Mal in der Form gehen lassen. Den Backofen auf 150 °C (Umluft) vorheizen. Den Teig 35 Minuten backen, dann auskühlen lassen und mit der Ausstechform Taler ausstechen. Die Reste und Krümel im Ofen bei 80 °C (Ober-/Unterhitze) trocknen, klein hacken und beiseitestellen.
Die restliche Milch mit den anderen beiden Milchsorten und dem Eigelb mischen, leicht erwärmen und die Briochetaler damit tränken. Abtropfen lassen, dann im Ofen bei 150 °C (Umluft) etwa 5 Minuten anbacken. Anschließend in einer Pfanne mit etwas Butter von allen Seiten goldbraun braten. Auf Küchenpapier abtropfen lassen.

Die Kondensmilch in einem Topf mit etwas Wasser langsam einkochen, bis die Milch eingedickt ist und eine karamellbraune Farbe angenommen hat. Mit Limettensaft und Muskatnuss abschmecken.

Für das Sorbet in einem Topf 90 ml Wasser aufkochen, dann Zucker, Bockshornklee, Glukose- und Milchpulver einrühren und 2 Minuten mitkochen, anschließend kalt stellen. Joghurt und Buttermilch vermischen und in die erkaltete Masse einrühren. Die Limette waschen, abtrocknen und die Schale fein abreiben. Die Frucht auspressen und die Joghurtmasse mit Saft und Abrieb abschmecken. Anschließend in einer Eismaschine gefrieren. Alternativ im Tiefkühler gefrieren lassen, dabei immer wieder umrühren, damit sich möglichst kleine Eiskristalle bilden.

Für die Erdnusscreme den Zucker in einem Topf zu hellem Karamell schmelzen. Die Milch separat erwärmen, in das Karamell rühren und komplett verkochen. Das Agar-Agar zugeben, einmal kurz aufkochen, dann kalt stellen und anziehen lassen. Etwas Salz mit Karamellgelee und Erdnussbutter fein pürieren.

Für das Gel die Himbeeren fein pürieren und passieren. Mit Apfelsaft, Balsamico, Zucker, Limettensaft und Agar-Agar aufkochen, dann kalt stellen und erneut pürieren.

Für die Himbeersauce den Rotwein aufkochen. Apfelsaft, Zucker, Minze und Himbeeren zugeben und bei schwacher Hitze 40 Minuten ziehen lassen. Anschließend absieben und kalt stellen. Die kalte Sauce mit Essig, Limetten- und Himbeersaft abschmecken, etwas angerührte Speisestärke zugeben und leicht eindicken lassen. Die Hälfte der Sauce in die Halbkugelformen füllen und einfrieren. Dann ausbrechen, die zweite Hälfte einfüllen, die bereits gefrorene Hälfte vorsichtig darauflegen und erneut tiefkühlen. Kuvertüre und Kakaobutter im Wasserbad miteinander schmelzen. Die Kugeln mit einem Zahnstocher aufpiksen, zweimal mit der Mischung überziehen, dann den Zahnstocher entfernen und das Loch verschließen. Die Kugeln im Kühlschrank auftauen lassen.

Für die Erdnüsse den Zucker mit Ras el Hanout sowie 40 ml Wasser in einer Pfanne aufkochen, bis der Zucker fast verkocht ist. Die Erdnüsse zugeben und schwenken, bis die Masse wieder komplett trocken ist und die Erdnüsse einzeln in der Pfanne liegen. Auf Backpapier auskühlen lassen.

Für die Himbeeren etwas Honig mit Himbeersaft und einem Schuss Essig vermischen und die Beeren damit marinieren.

Einen Punkt des Himbeergels auf den Teller spritzen, ein Glas mit flachem Boden daraufdrücken und dieses dann gerade nach oben wieder abziehen. Je ein Brioche daneben platzieren, einige Punkte Erdnuss- und Milchcreme in verschiedenen Größen darauf und daneben spritzen. Eine Kugel Himbeersauce aufsetzen. Die marinierten Himbeeren und die karamellisierten Erdnüsse auf den Punkten verteilen. Die getrockneten Briochereste als »Sand« aufstreuen, eine Nocke vom Sorbet abstechen und aufsetzen. Mit Blutampfer (er bringt noch eine schöne Säure mit sich) oder Sauerklee dekorieren.

Maître Pâtissier
Chocolatier
Glacier

Matthias

MATTHIAS MITTERMEIER

– Maître Pâtissier & Food-Designer – sammelte jahrelang Erfahrungen in zahlreichen internationalen Sterne-Restaurants. Heute leitet er die internationale Pâtisserieschule *Pfersich Trend-Forum* in Neu-Ulm, wo neben ihm die besten Pâtissiers der Welt Kurse und Vorführungen geben. Nebenbei ist er gefragter Juror und erfolgreicher Autor. Seine Philosophie lautet: »Pâtisseriekunst ist letztendlich nichts anderes, als die Schönheit der Natur nachzuahmen.«

GIBT ES ZUTATEN AUS DEN FLÜCHTLINGSLÄNDERN, DIE SIE HÄUFIGER BENUTZEN?

Ländertypische Gewürze wie Weihrauch (den ich auch im Rezept anwende – am besten eignet sich der Rauch von echtem Weihrauch), Kardamom, Rose, Kaffee oder auch Tee, außerdem Produkte wie Zitrusfrüchte, Filo, Granatäpfel, Pistazien etc. finden in meiner Küche oft Verwendung.

HABEN SIE EIN LEBENSMOTTO ODER SPRICHWORT, DAS SIE BESONDERS BEGLEITET?

Wer immer das tut, was er schon kann, bleibt immer das, was er gerade ist!

Banane

HIRSE | KAFFEE | WEIHRAUCH

MATTHIAS MITTERMEIER

Banane

HIRSE | KAFFEE | WEIHRAUCH

Für die Sphären Bananenpüree, Sesampaste, 70 g Sahne, Glukosesirup und Pektin zusammen aufkochen. Die Kuvertüre im Wasserbad schmelzen, dann unterrühren, glatt mixen und emulgieren. Die Creme im Eiswasserbad auf ca. 35 °C abkühlen lassen. Die restliche Sahne aufschlagen und unterheben. Die Masse mit einem Spritzbeutel in Sphärenformen füllen und einfrieren.
Die gefrorenen Sphären aus der Form nehmen und in geröstetem Sesam wälzen. Bis zum Gebrauch im Kühlschrank aufbewahren.

Für die Chips Eigelb, Vollei und Zucker schaumig aufschlagen. Kuvertüre und Mokkapaste im warmen Wasserbad auflösen und unter die Eimasse rühren. Die Gelatine im Espresso einweichen, auflösen und ebenfalls unterrühren. Die Sahne steif schlagen und vorsichtig unterheben. Zum Schluss das Maltodextrin einrühren, die Masse auf Backmatten streichen und im Dehydrator bei 65 °C ca. 6 Stunden lang trocknen. Alternativ dünn auf mit Backpapier ausgelegte Backbleche streichen und im Ofen bei 65 °C (Ober-/Unterhitze) 6 Stunden trocknen lassen. Anschließend in Stücke brechen und luftdicht aufbewahren – so halten sie sich etwa 1 Woche.

Für den Merengue Tee, Albumin und Salz glatt mixen, dann zu einem cremigen Eischnee aufschlagen. Das Isomalt nach und nach zugeben, dabei weiterschlagen. Den Puderzucker kurz unterrühren, dann die Masse in einen Spritzbeutel füllen. Dünne Streifen auf Backmatten spritzen. Im Dehydrator bei 65 °C ca. 6 Stunden lang trocknen. Alternativ wie oben beschrieben im Ofen trocknen. Anschließend luftdicht verpackt aufbewahren.

Für die Cubes alle Zutaten mindestens 2 Minuten auf höchster Stufe glatt mixen. Das Gelee in der Kühlung 20 Minuten aushärten lassen. Das feste Gelee in der Küchenmaschine schaumig aufschlagen, dann zügig in eine Silikonform füllen und kurz anfrosten. Aus der Geleematte kleine Würfel (1 cm) herausschneiden und diese bis zum Servieren im Kühlschrank aufbewahren.

Für das Gel 375 ml Espresso, Zuckersirup und Agar-Agar glatt mixen, aufkochen und 2 Minuten köcheln lassen. Anschließend das Gel im Kühlschrank aushärten lassen. Restlichen Espresso und Limettenabrieb zum Gel dazugeben und alles in der Küchenmaschine fein mixen. Die Masse durch ein sehr feines Sieb streichen, dann mit einem Spritzbeutel in kleine Spritzflaschen füllen und kühl stellen.

Für den Hirse-Kaffee-Sand die Backofentemperatur auf 180 °C (Umluft) erhöhen. Alle Zutaten rasch glatt kneten und den Teig kühl stellen. Dann den Teig durch ein Streuselsieb drücken und die entstandenen Streusel auf einem mit Backpapier ausgelegten Backblech etwa 15 Minuten im Ofen goldbraun backen. Die Streusel auskühlen lassen und luftdicht aufbewahren.

Für den Kaffee-Kaviar alle Zutaten glatt mixen, aufkochen und 2 Minuten köcheln. Den Gelee-Fond in eine Spritzflasche füllen, etwas abkühlen lassen und dann tröpfchenweise in kaltes Speiseöl (aus dem Kühlschrank) tropfen. Die Gelee-Tropfen mithilfe eines Siebs aus dem Ölbad nehmen, mit lauwarmem Wasser abspülen, trocken tupfen und im Kühlschrank aufbewahren.

Für das Kompott die Bananen in kleine Würfel schneiden. Bananenpüree, Gel, Sirup und Hirse zusammen glatt mixen. Die klein gewürfelten Bananen unter das Gelee rühren und kühl stellen.

Für 8 Personen

Zum Anrichten etwas Bananenkompott in tiefe Teller geben. Ein paar Hirse-Kaffee-Sand-Streusel einstreuen und die Sphären darauf platzieren. Je fünf kleine Pfefferminz-Cubes außen herum legen und zwei Chips sowie ein paar Streifen Merengue anlegen. Etwas Kaffee-Kardamom-Gel auf die Pfefferminz-Cubes dressieren. Ein paar Kaffee-Kaviar-Kügelchen drumherum verteilen. Mit Mimosen- und Pfefferminzblüten die Kreation ausdekorieren.

Bei uns im Restaurant geben wir anschließend noch eine »Spezial-Cloche« über das angerichtete Dessert und blasen mit dem Räucher-Aladin (100 % Chef) echten Weihrauch darunter. Nimmt man die Cloche vor dem Gast ab, wird er umhüllt vom Weihrauch-Duft, der schließlich das Dessert freigibt.

FÜR DIE BANANEN-SESAM SCHOKOLADEN-SPHÄREN:

100 g Bananenpüree
25 g schwarze Sesampaste
320 g Sahne
60 g Glukosesirup 45°
4 g Pektin X58 (Geliermittel)
275 g Milchkuvertüre (45 %)
geröstete Sesamsamen

FÜR DIE KAFFEEMOUSSE-CHIPS:

40 g Bio-Eigelb
75 g Vollei, alternativ 1 großes Bio-Ei
25 g Zucker
275 g weiße Kuvertüre
25 g Mokkapaste
4 g Fischgelatine 200 bloom
10 ml frisch gebrühter Espresso
375 g Sahne
150 g Maltodextrin (nicht süßer Zucker)

FÜR DEN PFEFFERMINZ-MERENGUE:

250 ml frisch aufgebrühter Pfefferminztee
22 g Albumin (Eiweißpulver)
1 Prise Salz
250 g Isomalt (Zuckeraustauschstoff)
250 g Puderzucker

FÜR DIE PFEFFERMINZ-GELEE-CUBES:

350 ml frisch aufgebrühter Pfefferminztee
100 g Läuterzucker 1:1 (wässrige Zuckerlösung)
50 g Gewürzsirup
8 g Globuline (Eiweißpulver)
14 g Maltodextrin (nicht süßer Zucker)

FÜR DAS KAFFEE-KARDAMOM-GEL:

425 ml frisch gebrühter Espresso
50 g Kardamom-Läuterzucker 1:1 (mit Kardamomkapseln versetzter Zuckersirup)
8 g Agar-Agar
abgeriebene Schale von 3 Bio-Limetten

FÜR DEN HIRSE-KAFFEE-SAND:

110 g Hirsemehl
90 g Maismehl
90 g Ghee
80 g Rohrzucker
5 g Kaffeebohnen
½ gemahlene Kardamomkapsel

FÜR DEN KAFFEE-KAVIAR:

175 ml frisch gebrühter Espresso
75 g Kardamom-Milch (mit Kardamomsamen aufgekochte Milch)
25 g Zucker
2 g Agar-Agar
kaltes Speiseöl

FÜR DAS BANANENKOMPOTT:

4 Bananen
100 g Bananenpüree
200 g Kaltglanzgel (Tortenguss)
50 g Gewürzsirup
5 g geröstete Hirsesamen

ZUM SERVIEREN:

Mimosen- und Pfefferminzblüten
5 g Weihrauch (nach Belieben)

runde Sphärenformen aus Silikon (2-teilig)
eckige Silikonform (ca. 10 × 10 cm)

Gambi
Erdnusssauce
Kapuziner
Wolfsbarsch
Schwarzfederhuhn
Langostino

Apfelkraut
Rübenzucker
mit Sauerrahmbutter trifft Äpfel
schwarzer Knoblauch
Aspik
konfierte weiße Zwiebeln
Gambia
Kichererbse
Joghurt
Hamachi
Baby Shrimps
Kartoffelchips
Frühlingsrolle
Minzschaum
Rote Bete

Gambia

LAND DER FISCHE UND ERDNÜSSE

Man muss Gambia erst einmal auf der Landkarte finden, was auf dem riesigen Kontinent Afrika gar nicht so einfach ist. Gambia ist klein, sehr klein. Genau gesagt: das kleinste Land Afrikas, bis auf einen schmalen Zugang zum Meer von Senegal umgeben. Es erstreckt sich auf fast 500 Kilometern entlang des Flusses Gambia, der mit einer Gesamtlänge von rund 1.100 Kilometern zu den längsten Strömen Westafrikas zählt und das Land Gambia von Osten nach Westen durchfließt. Die Kolonialmächte Frankreich und England haben die Grenzen zwischen Senegal und Gambia 1881 gezogen und sich dabei am Verlauf des Flusses orientiert, für den die Bewohner Gambias selbst keinen Namen haben, sie leben einfach an seinen Ufern. Das Flussdelta öffnet sich in der Höhe der Hauptstadt Banjul zum Atlantischen Ozean, in der Trockenzeit reicht das Brackwasser bis zu 200 Kilometer flussaufwärts, Schifffahrt ist dann nicht mehr möglich. Mangrovenwälder säumen die Flussufer, an denen sogar Austern wachsen. »The smiling coast« ist der Slogan Gambias, und man sagt, das käme vom Umriss des Landes, der wie ein Lächeln aussieht, während andere dagegenhalten, er ähnele einer Schlange.

Die Küste und der Fluss sind es auch, die den Speiseplan der Gambier bestimmen: Ohne Fisch ist er nicht denkbar. Auf dem Fischmarkt Tanji, nur wenige Kilometer westlich der Hauptstadt gelegen, zeigt sich die ganze Pracht: Butterfische, Makrelen, Red Snapper, Meeräschen, aber auch Barrakuda und Seezunge. Am Strand liegen die bunten Holzfischerboote, daneben sitzen Frauen in farbenprächtigen, groß gemusterten Röcken und Tüchern und warten auf ihre Kundschaft, zu denen auch Restaurants gehören. Die Luft ist geschwängert vom Geruch frischer, getrockneter oder geräucherter Fische. Schon zum Frühstück lieben Gambier ihre Fischbällchen, die es an fast jeder der zahlreichen Garküchen zu kaufen gibt, manche verkaufen auch *Tio-gio*, eine Fischsuppe mit Erdnuss. In den Restaurants gibt es Fisch in jeder Variation: gekocht, gegart, gebraten, gefüllt oder als Suppe. Der Klassiker oder besser: das Nationalgericht ist *Domoda*, ein Eintopf aus geschmortem Fisch oder auch Fleisch, Gemüse und einer dicken Erdnusssauce. Ein anderes beliebtes Gericht nennt sich *Plasas*, bei dem Fleisch und Räucherfisch in Palmöl mit grünem Gemüse und *Fufu*, einem Maniok-Püree, oder mit einem Brei aus Erdnüssen, Reis und Milch serviert wird. Als kleiner Snack zwischendurch werden gerne *Fish Cakes* gegessen, mit Fisch gefüllte und frittierte Teigtaschen. Außerdem wandern geröstete, gegrillte, frittierte und in Folie gebackene Hummer, Krabben und Shrimps in hungrige Mägen. Fisch- und Meeresfrüchteliebhaber kommen in Gambia voll auf ihre Kosten.

Kulinarisch konnten im Senegal die Franzosen Spuren hinterlassen, was den Briten in Gambia kaum gelang. Böse Zungen könnten fragen: »Frankreich? Na klar. Aber welches kulinarische Erbe könnten die Briten auch hinterlassen haben?« Die gambische Küche ist wenig landestypisch, zeigt eher Einflüsse aus Nordafrika und arabischen Ländern, viele Gerichte kennt man auch in Senegal oder anderen Ländern Westafrikas. Allerdings findet sich nicht die typisch reiche Gewürzvielfalt des Orients: Zwiebeln, Knoblauch und vor allem Chili, viel mehr sind es nicht. So wenig die gambische Küche ohne Fisch denkbar ist, so wenig wollen Gambier auf Erdnüsse verzichten. Die Erdnuss ist das einzige landwirtschaftliche Anbauprodukt, das exportiert wird und fast zu einer Monokultur geführt hat, neben der noch ein bisschen Hirse angebaut wird.

WER TEILT, STREITET NICHT

Teilt man sich eine Schale Essen, dann streitet man nicht, so die Überzeugung der Gambier. Und nicht nur das gemeinsame Essen hat gesellschaftliche Bedeutung, sondern auch das gemeinsame Kochen ist wie ein kleines Fest. Beim Essen selbst, und hier gibt es eine interessante Verbindung zur arabischen Tradition, wird reichlich und alles gleichzeitig aufgetragen, auf einem Teller serviert und gemeinschaftlich geteilt. Neben Fisch sind es auch Fleischgerichte, allen voran Eintöpfe. Zu den Spezialitäten zählen *Sissay Yassa*, gegrilltes Hühnchen, das zuvor in Zitronensaft mit Zwiebeln und Knoblauch eingelegt wird, *Benachin*, eine

Gambia

Mischung aus Reis, Fleisch, Tomatenpüree und verschiedenen Gemüsen, oder *Chere*, gedünstete Hirsebällchen. Und Erdnusssauce, immer wieder Erdnusssauce. Als Beilagen werden Reis, Süßkartoffeln, Couscous, Maniok, Okraschoten und anderes Gemüse gereicht, aber auch frische Früchte, die an jeder Straßenecke angeboten werden: Mangos, Bananen, Papayas, Grapefruits oder Orangen.

Die frisch gepressten Säfte aus diesen Früchten zählen zu den beliebtesten Getränken Gambias, doch auch aus getrockneten Hibiskusblüten, Tamarinden oder aus der sehr vitaminreichen Baobab-Frucht des Afrikanischen Affenbrotbaums werden zusammen mit Wasser Säfte hergestellt. Traditionell trinkt man sehr viel Tee, vor allem *Ataya*, ein grüner Tee, der häufig im Rahmen einer rituellen Teezeremonie zubereitet und getrunken wird. Gambia ist ein überwiegend muslimisches Land. Oft geht man davon aus, dass Muslime keinen Alkohol trinken oder er ihnen gar verboten sei. Doch ein eindeutiges Alkoholverbot gibt es im Koran nicht, wenn er auch dem Alkohol nicht besonders wohlwollend gegenübersteht. Dennoch: Nicht wenige Muslime trinken gerne mal ein Schlückchen. In Marokko und vor allem im Libanon gibt es Weingüter von hoher internationaler Güte. Auch in Gambia ist Alkohol relativ weit verbreitet, vor allem in Restaurants und Bars. Gerne getrunken wird der milchigweiße, leicht säuerliche Palmwein, ein vergorener Pflanzensaft, der aus verschiedenen Palmenarten gewonnen wird. Neben den beiden Biersorten *Gazelle* und *Flac* gibt es ein eigenes Hirsebier, und bei der Stadt Serekunda wird in der Banjul Breweries Ltd. unter deutscher Anleitung das landeseigene Bier *Julbrew* gebraut, in vier verschiedenen Sorten, von denen das Starkbier sogar einen Alkoholgehalt von zehn Prozent hat. Passenderweise ist als Symbol eine Kobra auf der Flasche abgebildet. Nicht nur bei Touristen ist dieses Bier sehr beliebt.

ADJA

Sonja Baumann
GUT LÄRCHENHOF
RESTAURANT – PETER HESSELER

Sonja

SONJA BAUMANN begann ihre Laufbahn 2004 in ***Halbedel's Gasthaus*** und kam über kleine Umwege ins ***Gut Lärchenhof*** in Pulheim bei Köln. Seit Anfang 2015 sind sie und Erik Scheffler dort Küchenchefs, was ihr die Chance bot, ihren eigenen Küchenstil zu entwickeln. Sonjas Art zu kochen ist intuitiv und kreativ, sie legt sehr viel Wert auf Produktminimalismus und Aromenvielfalt. Auf ihren Streifzügen über Felder und durch Wälder lässt sie sich gerne zu neuen Gerichten inspirieren.

GIBT ES ZUTATEN AUS DEN FLÜCHTLINGSLÄNDERN, DIE SIE HÄUFIGER BENUTZEN?
Gewürze und Aromen wie Ingwer, Kurkuma, Koriander, Chili und Knoblauch finden in meiner Küche häufig Verwendung.

HATTEN SIE MAL EIN BESONDERS EINPRÄGSAMES ERLEBNIS MIT EINEM FLÜCHTLING?
Wir waren letztes Jahr zum weihnachtlichen Pizzabacken in einem Kölner Flüchtlingslager. Die Situation dort hat mir gezeigt, dass dringend Hilfe benötigt wird.

HABEN SIE EIN LEBENSMOTTO ODER SPRICHWORT, DAS SIE BESONDERS BEGLEITET?
Das Geheimnis der Veränderung: Fokussiere all deine Energie nicht auf das Bekämpfen des Alten, sondern auf das Erschaffen des Neuen.

Frühlingsrolle

SONJA BAUMANN

Frühlingsrolle

Für das eingelegte Gemüse Essig, Salz und Zucker mit 300 ml Wasser zu einem Sud aufkochen. Die Zwiebel schälen, in feine Streifen schneiden, mit der halben Chili in ein Einmachglas geben und mit der Hälfte des heißen Suds übergießen. Das Glas verschließen und mindestens 4 Stunden ziehen lassen.
Die Karotte putzen und schälen, dann der Länge nach dünn aufhobeln, in ein zweites Einmachglas geben, mit dem restlichen heißen Sud übergießen, verschließen und mindestens 8 Stunden ziehen lassen.

Für den Schaum die Chilis waschen, entkernen und fein schneiden. Die Gelatine einweichen. Joghurt, Minze, Milch, Xanthan und Chilis zusammenmixen, passieren und mit Salz und Zucker abschmecken. Die Gelatine in der Sahne auflösen und unter die Masse rühren. In eine Espumaflasche oder einen Sahnesiphon füllen, mit 2 Patronen laden und kalt stellen.

Für die Gemüsefüllung Ingwer, Kurkuma und das Gemüse je nach Bedarf waschen, putzen, schälen, entkernen und klein würfeln bzw. hacken. Die Petersilie fein schneiden. Ingwer, Kurkuma, Zwiebeln, Knoblauch, Chili, Koriander und Nelken in heißem Pflanzenöl anschwitzen. Kartoffeln, Karotten und Paprika zugeben und mitrösten. Zum Schluss die Erbsen hinzufügen, alles mit Salz und Zucker würzen und die Petersilie unterheben.

Für die Schmorpaprika den Backofen auf 200 °C (Oberhitze) vorheizen. Die Paprika waschen, halbieren, entkernen und mit der Hautseite nach oben mit Olivenöl beträufeln. Im Ofen schmoren, bis die Haut schwarz ist, dann die Paprika in Alufolie einwickeln und 20 Minuten ruhen lassen. Anschließend die Haut mithilfe eines kleinen Messers abziehen. Die Schmorpaprika in feine Streifen schneiden und mit Salz und Zucker würzen.

Für die Röllchen den Teig in 10 × 10 cm große Stücke schneiden, um eine Edelstahlstange rollen, mit etwas kaltem Wasser an der Nahtstelle verkleben und an der Stange ca. 3 Minuten in der Fritteuse bei 180 °C goldbraun ausbacken. Sollte man keine Edelstahlstange zu Hause haben, kann man den Teig um einen kleinen Ausstechring oder einen dickeren Holzlöffelstiel wickeln. Das Frittierfett kann auch in einem Topf auf 180 °C erhitzt und die Röllchen darin ausgebacken werden.

Für die Chips die Kartoffeln dünn aufhobeln und bei 160 °C im selben Fett, in dem schon die Teigröllchen frittiert wurden, langsam goldbraun ausbacken. Anschließend leicht salzen.

Zum Anrichten die Teigröllchen je zur Hälfte mit Gemüse und Minzschaum füllen und auf Teller legen. Das restliche Gemüse vor die Röllchen legen und ein wenig Espuma darüberschäumen. Eingelegte Karotten und Zwiebeln sowie Schmorpaprika auf die Teller verteilen. Nun Kartoffelchips dazwischenstecken, um etwas mehr Höhe zu gewinnen, und ein paar Kräuter dazwischen verteilen, um eine Art lebendige Landschaft zu erzeugen. Pinienkerne und Frühlingszwiebeln darüberstreuen und servieren.

Für 8 Personen

FÜR DAS EINGELEGTE GEMÜSE:
150 ml heller Essig
10 g Salz
40 g Zucker
1 rote Zwiebel
½ rote Chilischote
1 Karotte

FÜR DEN MINZSCHAUM:
2 grüne Chilischoten
3 Blatt Gelatine
250 g Joghurt
40 g Minzeblätter
150 ml Milch
3 g Xanthan (Geliermittel), alternativ Agar-Agar
Salz und Zucker
100 g Sahne

FÜR DIE GEMÜSEFÜLLUNG:
20 g frischer Ingwer
5 g frische Kurkuma
80 g rote Zwiebeln
2 Knoblauchzehen
1 grüne Chilischote
250 g festkochende Kartoffeln
200 g Karotten
1 rote Paprikaschote
½ Bund Petersilie
10 Koriandersamen
3 Gewürznelken
Pflanzenöl
100 g Erbsen
Salz und Zucker

FÜR DIE SCHMORPAPRIKA:
1 rote Paprikaschote
Olivenöl
Salz und Zucker

FÜR DIE TEIGRÖLLCHEN:
1 Pck. Wan-Tan-Teig
Frittierfett

FÜR DIE KARTOFFELCHIPS:
2 Drillingskartoffeln
Frittierfett (das der Teigröllchen)
Salz

ZUM SERVIEREN:
Erbsenkresse
kleine Koriander- und Minzeblätter
Karottengrün
geröstete und gehackte Pinienkerne
in feine Ringe geschnittene Frühlingszwiebeln

2 Weckgläser
Espumaflasche oder Sahnesiphon

TRISTAN BR

Tristan

TRISTAN BRANDT, seit 2013 Küchenchef des *OPUS V* in Mannheim, hat in seiner Karriere bereits viele namhafte Stationen durchlaufen: Bei Manfred Schwarz in Heidelberg schaffte er den Einstieg in die Sterneküche, es folgten Anstellungen bei Harald Wohlfahrt und Jean-Georges Klein sowie ein Aufenthalt in Shanghai. 2014 erhielt er im *OPUS V* selbst den ersten Michelin-Stern. Sein Team und er inszenieren eine anspruchsvolle Gourmetküche – zeitgemäß, aber ohne modischen Schnickschnack.

HABEN SIE EINE BESONDERE VERBINDUNG ZU DER GEWÄHLTEN KÜCHE?

Nein, aber die tollen Aromen und verschiedensten Gewürze, die es dort gibt, finde ich sehr spannend.

WAS HAT SIE DAZU BEWEGT, BEI DIESEM PROJEKT MITZUWIRKEN?

Die Idee ist super in der aktuellen Situation. Das unterstütze ich gerne.

HABEN SIE EIN LEBENSMOTTO ODER SPRICHWORT, DAS SIE BESONDERS BEGLEITET?

Wer etwas im Leben erreichen möchte, muss hart dafür arbeiten.

Hamachi

SCHWARZER KNOBLAUCH | KAPUZINER

TRISTAN BRANDT

Für 6 Personen

FÜR DAS CRANBERRY-CHUTNEY:

250 g Cranberrys
75 g Zucker
35 g frische, filetierte Mandarinenstücke
Fünf-Gewürze-Pulver

FÜR DEN GEBEIZTEN HAMACHI:

45 g frischer Ingwer
2 Stängel Zitronengras
10 g Tamarinde
4 g Salz
1 Schuss Reisessig
500 g Hamachi (japanischer Gelbschwanz)

FÜR DIE SCHWARZE KNOBLAUCHSAUCE:

70 ml Ponzusauce (japanische Sauce)
20 g schwarze Knoblauchpaste
60 ml Dashi (japanische Fischbrühe)
7 ml schwarzer Reisessig
Salz und Zucker
Xanthan (Geliermittel), alternativ Agar-Agar
10 ml Misoöl
50 ml Pflanzenöl

FÜR DAS CRANBERRY-GRANITÉ:

200 ml Cranberrysaft
30 g Dextrose
30 g Glukosepulver
5 ml Yuzusaft (Yuzu = japanische Zitrusfrucht)
1 ½ Blatt Gelatine

FÜR DIE SÜSSSAURE ROTE ZWIEBEL:

1 rote Zwiebel
50 g Zucker
50 ml Reisessig

FÜR DIE KAPUZINER-EMULSION:

80 g Kapuzinerblätter, plus ein paar zum Servieren
80 g Bio-Eiweiß
40 g Essigmarinade (der süßsauren Zwiebeln, vermischt mit Wasser, Zucker und Essig zu gleichen Teilen)
4 g Salz
Xanthan (Geliermittel), alternativ Agar-Agar
200 ml Rapsöl

Hamachi

SCHWARZER KNOBLAUCH | KAPUZINER

Für das Chutney alle Zutaten vermischen, vakuumieren (alternativ luftdicht verschließen) und 12 Stunden ziehen lassen. Dann in einem Topf erhitzen, die Flüssigkeit reduzieren und die Früchte klein hacken.

Für den Fisch Ingwer und Zitronengras schälen und fein schneiden. Zusammen mit Tamarinde, Salz, etwas Reisessig und 700 ml Wasser vermengen und in einem Topf auf 80 °C erhitzen. Dann auskühlen lassen und passieren.

Den Hamachi filetieren, dafür die Haut ablösen und die Gräten ziehen. Den Fisch für 4 Stunden in die Beize legen. Kurz vor dem Servieren portionieren.

Für die Knoblauchsauce Ponzu, Knoblauchpaste, Dashi und Reisessig aufkochen und mit Salz, Zucker und Xanthan abschmecken. So lange sanft köcheln lassen, bis sich der Fond auf 80 ml reduziert hat. Zum Schluss Miso- und Pflanzenöl einschlagen.

Für das Granité alle Zutaten zusammen erhitzen, dann in Eiswürfelformen abfüllen und einfrieren.

Die rote Zwiebel schälen und fein schneiden. Zucker, Reisessig und 50 ml Wasser aufkochen, über die geschnittene Zwiebel gießen und bis zum Gebrauch kühl stellen.

Für die Emulsion die Kapuzinerblätter mit Eiweiß, Essigmarinade, Salz und etwas Xanthan mixen. Mit dem Rapsöl emulgieren.

Den Hamachi aus der Beize nehmen und in je drei Teilen dekorativ auf den Tellern anrichten. Die Kapuziner-Emulsion mithilfe eines Spritzbeutels dressieren. Die schwarze Knoblauchsauce dazwischen träufeln, Chutney und Granité auf dem Fisch platzieren. Die süßsauren Zwiebeln auf die freien Stellen verteilen.

Le Nouveau Chef
Le Nouveau Chef

René

RENÉ KLAGES absolvierte seine Ausbildung im ***Hotel-Restaurant Erbprinz*** in Ettlingen. Weitere Stationen auf seinem Weg waren das ***Hotel-Restaurant Villa Hammerschmiede*** in Pfinztal, das ***Wald & Schlosshotel Friedrichsruhe***, das ***GästeHaus Klaus Erfort*** sowie das mit zwei Michelin-Sternen ausgezeichnete ***Le Noir*** in Saarbrücken. Heute ist er Executive Souschef von Philipp Eberhard im ***Rilke Restaurant Kerzenstube***. Der tägliche Drang zur Perfektion ist seine größte Motivation.

ARBEITEN BEI IHNEN FLÜCHTLINGE IM BETRIEB?

Ja, unser Azubi Sharif ist 29 Jahre alt und kommt aus Gambia. Er ist im ersten Lehrjahr in der Küche und unterstützt uns in allen Bereichen. Wir üben mit ihm Deutsch und helfen ihm bei Behördengängen.

WAS HAT SIE DAZU BEWEGT, BEI DIESEM PROJEKT MITZUWIRKEN?

Soziales Engagement ist in der heutigen Zeit sehr wichtig. Ein gemeinsames Zusammenleben ist die Zukunft, denn auch in der Gastronomie kann es nur weiter nach vorne gehen, wenn wir über genug qualifizierte Mitarbeiter verfügen.

WAS HAT SIE ZU IHREM GERICHT INSPIRIERT?

Als Sharif vor zwei Jahren nach Deutschland kam, hat er uns seine Lieblingsgerichte vorgestellt. Aus dem Gericht *Plasas* habe ich meine Kreation entwickelt.

HABEN SIE EIN LEBENSMOTTO ODER SPRICHWORT, DAS SIE BESONDERS BEGLEITET?

Kein Genuss ist vorrübergehend, denn der Eindruck, den er zurücklässt, ist bleibend.

RENÉ KLAGES

Langostino

FISCHBRÜHE | BAYBY-SHRIMPS

Ursprungsidee: *Plasas* – gegrillter Langostino in Fischbrühe mit gebackenen Shrimps
In Gambia wird gerne mit frischem, getrocknetem oder geräuchertem Fisch gekocht. Eines dieser Gerichte nennt sich Plasas. *Hier werden Fleisch und Räucherfisch in Palmöl mit grünem Gemüse serviert und mit* Fufu *(pürierter Maniok) oder* Cassava Churq-Gerteh *(süßer Brei aus Erdnüssen, Reis und Milch) abgerundet. Frauenfisch, Barrakuda und Seezunge werden mit Fleisch, Reis, Süßkartoffeln, Maniok, Okra und anderen Gemüsesorten kombiniert. Außerdem werden geröstete, gegrillte, frittierte oder in Folie gebackene Hummer, Krabben, Prawns und Shrimps angeboten.*

Die Langostinos aus ihrer Schale lösen, die Karkassen für die Brühe beiseitelegen. Den Darm an der Vorderseite mit einer Pinzette vorsichtig herausziehen. Die Langostinos mit einem Holzspieß gerade fixieren, salzen und in einer heißen Pfanne auf der Rückseite sanft grillen. Zur Vollendung vor dem Servieren in schaumiger Butter nachbraten.

Die kleinen Shrimps leicht mehlieren und in 180 °C heißem Sonnenblumenöl goldgelb frittieren.

Für die Fischbrühe die Karkassen bei 130 °C (Umluft) im Ofen goldgelb rösten. Die Schalotten schälen, Fenchel und Champignons waschen und putzen, dann alles klein schneiden. Das Gemüse in einem Topf im Öl anschwitzen. Die Karkassen hinzugeben und mit Weißwein ablöschen. Mit Brühe auffüllen und reduzieren lassen. Anschließend abpassieren und kalt stellen. Die geschälten Garnelen kuttern (fein zerkleinern, fast pürieren) und kräftig mit dem Eiweiß verrühren. In die Brühe geben und bei geringer Hitze unter ständigem Rühren erneut aufkochen. Wenn die Brühe klar wird, alles durch ein feines Tuch passieren und die Brühe weiter einkochen. Mit Sojasauce, Basilikum, Kirschtomaten (halbieren und etwas in der Brühe ziehen lassen) und Salz abschmecken. Mit Johannisbrotkernmehl leicht abbinden und mit Kürbiskern- sowie Wasabiöl aufmontieren.

Zum Anrichten die gebratenen Langostinos mit den frittierten Shrimps bedecken und an den Tellerrand legen. Die Fischbrühe vorsichtig angießen, mit frittierten Auberginenstreifen dekorieren und servieren.

Für 4 Personen

FÜR DEN GEGRILLTEN LANGOSTINO:
4 große Langostinos (aus Wildfang)
Salz
20 g Butter

FÜR DIE FRITTIERTEN SHRIMPS:
100 g Baby-Shrimps
Mehl
200 ml Sonnenblumenöl

FÜR DIE FISCHBRÜHE:
Karkassen der Langostinos (s. o.)
100 g Schalotten
1 kleine Fenchelknolle
100 g weiße Champignons
2 EL Sonnenblumenöl
100 ml Weißwein
700 ml Hühnerbrühe
100 g geschälte Garnelen
20 g Bio-Eiweiß
helle Sojasauce
Basilikum
Kirschtomaten
Salz
2 g Johannisbrotkernmehl
10 ml Kürbiskernöl
10 ml Wasabiöl

ZUM SERVIEREN:
feinste Streifen frittierte Aubergine

Dominik

DOMINIK KÄPPELER begann bereits mit 15 Jahren seine Ausbildung bei *Feinkost Käfer* in München. Im Anschluss verweilte er mehrere Jahre am Tegernsee, um mit 21 Jahren schließlich seine erste Stelle als Küchenchef anzutreten. Im Jahr 2015 wechselte er zu seinem langjährigen Freund Andreas Schweiger ins *schweiger^2* nach München, das er ab Januar 2017 als Restaurant und Showroom weiterführen wird.

GIBT ES ZUTATEN AUS DEN FLÜCHTLINGSLÄNDERN, DIE SIE HÄUFIGER BENUTZEN?
Ich beziehe meine Zutaten aus der ganzen Welt. Jede Region hat einzigartige Produkte und vor allem einzigartige Techniken.

ARBEITEN BEI IHNEN FLÜCHTLINGE IM BETRIEB?
Wir haben zwar keine Flüchtlinge in unserem Betrieb, dennoch sind Mitarbeiter aus allen Nationen gerne bei uns gesehen. Wir haben einen Mitarbeiter aus dem Irak und einen aus Nepal.

WAS HAT SIE DAZU BEWEGT, BEI DIESEM PROJEKT MITZUWIRKEN?
Menschen, die so viel Gewalt und Angst erleben mussten, verdienen von uns großen Respekt und maximale Unterstützung. Es ist für mich eine Ehre und Selbstverständlichkeit, mit meiner persönlichen Leidenschaft zu helfen.

HABEN SIE EIN LEBENSMOTTO ODER SPRICHWORT, DAS SIE BESONDERS BEGLEITET?
»Zuerst ignorieren sie dich, dann lachen sie über dich, dann bekämpfen sie dich und dann gewinnst du.« (Mahatma Gandhi)

Wolfsbarsch

ZITRONE | ZWIEBEL | ERDNUSS | KNOBLAUCH | LANGOSTINO | KAMILLE | ROTE BETE

DOMINIK KÄPPELER

Wolfsbarsch

ZITRONE | ZWIEBEL | ERDNUSS | KNOBLAUCH | LANGOSTINO | KAMILLE | ROTE BETE

Die Langostinoschwänze ausbrechen und für 24 Stunden im Bissapsaft einlegen. Vor dem Servieren mit einem Bunsenbrenner rösten und mit Salz würzen.

Den Rote-Bete-Saft mit Salz, Zucker und Himbeeressig abschmecken. Das Calcic einrühren und in runden Sphärenformen einfrieren. Kurz vor dem Servieren 500 ml Wasser aufkochen und das Algin hineinmixen. Die gefrorenen Sphären in das warme Alginatbad geben. Die Sphären 3–5 Minuten gelieren lassen und bis zum Anrichten in einem kalten Wasserbad lagern.

Die Erdnüsse im Backofen bei 160 °C (Umluft) langsam rösten. Mit etwas Salz und Curry im Mixer pulverisieren.

Für die Gewürzzwiebeln den Ingwer schälen und grob reiben. Das grobe Äußere vom Zitronengras entfernen und das weiche Innere klein schneiden. Den Geflügelfond mit Ingwer, Zitronengras, Salz und Essig aufkochen. Die Zwiebeln schälen, hinzugeben und weich kochen. Anschließend kalt stellen.

Den Knoblauch in einzelne Zehen teilen, diese vorsichtig schälen und durch ein feines Sieb streichen. Mit Zitronensaft und Salz abschmecken.

Für das Püree die Zitronen waschen und achteln. Den Zucker in 500 ml Wasser aufkochen. Die Zitronen hinzugeben und langsam weich kochen. Danach abgießen (den Fond aufbewahren) und die Zitronen im warmen Zustand pürieren. So viel des Fonds angießen, bis eine glatte Masse entsteht. Auf Zimmertemperatur abkühlen lassen.

Das Maltodextrin in eine Schüssel geben und leicht salzen. Vorsichtig das Öl hineinlaufen lassen und von Hand verrühren. Es soll eine pulverähnliche Konsistenz erhalten bleiben.

Die Wolfsbarschfilets trocken tupfen und leicht salzen. In einer heißen Pfanne mit etwas Öl langsam von einer Seite knusprig braten, dann die Pfanne vom Herd nehmen. Eine kleine Flocke Butter hineingeben und die Filets kurz darin schwenken. Den noch glasigen Fisch herausnehmen und sofort servieren.

Zum Anrichten in einem Halbkreis fünf Punkte Zitronenpüree auf den Teller spritzen. Zwischen die Tupfen zwei Sphären setzen und etwas Zitronenmalto verteilen. Die Olivenscheiben sowie die Stücke vom Langostino dazwischen platzieren. Die Erdnussbrösel über das Püree geben und die Zwiebeln in die letzten Freiräume setzen. Wenn der Halbkreis geschlossen ist, das Ganze noch nach Belieben mit Weißweinschaum und Kamillenzweigen ausgarnieren. Den Wolfsbarsch als Letztes auf den Teller geben (die Randstücke vom Filet mit einem scharfen Messer abschneiden und selbst essen, nur das saftige Mittelstück auf den Teller setzen!). Ein paar Chiliringe vorsichtig zwischen den Komponenten platzieren, die fermentierte Knoblauchsauce punktuell auf den Teller setzen und das Gericht servieren.

Für 4 Personen

FÜR DIE LANGOSTINOS:
4 Langostinos (aus Wildfang)
500 ml Bissapsaft (Hibiskusblütengetränk)
Salz

FÜR DIE ROTE-BETE-SPHÄREN:
500 ml Rote-Bete-Saft
Salz und Zucker
1 EL Himbeeressig
5 g Calcic (Kalziumchlorid)
5 g Algin (Natriumalginat)

FÜR DIE ERDNUSSBRÖSEL:
100 g Erdnusskerne
Salz
Currypulver

FÜR DIE GEWÜRZZWIEBELN:
50 g frischer Ingwer
1 Stängel Zitronengras
300 ml Geflügelfond
1 Prise Salz
30 ml Essig
12 Perlzwiebeln

FÜR DEN FERMENTIERTEN KNOBLAUCH:
1 Knolle fermentierter Knoblauch (schwarzer Knoblauch, aus dem Asia- oder Feinkostladen)
frisch gepresster Saft von 1 Zitrone
Salz

FÜR DAS ZITRONENPÜREE:
8 Bio-Zitronen
500 g Zucker

FÜR DAS ZITRONENMALTO:
100 g Maltodextrin (nicht süßer Zucker)
Salz
2 EL Zitronenöl

FÜR DEN WOLFSBARSCH:
4 Wolfsbarschfilets (keine Aquakultur)
1 Prise Salz
Pflanzenöl
Butter

ZUM SERVIEREN:
1 in dünne Scheiben geschnittene grüne Olive
Weißweinschaum (nach Belieben)
4 Kamillenzweige
1–2 in Ringe geschnittene rote Chilischoten

runde Sphärenformen aus Silikon (2-teilig)
Bunsenbrenner

Babou

Mein Name ist BABOU, ich bin 18 Jahre alt und komme aus Banjul in Gambia. Auf der Suche nach einer sicheren Zukunft machte ich mich im Jahr 2015 auf den Weg nach Deutschland. Meine Großmutter und beide Geschwister musste ich zu Hause zurücklassen mit dem Versprechen, alle drei eines Tages nach Deutschland zu holen. Mein Vater ist wahrscheinlich verstorben, ich weiß es nicht. In dieser schweren Zeit flüchtete meine Mutter, wohin weiß ich leider auch nicht, seitdem hatte ich nie wieder Kontakt zu ihr. Dieses Schicksal ist leider kein Einzelfall, sondern passiert sehr häufig in afrikanischen Familien.

Schon als Kind habe ich von Deutschland geträumt! Ich liebe den Fußball, bin fasziniert von der Deutschen Bundesliga und ein großer Fan von Borussia Dortmund. Ich habe vorher viel gelesen und tolle Bilder über Deutschland gesehen. Außerdem war es mein Ziel, irgendwann einmal einen richtigen Beruf zu erlernen, diese Chance gibt es in Gambia leider nur sehr selten.

Zu Hause bin ich bis zur 11. Klasse in die Schule gegangen, leider durfte ich nicht studieren, da meine Familie nicht sehr wohlhabend ist. Wir konnten uns die Universität vor Ort einfach nicht leisten. Ich beschloss daher, meinen Traum wahrzumachen und nach Deutschland zu gehen. Meine Reise begann von Gambia aus mit dem Boot nach Senegal, von dort ging die Flucht weiter: mit dem Bus zunächst nach Mali bis nach Burkina Faso und über Niger zur Wüste Richtung Libyen. Mit elf anderen Flüchtlingen lief ich zu Fuß durch die Wüste, knapp fünf Tage. Mit einem viel zu kleinen Floß und 189 anderen Menschen ging es dann nach Italien weiter. Auf dem Floß hatten wir keinen Platz, uns zu bewegen, wir saßen alle ganz eng aneinander.

In Italien wollte ich aber nicht bleiben, dort wurden wir nicht gut behandelt. Ich hatte meinen Traum ohnehin klar vor Augen: Ich wollte nach Deutschland! Also fuhr ich mit einer Gruppe anderer Flüchtlinge mit dem Zug nach Österreich und weiter nach München. Damals war ich 17 Jahre alt, ganz allein, überglücklich, in Deutschland zu sein, gleichzeitig auch sehr traurig, da man mir in München sagte, dass ich hier nicht bleiben durfte. In dieser Zeit war ich in einem Flüchtlingscamp untergebracht. Dann ging die Reise weiter nach Karlsruhe, hier lebten viele Flüchtlinge in einer Halle ohne jegliche Privatsphäre. Von dort wurde ich nach Mannheim geschickt und dann nach Eppelheim. Hier endlich wurde ich registriert.

Die beschwerliche Flucht dauerte insgesamt zwei Monate, aber sie nahm ein glückliches Ende. Denn im Juli 2016 habe ich meine Aufenthaltsgestattung bekommen, ich war überglücklich. Ich habe sehr gerne mit Autos zu tun, die Technik fasziniert mich, das sind beides Dinge, die wir in Gambia nicht hatten. Hier in Deutschland durfte ich bereits für sechs Monate ein Praktikum in diesem Bereich absolvieren. Mittlerweile habe ich sogar schon eine Lehrstelle gefunden.

Trotz aller Freude hier denke ich natürlich jeden Tag an meine Familie. Es wäre schön, sie mal wiederzusehen. Aber ich weiß, dass ich nach vorne schauen muss, nun ist Deutschland meine Heimat, ich fühle mich fest integriert, spreche mittlerweile gutes Deutsch, habe viele Freunde und spiele so oft es geht Fußball.

Zu Hause in Gambia gab es oft *Domoda*, ein leicht scharfes Gericht mit Hühnchen oder Fisch und einer leckeren Sauce mit Erdnussbutter. Das ist mein absolutes Lieblingsgericht und wurde beinahe wöchentlich von meiner Großmutter oder meiner Mama gekocht! Damals haben wir nicht wie hier in einer Küche gekocht, sondern draußen an einem offenen Feuer. Das dauerte meist zwei bis drei Stunden, aber das war egal, die ganze Familie saß drumherum. Das ist eine schöne Erinnerung.

Domoda

Karotten und Paprika waschen und putzen, Zwiebel und Knoblauch schälen. Alles fein würfeln.

Das Hähnchenfleisch salzen und in einem Topf in etwas Öl anbraten. Sobald es Farbe angenommen hat, die Zwiebel und den Knoblauch zugeben und mit anschwitzen. Anschließend Tomatenmark und Erdnussbutter hinzufügen und kurz anrösten. Die Brühe aufgießen und aufkochen, dann bei reduzierter Hitze ca. 20 Minuten köcheln lassen. Die Gemüsewürfel hinzugeben und etwa 10 Minuten weiter garen.

Mit Salz, Pfeffer und Chilipulver abschmecken und servieren. Dazu reicht man gekochten Reis.

Für 4 Personen

3 Karotten
2 grüne Paprikaschoten
1 Zwiebel
2 Knoblauchzehen
750 g Hähnchenschenkel
Salz
Pflanzenöl
2 EL Tomatenmark
50 g Erdnussbutter
500 ml Hühnerbrühe
Pfeffer
Chilipulver

Gambia
handicap.
NORGE
HOT SPOT
FJORDFORELLE

Philipp

PHILIPP EBERHARD absolvierte seine Kochlehre im renommierten 5-Sterne-Hotel *Europäischer Hof* in Heidelberg. Danach arbeitete er in mehreren erstklassigen Restaurants im In- und Ausland. Nach seiner Prüfung zum Küchenmeister 2014 wurde er als Küchenchef mit nur 26 Jahren im *Rilke Restaurant Kerzenstube* in Backnang mit einem Michelin-Stern ausgezeichnet, den er bis heute hält. Sein Küchenstil ist klassisch-französisch, von japanischen Einflüssen geprägt.

WAS HAT SIE DAZU BEWEGT, BEI DIESEM PROJEKT MITZUWIRKEN?
Es ist für uns selbstverständlich, bei so einem tollen Projekt mitzumachen. Soziales Engagement ist ein großes Thema in unserem Betrieb.

WAS HAT SIE ZU IHREM GERICHT INSPIRIERT?
Sharif, unser Azubi im ersten Lehrjahr, stammt aus Gambia und hat uns seine Lieblingsrezepte aus der alten Heimat vorgestellt, als er bei uns anfing. Diese Grundideen haben wir weiterentwickelt und so ist unsere Interpretation entstanden.

HABEN SIE EIN LEBENSMOTTO ODER SPRICHWORT, DAS SIE BESONDERS BEGLEITET?
»Man muss das Leben tanzen!« (Friedrich Nietzsche) – und das gelingt nur mit gutem Essen.

Schwarzfederhuhn

KLEINES GEMÜSE | WEISSE ZWIEBELN | ERDNÜSSE

PHILIPP EBERHARD

Für 4 Personen

FÜR DAS HUHN:

2 Schwarzfederhühner, z. B. von Claude Miéral
Salz
20 ml Öl
frisch gepresster Zitronensaft
Piment d'Espelette
Mélange Blanc (weißer Pfeffer-Gewürzmischung)
30 g Butter

FÜR DAS KAROTTENPÜREE:

1 kg junge Karotten
Butter
20 g junger Ingwer
50 ml spritziger Weißwein
10 ml helle Sojasauce
20 ml Mirin (japanischer Reiswein)
10 ml Yuzusaft (Yuzu = japanische Zitrusfrucht)
50 g kalte Butter
50 g Crème double

FÜR DAS GEMÜSE:

1 Karotte
4 Stangen junger Lauch
Salz
20 g Butter

FÜR DIE KONFIERTEN WEISSEN ZWIEBELN:

2 weiße Zwiebeln
100 ml geklärte Butter

FÜR DIE ERDNUSSSAUCE:

2 Schalotten
1 Knoblauchzehe
1 kleine rote Chilischote
200 ml kräftige Kalbsjus
30 ml 3 Jahre gereifte Sojasauce
1 EL Erdnusspaste

ZUM SERVIEREN:

10 geröstete und fein gehobelte Macadamianüsse

Schwarzfederhuhn

KLEINES GEMÜSE | WEISSE ZWIEBELN | ERDNÜSSE

Ursprungsidee: *Sissay Yassa* – Huhn mit Erdnusssauce und Gemüse

Den Backofen auf 130 °C (Umluft) vorheizen. Die Hühnerbrust von der Karkasse lösen und den Flügelknochen freilegen. Das Huhn salzen und in einer heißen Pfanne in Öl auf der Hautseite kross anbraten. Nun mit Zitronensaft, Piment d'Espelette und Mélange Blanc würzen. Im Ofen ca. 9 Minuten garen. Zum Vollenden das Geflügel kurz vor dem Servieren in schäumender Butter nachbraten.

Für das Püree die Karotten waschen, schälen, klein würfeln und in Butter farblos anschwitzen. Den Ingwer schälen, fein schneiden und hinzugeben. Mit Weißwein ablöschen. Die Karotten weich kochen und mit Sojasauce, Mirin und Yuzusaft abschmecken. Nun alles in der Küchenmaschine fein mixen und mit kalter Butter und Crème double glatt rühren.

Das Gemüse waschen und putzen. Die Karotte in längere, ca. 5 mm dünne Scheiben hobeln. Den Lauch in 8 cm große Stücke schneiden und beides in kochendem Salzwasser leicht bissfest blanchieren. In Eiswasser abschrecken. Kurz vor dem Servieren die Butter erhitzen und das Gemüse darin schwenken.

Die weißen Zwiebeln schälen und halbieren. Die Hälften in geklärter Butter sanft weich garen und die einzelnen Schichten voneinander lösen.

Für die Sauce Schalotten und Knoblauch schälen und in Streifen schneiden. Die Chili waschen, putzen, entkernen und fein hacken. Die Kalbsjus mit Sojasauce, Schalotten, Knoblauch und Chili aufkochen und reduzieren lassen. Nun die Erdnusspaste einmontieren und durch ein feines Sieb passieren.

Zum Anrichten das Huhn auftranchieren, mit gerösteten Macadamiascheibchen bestreuen und auf vorgewärmte Teller legen. Die weißen Zwiebeln mit Karottenpüree füllen und das Buttergemüse darangeben. Etwas Erdnusssauce angießen und servieren.

MATTHIAS SCHMIDT,

ehemaliger 2-Sterne-Koch aus Frankfurt am Main, ist bekannt für seine streng regionale und biologische »Nova Regio«-Küche. In seinem Restaurant verarbeitete er ausschließlich lokale Lebensmittel und nutzte somit das Potenzial der Beschränkung auf die Region und die Saison, um neue, einzigartige Gerichte zu erschaffen. Seit 2015 arbeitet er als Konzept- und Produktentwickler für die Gastronomie.

Matthias

HABEN SIE EINE BESONDERE VERBINDUNG ZU DER GEWÄHLTEN KÜCHE?

Meine Frau hat tunesische Wurzeln, somit komme ich häufiger mit Einflüssen aus der arabischen Küche in Kontakt.

HATTEN SIE MAL EIN BESONDERS EINPRÄGSAMES ERLEBNIS MIT EINEM FLÜCHTLING?

In Frankfurt hat mich und meine Familie mal ein junger Mann angesprochen und wollte von uns den Weg zum Bahnhof wissen. Die Verständigung war nicht einfach, aber es stellte sich heraus, dass er aus Afghanistan stammte. Also haben wir eine afghanische Freundin angerufen, die für uns übersetzt hat.

Es war noch Anfang des Jahres und sehr kalt, der junge Mann war nur mit einem T-Shirt, einer zerrissenen Jeans und dünnen Stoffschuhen bekleidet und hatte schon zwei Tage im Freien verbracht, ohne eine richtige Mahlzeit zu sich genommen zu haben. Wir haben ihn dann zum Bahnhof gefahren, ihn davon überzeugt, dass es das Beste wäre, sich bei einer zuständigen Einrichtung oder der Polizei zu melden, und ihm noch etwas Geld gegeben, damit er sich etwas zu essen und zu trinken kaufen konnte.

Bei dieser Begegnung gab es einen besonderen Moment. Als der junge Mann neben mir ins Auto stieg, bat ich ihn, sich anzuschnallen. Doch er wusste nichts mit dem Anschnallgurt anzufangen. Diese kleine Situation zeigt, dass sich diese Menschen hier in einer Welt befinden, in der vieles fremd und anders ist. Dass sie ihre Heimat verlassen haben, ohne zu wissen, was sie erwartet. Wir müssen diesen Menschen helfen, damit sie sich zurechtfinden. Wir müssen ihnen als Menschen freundlich begegnen, um einen guten Anfang zu schaffen. Wie sollen wir erwarten, dass sie sich hier gut integrieren und ein Teil unserer Gesellschaft werden, wenn wir sie nicht freundlich empfangen, sondern ihnen von Anfang an zeigen, dass wir sie hier nicht haben möchten.

Allen Menschen, die der Meinung sind, wir dürften und könnten keine Flüchtlinge aufnehmen, sei eines gesagt: Wir müssen! Dazu verpflichten uns die Menschlichkeit, unser Wohlstand und unser Handeln in der Vergangenheit, in Bezug auf globale Probleme und Kriege. Die Welt wird sich verändern, das ist logisch und nicht aufzuhalten. Wer nicht fähig ist, das zu akzeptieren, wird auch nicht fähig sein, die Zukunft mitzugestalten. Wir sind dafür verantwortlich, gute Bedingungen für uns alle zu schaffen, und es liegt allein an uns, ob wir es schaffen oder nicht. Ich hoffe, dass das zukünftige Handeln meiner und aller anderen Generationen von Tugenden wie Nächstenliebe, Menschlichkeit, Verständnis, Mitgefühl und Empathie geprägt ist.

HABEN SIE EIN LEBENSMOTTO ODER SPRICHWORT, DAS SIE BESONDERS BEGLEITET?

Ich arbeite jeden Tag daran, ein besserer Mensch zu sein.

MATTHIAS SCHMIDT

Assida

MIT SAUERRAHMBUTTER, RÜBENZUCKER, APFELKRAUT UND PINIENNADELN

Das Apfelkraut mit 15 ml Wasser in einem Topf kurz aufkochen, dann kalt stellen.

Für die Assida kurz vor dem Servieren beide Mehlsorten mit Steinsalz und 200 ml Wasser verrühren und in einem Topf erhitzen. Bei ständigem Rühren entsteht ein sämiger Mehlbrei. Der Brei sollte leicht salzig schmecken.

Den Rübenzucker in eine Schüssel streuen und pro Portion 1 EL der warmen Assida darin wenden. Die gezuckerte Assida in der Tellermitte anrichten. In einer kleinen Schüssel die flüssige Butter mit dem Apfelkraut leicht verrühren und um die Assida anrichten. Zum Schluss je 1 EL Piniennadeln darüberstreuen und servieren.

Für 4 Personen

25 g Apfelkraut (süßer Brotaufstrich)
80 g Weizenmehl (Type 505)
10 g Roggenvollkornmehl
Steinsalz
6 EL Rübenzucker
5 EL flüssige warme Sauerrahmbutter

ZUM SERVIEREN:
4 EL junge Piniennadeln

Kay Baumgar

Kay

KAY BAUMGARDT, der 1998 als Bäckerlehrling begann, absolvierte von 2001 bis 2003 eine Zusatzausbildung zum Konditor/ Confiseur in der Schweiz. Sein Stil baut auf der klassischen Pâtisserie auf. Mit neuen Ideen und Techniken versucht er, dem Gast ein Erlebnis zu präsentieren. Über neun Jahre hinweg sammelte er Auslandserfahrung in verschiedenen Sternerestaurants und Top-Hotels. Er wurde von der Fachzeitschrift *Rolling Pin* zum Pâtissier des Jahres 2014 nominiert und war Finalist zum Pâtissier des Jahres 2015. Seit 2016 ist er Executive Chef Pâtissier im *Gasthaus zur Fernsicht*.

WAS HAT SIE DAZU BEWEGT, BEI DIESEM PROJEKT MITZUWIRKEN?
Ich finde dieses Projekt sehr spannend und unterstütze gemeinnützige Aktionen immer gerne.

WAS HAT SIE ZU IHREM GERICHT INSPIRIERT?
Da ich morgens Müsli esse und mich die orientalische Küche immer schon fasziniert hat, habe ich mir als Ziel gesetzt, beides in diesem Rezept zu verbinden. Das Ergebnis ist ein Dessert mit Kichererbse.

HABEN SIE EIN LEBENSMOTTO ODER SPRICHWORT, DAS SIE BESONDERS BEGLEITET?
Leben und leben lassen – in respektvollem Umgang.

Kichererbse trifft Apfel

JOGHURT | MÜSLI

KAY BAUMGARDT

Für 4 Personen

FÜR DIE KICHERERBSENCREME:
250 g getrocknete Kichererbsen
180 g Zucker
40 ml Weißwein
80 ml Joghurtwasser (von abgehangenem Joghurt)
200 g Sahne, plus mehr bei Bedarf
Salz
mildes Madras-Currypulver

FÜR DIE JOGHURTCREME:
4 Blatt Gelatine
1 Bio-Limette
250 g Joghurt
50 g Puderzucker
175 g Sahne

FÜR DIE MUSCOVADOHIPPEN:
100 g Butter
100 g Muscovadozucker
100 g Bio-Eiweiß
100 g Mehl

FÜR DIE EINGELEGTEN ÄPFEL:
2 grüne Äpfel (z. B. Granny Smith)
1 Spritzer Zitronensaft
150 ml Apfelsaft
20 g Zucker
¼ Vanilleschote
1 Spritzer Weißweinessig
30 ml Mineralwasser

FÜR DAS MÜSLI:
10 g Honig
10 g Agavendicksaft
50 g Haferflocken
50 g Vollkornflakes
25 g Leinsamen
25 g Sonnenblumenkerne
15 g Rosinen
30 g gemahlene Haselnüsse

ZUM SERVIEREN:
Rosineneis (nach Belieben)
Kresse oder Minze

Kugelform oder andere Form nach Belieben

Kichererbse trifft Apfel

JOGHURT | MÜSLI

Die Kichererbsen über Nacht in 500 ml kaltem Wasser einweichen. Den Zucker mit etwas Wasser zu goldgelbem Karamell kochen. Mit Weißwein, Joghurtwasser und Sahne ablöschen. Die Kichererbsen durch ein Sieb passieren und zu dem abgelöschten Karamell geben. Das Ganze auf mittlerer Stufe einkochen lassen, bis die Erbsen schön weich sind und der Sud eine schöne Toffee-Farbe hat. Zuletzt mit Salz und Curry abschmecken. In eine Pacojet-Dose füllen und etwa 24 Stunden einfrieren. Anschließend pacossieren und bei Bedarf mit etwas flüssiger Sahne cremig rühren. Wenn kein Pacojet vorhanden ist, die Masse einfach heiß in einem Mixer auf höchster Stufe glatt mixen.

Für die Joghurtcreme die Gelatine in Eiswasser quellen lassen. Die Limette waschen, abtrocknen und die Schale fein abreiben. Dann die Frucht halbieren und den Saft auspressen. Den Joghurt mit Puderzucker sowie Limettensaft und -abrieb verrühren. Die Gelatine in einem Gefäß auf dem Herd oder in der Mikrowelle vorsichtig erhitzen und auflösen, dann rasch in den Joghurt einrühren. Die Sahne steif schlagen und vorsichtig unterheben. In eine Kugelform spritzen und mindestens 3 Stunden kühl stellen.

Für die Hippen die Butter zerlassen. Muscovado und Eiweiß gut verrühren. Das Mehl hineinsieben. Zum Schluss die geschmolzene Butter unterrühren, bis die Masse schön glatt ist. Etwa 20 Minuten kühl stellen. Dann auf ein mit Backpapier ausgelegtes Backblech streichen und bei 180 °C (Umluft) 6–8 Minuten goldbraun backen. Etwas auskühlen lassen und vor dem Anrichten in Stücke brechen.

Die Äpfel waschen, mit einem Kerngehäuseausstecher entkernen und in ca. 2 cm dicke Scheiben schneiden. In kaltes Wasser legen und etwas Zitronensaft zugeben, damit die Äpfel nicht braun werden. Die restlichen Zutaten miteinander aufkochen und ca. 1–2 Minuten köcheln lassen. Dann die Äpfel in den warmen Sud geben und 30 Minuten ziehen lassen.

Für das Müsli Honig und Agavendicksaft leicht erwärmen. Die restlichen Zutaten beigeben, alles vermengen und auskühlen lassen. In der Küchenmaschine kurz mixen.

Zum Anrichten die Kichererbsencreme dekorativ auf den Tellern verstreichen, die Apfelscheiben darauf platzieren, aus dem grünen Apfelsud einen Spiegel angießen und mit dem Müsli kleine Häufchen streuen. Die Joghurtcremekugel in die Mitte setzen und ein paar Muscovadohippen außen herum verteilen. Wenn noch etwas Joghurtcreme übrig ist, diese glatt rühren und in kleinen Nocken auf die Teller setzen. Wer mag, serviert noch ein Rosineneis dazu, um ein weiteres kaltes Element auf dem Teller zu haben. Vor allem aber ist es geschmacklich sehr passend. Mit etwas Kresse oder Minze ausgarnieren.

Sébastian
Arezoo
Cédric
Robert
Ahmed
Samir
Johannes
Kay
Matthias
Hassan
Sonja
Dennis
Peter
Basem
Thomas
Tristan
René
Dominik
Elias
Hanna
Philipp
Erik
Paul
Sven
Shahnaz

Benjamin
Martin
Maximilian
Philip
Tobias
Jörg
Hamza
Roman
Matthias
Lars
Mitja
Stephan
Andreas
Peter
Sascha
Saad
Sunil
Benjamin
Moses
Sebastian
Frank
Michael
Philipp
Tim
Arne
Waseem
Dieter
Mudassar
Christoph
Nils

Sponsoren

Kunst aus gebrauchten Weinkorken: Jedes Stück ist anders und ein Original, gemacht in Handarbeit.

Für die schönsten Schattenseiten des Lebens!

Bos Food hält eine riesige Auswahl an erlesenen, exklusiven, exotischen, hochwertigen und einzigartigen Produkten aus der Welt der Kulinarik für Sie bereit.
www.bosfood.de

Druck • Medien &
WerbeAgentur GbR

Als professionelles Unternehmen unterstützen wir Sie in der Realisierung Ihrer Printprodukte bzw. Werbemittel sowie im Bereich von Messen, Events, Promotions etc.

Astro Motoren, die Motorenmanufaktur, Made in Germany. Präzisionsantriebe bis 200 W. Wir lösen Antriebsprobleme.

Der Keltenhof setzt mit seinem innovativen Premiumsortiment Maßstäbe wie kein anderes Unternehmen im Frischmarkt.

Das Sacha Inchi Öl von Dao Inchi ist mit seinen 93 % ungesättigten Fettsäuren das wahrscheinlich wertvollste Speiseöl der Welt.

Nesmuk entwickelt und fertigt Messer in höchstmöglicher Schärfe und setzt dabei auf neuartige Stahlsorten, Edel-Materialien und Technologien.

Es ist eine der bekanntesten deutschen Premium-Mineralwassermarken und einer der traditionsreichsten Markenartikel der Welt: Selters. Das Original aus SELTERS an der Lahn.

Deutschlands erste Hotelfachschule bildet das Sprungbrett für Karrieren in Hotellerie und Gastronomie.

Seit 1977 steht respekta® für Vertrauen, Qualität und langjährige Erfahrung im Bereich Haushalts-Elektrogeräte und zerlegte Küchen.

deutschesee®
Fischmanufaktur

Deutsche See mit Hauptsitz in Bremerhaven ist in Deutschland die Nummer eins bei der Vermarktung von Fisch und Meeresfrüchten.

ORIGINAL BEANS

Mit dem Genuss erstklassiger Schokolade die Welt verbessern – das ist der Grundgedanke von Original Beans. Die Schokolade ist mit zahlreichen Gourmet- und Nachhaltigkeitspreisen ausgezeichnet.

OTTO GOURMET

GUTES FLEISCH von OTTO GOURMET: beste Fleischrassen, beste Züchter und eine artgerechte Tierhaltung

gn

Gastronection ist ein tolles Social Media Netzwerk für Menschen aus der Hotellerie und Gastronomie.

JORDAN OLIVENÖL

Jordan Olivenöl ist seit über 15 Jahren Lieferant der deutschen Spitzengastronomie. Viele Michelin-Köche schwören auf das ungewöhnlich milde und grasige Olivenöl. Fairer Umgang mit Mensch und Natur zählt schon immer zu den Grundsätzen der Familie.

TONI MENGES
TRAVEL | GOURMET | LIFESTYLE
www.toni-menges.de

Toni Menges – das menschliche Impuls-Zahnrad©! Dienstleistungstests, Training & Coaching, Moderation, Blog

BLACKRABBIT
DESIGN & MARKE
www.blackrabbit-design.de

Blackrabbit Design & Marke – Designbüro für professionelle Markenkommunikation. Corporate Design, Logoerstellung, Gestaltung von Werbemitteln & Webdesign.

GASTOCON

Werbeagentur für Hotellerie und Gastronomie

ANKERKRAUT
GESCHMACKSMANUFAKTUR

Die Ankerkraut Geschmacksmanufaktur produziert hochwertige Gewürze und Gewürzmischungen ohne Zusatzstoffe.

Rezeptregister

Personenregister

Rezepthinweise

HYGIENE: Achten Sie bei der Zubereitung von rohem Fleisch und Fisch auf peinliche Hygiene. Waschen Sie benutzte Schneidebretter, Messer, Arbeitsflächen und Ihre Hände nach Gebrauch sorgfältig heiß ab. Fleisch und Gemüse nie auf demselben Schneidebrett verarbeiten.

FLEISCH sollte vor der Zubereitung nur bei Bedarf gewaschen, aber immer geputzt und trocken getupft werden.

OBST UND GEMÜSE vor der Verarbeitung immer waschen, putzen oder bei Bedarf schälen. Am besten Bioqualität verwenden.

ZITRUSFRÜCHTE: Bei der Verwendung ihrer Schalen immer Biofrüchte nehmen und diese zuvor heiß waschen.

BEIM WÜRZEN MIT SALZ UND PFEFFER sollte Meersalz sowie Pfeffer aus der Mühle verwendet werden

UM MIT STÄRKE ABZUBINDEN, diese vorher mit etwas Wasser anrühren.

EL UND TL sind Abkürzungen für Esslöffel und Teelöffel.

VAKUUMIEREN: Ist kein Vakuumiergerät vorhanden, kann ein haushaltsüblicher Plastikbeutel (z. B. ein Gefrierbeutel) verwendet werden. Das Mariniergut hineingeben, den Beutel verschließen und die Luft so gut es geht herausdrücken oder -saugen.

IST KEIN BUNSENBRENNER VORHANDEN, können Rezeptbestandteile auch im Backofen versengt werden.

Hinweise zur Aussprache

Generell gilt:

c	*k*	**Couscous**	*Kuskus*
ch	*tsch*	**Chapati**	*Tschapati*
j	*dsch*	**el-Jibn**	*el-Dschibn*
ou	*u*	**Fattoush**	*Fattusch*
q	*k*	**Waraq**	*Warak*
sh	sch	**Mahshi**	*Mahschi*
y	*j*	**Yalanji**	*Jalandschi*

Die Beteiligten

PROJEKTGRUPPE
Das sind wir: vier Studenten der Hotelfachschule Heidelberg. Nach einer Ausbildung zum Hotelfachmann/-frau oder Koch verfolgte jeder von uns ein anderes Ziel.

MAREIKE BOPPERT entschied sich für den Bereich der Rezeption. Sie absolvierte ihre Ausbildung zur Hotelfachfrau in den *Kempinski Hotels* und ist dort gewachsen. Zum Schluss war sie Front Office Shiftleader im Kempinski Hotel & Residences Palm Jumeirah in Dubai.

NICLAS DOMMER ließ sich zum Hotelkaufmann in der *Villa Blanka* in Innsbruck ausbilden. Nach weiteren Stationen wie dem *Kurhotel Sonnenalp* und dem *Europa-Park* zeichnete Niclas als stellvertretender Geschäftsführer für die Ferienwohnungen am Kurpark verantwortlich.

PAUL AKER absolvierte seine Ausbildung zum Koch im Hotel *Walk'sches Haus* in Weingarten. Anschließend wechselte er als Chef Pâtissier ins *Hotel Eden* in Karlsruhe.

TIMO WENTZEL, Projektleiter des Kochbuchs *Hand in Hand*, wusste schon früh, dass er in die Fußstapfen seiner Großeltern treten wollte, und entschied sich für eine Ausbildung zum Hotelfachmann in seiner Heimatstadt Bremerhaven. Nach einigen Stationen auf See zog es ihn zum legendären Sternekoch Horst Petermann, bei dem er als stellvertretender Chef de Service die *Kunststuben* in Küsnacht leitete. Anschließend ging es für ihn ins Food & Beverage Management im *Althoff Grandhotel Schloss Bensberg* und im *Savoy Baur en Ville* in Zürich, bis er schließlich ein renommiertes Restaurant in Zürich als Geschäftsführer übernahm.

AUTOR
LUTZ JÄKEL ist Foto- und Videojournalist, Buchautor, Islamwissenschaftler und Historiker und hat in Hamburg, Damaskus (Syrien) und Sanaa (Jemen) studiert. Als Kind aufgewachsen in Istanbul, bereist und fotografiert er seit vielen Jahren die Welt und schreibt darüber für deutschsprachige Medien.

Seine Arbeiten wurden vielfach ausgezeichnet und werden durch die renommierte Fotoagentur *laif* in Köln vermarktet. Schwerpunkt ist die arabische und islamische Welt. Derzeit arbeitet Lutz Jäkel mit anderen Fotografen und Filmern an der Webdokumentation *Hadiyalla* über muslimische Lebenswelten in Deutschland. Außerdem rührt er leidenschaftlich gern in Kochtöpfen.

www.lutz-jaekel.com

SCHIRMHERR
NICO HOFMANN, geboren in Heidelberg und bekannt aus Film & Fernsehen, wurde als Produzent & Regisseur bereits vielfach ausgezeichnet. Er ist u. a. sechsfacher Gewinner des »Deutschen Fernsehpreises« und dreimaliger Gewinner des »Bambis« und der »Goldenen Kamera«. Nico Hofmann ist seit 2015 Co-CEO der *UFA*. *Unsere Mütter, unsere Väter*, *Ku'Damm 56*, *Nackt unter Wölfen*, *Ich bin dann mal weg*, *Deutschland 83*, *Der Medicus* und *Mogadischu* sind nur einige grandiose Filme, die Hofmann als Produzent verantwortete.

FOTOGRAF
ADRIAN EHRBAR, geboren 1988 in Baden, lebt und arbeitet mit seiner Partnerin in der Schweiz. Der junge Fotograf ist für seine offene und freundliche Art, seine Fachkompetenz sowie seine saubere und schnelle Arbeit bekannt.

Unter dem Label *Adrian Ehrbar Photography* arbeitet der selbstständige Foodfotograf mit renommierten Spitzenköchen zusammen. Zudem fotografiert er für diverse Magazine. Er liebt die Gastro-Szene, das Essen und die Zusammenarbeit und Diskussionen mit den Gastronomen. Als gelernter Konditor kennt er deren Bedürfnisse und Anliegen aus eigener Erfahrung.

In Kooperation mit Gastronomen entstanden verschiedene Bücher, für die der Autodidakt schon mit einigen internationalen Buchpreisen ausgezeichnet wurde. Unter anderem erhielt er bei den »Gourmand World Cookbook Awards« die Auszeichnung für das »Beste Dessertbuch« und wurde von der *Gastronomischen Akademie Deutschland* zweimal mit einer Goldmedaille geehrt.

www.adrianehrbar.ch

IT-EXPERTE
MARCUS DYTRICH absolvierte seine Lehre zum Koch bei *Feinkost Käfer* in München. Eines Tages ergriff ihn das Fernweh und er zog als »Backpacker« 15 Monate durch Australien, Neuseeland und Asien. Mit der Gründung der eigenen Plattform *Gastronection*, einem Netzwerk für Gastronomen und Hoteliers, erfüllte Marcus sich den Traum eines eigenen Unternehmens. Sein Antrieb dabei ist es, mit großer Leidenschaft an vielen Dingen teilhaben zu dürfen und dabei jede Menge interessante Persönlichkeiten kennenzulernen.

Danke

Ein Buch entsteht nicht von alleine, schon gar nicht eines, das von seinen Protagonisten lebt und erzählt. Daher möchten wir aus ganzem Herzen Danke sagen! Denn dieses Engagement von allen Beteiligten, die sich honorarfrei und nur aus Überzeugung einbrachten, ist nicht selbstverständlich. Es zeigt aber, wie wichtig der Zusammenhalt von Menschen untereinander ist und wie das Thema »Kulinarik auf Völkerwanderung« gleichzeitig verbinden kann.

Ganz besonders möchten wir unseren Hauptdarstellern – den Flüchtlingen – danken. Geflüchtet sein heißt, Zuflucht zu suchen, geflüchtet sein heißt, in ein neues ungewisses Leben zu fliehen. Danke an euch, dass ihr den Mut gefunden habt, uns an eurer Geschichte teilhaben zu lassen. Mit euren Geschichten und eurer positiven Lebenseinstellung habt ihr unsere Herzen sehr berührt.

Ein großer Dank gilt auch unserem Schirmherrn Nico Hofmann, der sich sofort bereit erklärte, dieses Projekt zu unterstützen, und an Anja Käumle, die uns als PR-Expertin der UFA zur Seite steht.

Ohne euch, Adrian Ehrbar, Lutz Jäkel, Sebastian Czerwonka und Marcus Dytrich, wäre dieses Buch nicht das, was es jetzt ist. Ihr habt das Buch mit Leben gefüllt, habt euch aus Überzeugung in diese Arbeit gestürzt. Der Schweizer Adrian Ehrbar kennt als Hauptfotograf des Buches Deutschland nun aus fast jedem Winkel, denn er ist mit uns über 18.000 Kilometer durch ganz Deutschland und die Schweiz gefahren und war nicht selten durch die schöne Ferienzeit oft vom Stau auf deutschen Autobahnen geplagt.

Lutz Jäkel, als Autor, Fotograf und Kenner im Themenbereich des Orients und auch orientalischer Kochbücher, hat uns inhaltlich immer wieder auf die richtige Spur zurückgebracht. Die Ländertexte stammen aus seiner Feder, er hat einige Porträts fotografiert, kritisch jedes Wort unserer Interviews geprüft und sinnvoll in Texte verpackt und außerdem die Rezepte unserer Spitzenköche auf ihre (orientalische) Authenzität hin durchgesehen.

Sebastian Czerwonka war der Ideengeber für das Cover, aus verschiedenen Entwürfen durften wir uns bedienen, außerdem finden sich einige Zeichnungen und Küchenmerkmale im Buch.

Marcus Dytrich war vom ersten Tag an unserer Seite, hat die Homepage aufgebaut und uns in allen IT-Fragen beraten.

Ein herzliches Dankeschön geht vor allem an Simone Gerlach, Norbert Treuheit und das gesamte Team des *ars vivendi verlags*, die mit der ersten Mail an diese Idee geglaubt haben und es nach gefühlten 1.000 Mails immer noch tun. Frau Gerlach kennt als Lektorin wahrscheinlich das Buch nun komplett auswendig, denn sie hat jedes Rezept mit einem kritischen Blick begutachtet, es auseinandergenommen, wieder zusammengesetzt und von einem Fachchinesisch in eine verständliche Rezeptur umgewandelt.

Danke sagen wollen wir natürlich auch allen Spitzenköchen, die sich die Zeit genommen haben, die Lieblingsgerichte der Flüchtlinge auf ihre Art und Weise zu interpretieren, die sich mit Arbeitskollegen und

Niclas

Mareike

Paul

Timo

Freunden aus Flüchtlingsländern zusammengesetzt und neue Gerichte entwickelt haben. Wir wissen, was es heißt, sich diesem nicht so leichten und oft unbekannten Thema anzunehmen. Alle Köche haben nicht lange überlegt, sondern sofort ihre Teilnahme an diesem außergewöhnlichen Projekt zugesagt. Ihr seid ein tolles Vorbild für die Branche und ein Wegweiser für viele beim Thema »Hilfe, Genuss und Ausbildung«.

Da ein solches Projekt auch sehr kostenintensiv ist – gerade für uns vier Studierenden der Hotelfachschule Heidelberg –, sind wir begeistert über so viele Sponsoren und Partner an unserer Seite! Ihr habt es überhaupt erst ermöglicht, dass wir in diesem Tempo und in dieser Intensität das Kochbuch *Hand in Hand* finanziell stemmen konnten. Wir hoffen sehr, dass dieses Buch ein schönes Beispiel für Integration und menschliches wie kulinarisches Miteinander sein kann und am Ende eine beachtliche Summe für verschiedene Hilfsprojekte für Flüchtlinge in Deutschland gespendet werden kann.

Mareike, Niclas, Paul & Timo
Projektgruppe

Fotonachweis

Foodfotografie: Adrian Ehrbar

Personenporträts: Adrian Ehrbar, außer: S. 32 (Shahnaz & Ghalia), S. 76 (Basem), S. 110 (Saad), S. 126 (Seerwan), S. 260 (Sunil), S. 274 (Sudeep), S. 312 (Hamza), S. 336 (Nasre): Lutz Jäkel

Kochsessions: Lutz Jäkel

Länderfotografie:

Afghanistan: S. 194: christophe_cerisier/istockphoto.com; S. 195: ol: yoh4nn/istockphoto.com, ul, um und ur: christophe_cerisier/istockphoto.com, or: Mohib Noor/istockphoto.com; S. 196: hl: CHRIS POOK/shutterstock.com, vm: lebedev/shutterstockcom; S. 197: ol und ml: christophe_cerisier/istockphoto.com, om: Philip John Sparrow/istockphoto.com, or, mr, mrv und ur: Travel Stock/shutterstock.com

Gambia: S. 366: Hans-Martens/istockphoto.com; S. 367: alle Peeter Viisimaa/istockphoto.com; S. 368: Peeter Viisimaa/istockphoto.com; S. 369: ol: sophie Dauwe/istockphoto.com, or: JJS-Pepite/istockphoto.com, ml und ul: Vladimir Zhoga/shutterstock.com, mr: lonelytravel/istockphoto.com, ur: Peeter Viisimaa/istockphoto.com

Irak: S. 94: rasoulali/shutterstock.com; S. 95: ul: Eng. Bilal Izaddin/shutterstock.com, ol und ur: Darmency/shutterstock.com, or: Angela N Perryman/shutterstock.com, mr: sadikgulec/istockphoto.com; S. 96: ml: rasoulali/shutterstock.com, or: thomas koch/shutterstock.com, ur: Eng. Bilal Izaddin/shutterstock.com; S. 97: ol, mr und mrv: rasoulali/shutterstock.com, om und ur: Eng. Bilal Izaddin/shutterstock.com, or: Northfoto/shutterstock.com

Iran: S. 136–139: Lutz Jäkel

Marokko: S. 290–293 und S. 335: Lutz Jäkel

Nepal: S. 256: DanielPrudek/istockphoto.com; S. 257: Wolfgang Peters; S. 258: Wolfgang Peters, außer: hl: Ditty_about_summer/shutterstock.com; S. 259: Wolfgang Peters, außer: mr: Nick Fox/shutterstock.com, ul: LUKASZ-NOWAK1/istockphoto.com

Pakistan: S. 220: Florian Kopp; S. 221: ul: gaborbasch/shutterstock.com, ol: danishkhan/istockphoto.com, or und ur: Florian Kopp; S. 222: ol: khlongwangchao/ shutterstock.com, vm: Florian Kopp, or: Asianet-Pakistan/shutterstock.com, mr: gary yim/shutterstock.com, ur: gaborbasch/istockphoto.com; S. 223: ol: gaborbasch/istockphoto.com, ml und om: image bird/shutterstock.com, or: Patrick Poendl/shutterstock.com, vm und mr: Florian Kopp, ur: Shahid Khan/shutterstock.com

Syrien: S. 12–15: Lutz Jäkel

Agenda:
hl: hinten links
m: mittig
ml: mittig links
mr: mittig rechts
mrv: mittig rechts vorne
ol: oben links
om: oben mittig
or: oben rechts
ul: unten links
um: unten mittig
ur: unten rechts
vm: vorne mittig

Lamm
Zitronen
Garnelen
Salz
Der Sultans Freude
Knoblauch
Schwarzer
Parisse
Raman
Sebastian
Arezoo
Cédric Mahi-Sefid
mit
Robert
Ahmed
Samir
Kabsah bil Lahm
Johannes
Kay
Matthias
Christoph
Sonja
Thomas Basem
Gebackene
Dennis
Peter
Paul
Fattoush
Emile
Ibrahim
Hassan
Spitz
Yalanji
Marokko
Nepal
Dolma
René
Baltihühnchen
Elias
Afghanistan
Pimientos
Creme
Paprika-Safran
Frühlingsrolle
Lamm
Mantu
Lachs
Pakistan
Mudassar
Jumbo Wachteln
Arme Ritter
meets
Himbeere
Möhren
Couscous
blätter